《道德经》

（春秋）老子◎著

荣世伦◎注

华龄出版社
HUALING PRESS

图书在版编目（CIP）数据

今译今解《道德经》/（春秋）老子著；荣世伦注
. --北京：华龄出版社，2022.8
ISBN 978-7-5169-2326-9

Ⅰ.①今… Ⅱ.①老… ②荣… Ⅲ.①《道德经》–
译文②《道德经》–注释 Ⅳ.①B223.1

中国版本图书馆 CIP 数据核字（2022）第 139755 号

| 责任编辑 | 李 健 彭 博 | 责任印制 | 李末圻 |
| 责任校对 | 张春燕 | 装帧设计 | 天下书装 |

书　　名	今译今解《道德经》	作　者	（春秋）老子
出　版	华龄出版社 HUALING PRESS	注　者	荣世伦
发　行			
社　址	北京市东城区安定门外大街甲 57 号	邮　编	100011
发　行	（010）58122255	传　真	（010）84049572
承　印	唐山市铭诚印刷有限公司		
版　次	2022 年 10 月第 1 版	印　次	2022 年 10 月第 1 次印刷
规　格	710mm×1000mm	开　本	1/16
印　张	23.5	字　数	380 千字
书　号	ISBN 978-7-5169-2326-9		
定　价	68.00 元		

序　言

　　《道德经》是中国人智慧的精华，也是中华文化重要的发展源头之一，两千年来解读《道德经》的文章数不胜数，有的人站在功利的立场，将《道德经》解读为君王权谋之术、驭民之策；有的人站在儒家的观点，将《道德经》解读为仁义之学、修德之道。更有甚者，将《道德经》解读为养生之道、玄学之道等。本书所理解与通行的解读不尽相同，特将对《道德经》的理解和体悟整理出来，供志趣相投者共同探讨。

　　《道德经》的各个章节相互独立，前后没有什么逻辑关系，每个章节谈一个道理，且有些章节重复，因此并非一人一次性成书。从郭店的"竹简本《道德经》"到马王堆"帛书本《道德经》"，可以清楚看出《道德经》的确是在不断的演变。可以推测，《道德经》应该是由一个人（很可能是老子）初步整理编写出整体框架，并形成主题思想，后世观点相近的人在研读的过程中，根据自己的理解不断丰富完善，逐步形成了现在的通行本《道德经》。《道德经》中很多字词的词义现在发生了很大的变化，特别是受儒家传统文化的影响，很多人都是按照儒家的思想进行解读，造成很多语句是解释不通或是不准确。所以，阅读《道德经》的时候应坚持以下两个原则。

　　一是以思想通文字。《道德经》的主题思想很明确："道"是万物之源，万事万物应遵循"道"的规律运转，世人不应将自身的意志强加于万事万物。所以，我们阅读《道德经》的时候，要用这个主题思想去领读全文，以义通文。不能割裂主题思想，单独地去解读某个字或者某句话。比如"慈"，儒家传统解释为慈爱、仁慈；道家解读为尊重事物的客观规律、不强加自身意志，顺其自然。儒家讲究推己及人，把自己认为好的东西给予别人；道家讲究尊重客观规律，不以自身执见做判断，别人需要什么就给予什么。思想的差异会对解读《道德经》有很大的影响。

二是逻辑必然性。《道德经》中有些章节显得有些散乱，只看字面意思可能会前言不搭后语或者一句话有多种解释，这就需要我们用其思想逻辑的必然性进行推论。作者在每个章节是要说明一个道理，这些语句的思想性是统一的，每句话传达的意思有内在的逻辑必然。如果不能推断出思想上内在的逻辑必然，可能因为我们对个别字句解读并非作者本意。

闲散之余读《道德经》十余载，注《道德经》已三年有余，边读边写，边写边改，拙作也仅为一家之言，未必正确，尚祈志趣相投者不吝指教，共同探讨。

"道"的哲学三观

　　道是一个哲学范畴的概念，它既不是物质也不是精神，而是一种形而上的客观存在，我们可以把它理解为客观规律。"道"不是物质实体，它无形无相、无色无味、无始无终、无处不在、其大无外、其小无内；"道"不是精神作用，它没有自主意识，更不是有自主意志的人格化的神。但"道"的作用异常强大，可以说它是宇宙万物生灭运转的总规则，没有任何物质和精神能摆脱"道"的作用而独立存在。《道德经》就是在阐述"道"的世界观、人生观和价值观。《道德经》的前三十七章为"道经"，重点在阐述"道为万物之母"的思想，从多个侧面介绍"道"的本质和作用，这部分主要阐释"道"的世界观；后四十四章为"德经"，主要阐述"合道即为德"的思想，告诉世人应该如何做才是符合"道"的规律，这部分主要阐释"道"的人生观和价值观。

　　以"道"的观点看这个世界是什么样的景象呢？

　　道的世界观：《道德经》有云"无名天地之始；有名万物之母""天下万物生于有，有生于无""道生一，一生二，二生三，三生万物""有物混成，先天地生。寂兮寥兮，独立而不改，周行而不殆，可以为天地母。吾不知其名，强字之曰：道，强为之名曰：大。故道大，天大，地大，人亦大。域中有四大，而人居其一焉。人法地，地法天，天法道，道法自然"。上述章节明确阐述道的世界观，"天和地"可视为物质世界，"人"可视为精神世界，物质和精神都来源于且遵从于自然之道，道是先于物质和精神的独立而客观的存在。

　　引申：世界观是在阐述世界的本质是什么样的。按照"一元论"的观点，宇宙万物的起源不是物质就是精神。以"道"的观点，万物的起源是独立于物质和精神之外的"道"。"道"是客观而独立的存在，无始无终，永恒不变，甚至物质和精神的诞生也是在遵循着"道"的规律。怎么看待"道""物质"和"精神"之间的关系呢？"道"是一切的本源，在没有物质和精神之前，"道"已经是永恒的存在，不生不灭。渺渺之中，依照"道"的规律产生了物质，物质世界不断地分化运转，当物质按照客观规律（"道"）的某种组合，产生了生命，也就有了意识，所以意识和精神只不过是"道"的一种物质形态的外延。

我们假设一个实验。首先用一个全能量子扫描仪对一个人进行全身扫描，并记下人体的每个不可再分割的基本粒子（甚至比电子、夸克更小的更基本的粒子）的位置和运动信息，把这个扫描信息存入电脑。然后再用一个量子粉碎机，把一块石头粉碎成基本粒子。从微观世界来看，人体内的基本粒子和石头的基本粒子没有什么区别。我们启用量子打印机，按照人体基本粒子的位置和运动信息把石头的基原粒子重新组合，这样一个与其一模一样的人就会出现，这两个人不仅形体一样，而且他们的记忆、思维都是一样的。我们可以看到不可思议的一幕：没有任何物质的增减，只是把基本粒子的位置和排列规律做了调整，一块石头就变成了一个人，这块石头不仅有了形体的改变，也产生了意识和思维。这其中的排列规律就是"道"，这些基本粒子就是"物质"，人体和石头不过是不同的物质形式而已，人的意识和思维就是"精神"。"道"产生了物质，物质的不同组合形式产生了精神。

也许有人会坚持认为物质是第一性的，没有物质之前，所有物质的客观规律都没有意义，从《道德经》的角度看，必须承认规律是一种独立的客观存在，它不依赖物质，没有物质之前这种客观规律无法以物质的方式展现，但不能说没产生物质之前就没有规律。如果物质是第一性的，那么物质的诞生该由谁决定呢？就目前所掌握的科学知识，我们认为宇宙来源于一次大爆炸，这也是一切物质的诞生。这次大爆炸也是在遵循着一定的客观规律，为什么会炸，满足什么条件会炸，以什么样的方式爆炸，这些都由客观规律所决定，这个客观规律依然可称为"道"。所以，可以说物质产生之前，客观规律（"道"）就已永恒的存在。经过漫长的时间，物质也将会全部消失，那个时候"道"依然存在。"道"是永恒的本质，物质不过是道具，精神是物质循道的一种状态值。

物质层面的"道"，人们认知较为深入和系统，可定量分析，这就是自然科学；精神层面的"道"，人们的认知有限，就是能定性分析，如心理学、社会学等。

"道"的人生观：《道德经》有云"天下莫柔弱于水，而攻坚强者莫之能胜，以其无以易之。弱之胜强，柔之胜刚""为天下谷，常德乃足，复归于朴""天地不仁，以万物为刍狗；圣人不仁，以百姓为刍狗""天道无亲，常与善人"等"道"之特性。形而上的"道"向下落实而成为人生准则的"德"，它对人所产生的意义就是指导人生摆正位置，明确方向。人类有自主意识和意志，容易通过眼耳鼻舌身意的感知，形成自我的执见和欲望，扭曲对客观自然之"道"的认知，让世人偏离"道"的规律。老子提出上述种种观念，无不是在追求减损人类的执见和欲望、让人类回归自身质朴自然的本性、回归大"道"的途径。

引申：人生观是在阐述人和世界的关系，以及人在世界体系中的位置和作用。"道"是宇宙万物的本源，也是万事万物生灭运转的总规则。人也是宇宙万物的一部分，那么人也要遵循"道"的规律。人既有其物质性的一面，也有自由的意识和思维。所以，人是物质和精神的综合体。人的物质和精神层面也必须遵循"道"的规律，人的物质的身体遵循"道"的规律，我们目前称为自然科学，包括人类已认知到的物理、化学等自然规律。人的精神世界依然在遵循"道"的规律，由于目前人们认识精神世界的手段有限，对人的意识、思维、心理等精神活动的深层机理了解得并不深入。但可以确信，精神的活动必然在遵循着一定的客观规律，这个规律也许不像自然科学那样可以进行量化分析，但应该会有另外的方法认知和掌握，只是人类还在探索之中。正是由于人的精神活动也在遵循一定的客观规律，人生就应该寻找这种客观规律，并按照这个规律去思考、去做事，去展开自己的人生。

"道"的价值观：《道德经》有云"我无为而民自化，我好静而民自正，我无事而民自富，我无欲而民自朴""生而不有、为而不恃、长而不宰""衣养万物而不为主""致虚极，守静笃""是以圣人之治也，为腹不为目"等处世原则。"道"的价值观就是：万事万物都应该遵循"道"的规律去自由发展，不应把自身的意志、执见和欲望强加于万事万物。其可简单概括为三无：

无欲、无我、无为。

引申：价值观是阐述人的做事准则、辨别是非曲直、区分好坏美丑的标准。《道德经》强调人生要按照"道"的规律去思考，去做事。判断一切是非曲直的标准必然是"道"。不管是物质世界，还是精神世界，符合"道"的规律就是正确的，人就应该积极践行；不符合"道"的规律就是错误的，人就应该摒弃。但衡量一切价值的"道"的标准该如何确定呢？从物质层面来看，自然科学的规律比较明确，世人比较清楚如何度量自身的对错；从精神层面来看，人类对精神的认知比较有限，精神层面"道"的标准还难以明确量化。但有一条原则是可以把握的：不要用自己的意志影响其他事物的运转，这就是上述的无欲、无我、无为。其可以借用先贤朱熹的观点：灭人欲，存天理。

《道德经》关键理念

1. 要读懂《道德经》，首先要了解什么是"道"，什么是"德"。万物运行之规律称为"道"，遵循"道"之规律的行为称为"德"，"合道为德"。"道"是宇宙万物运行规律的集合，"德"是符合"道"的规律的所有认知和行为的统称。所以，《道德经》就是讲客观自然规律和遵循规律的书。

2. 《道德经》分为两部分：前三十七章在讲"道"，也就是"道经"，讲述"道之本"，偏重理论，揭示"道"的本质，阐述"道"是宇宙万物的本源；后面的四十四章在讲"德"，也就是"德经"，讲述"道之用"，阐述"道"在世间的种种应用，教给世人如何循"道"而为。《道德经》可以简单概括为："道即自然，断欲见道，循道为德，有德者无为，无为而无不为。"

3. 《道德经》一直在强调"柔弱胜刚强"，这里的"柔弱"和"刚强"不是外形、力量或者物理形态的柔弱或刚强，而是指个人欲望和执见的淡然和弱化，刚强则是世人过度执着于自身欲望的表现。在老子的观念里"欲望弱则接近道，欲望强则远离道"。"道"是万物生灭之本源，万物运行之法则，"合道则生，背道则亡"。所以，按照"道"的观念，必然是"柔弱胜刚强"。

4. 《道德经》的主题思想就是"无为"，这个"无为"不是什么都不做，无所作为，而是不妄为，不做违背客观规律的事。对人而言，是放下自身执见和欲望，不把自身的意志强加于外物；对事物而言，是不受人的主观因素干扰，保持自然的状态。"无为"分为"无为而为"和"为而无为"，其根本目的就是保持事物自然的状态。如果事物是在按照其本身规律运转，就不要用人的意志或执见加以干扰，从而保持事物的自然状态，这就是"无为而为"。如果事物受到外界（比如人的欲望和执着等因素）干扰，不能按照其自然规律发展，"得道者"就应该去排除这些干扰因素，让事物回归到其本真自然的状态，按照客观自然的规律去发展，这就叫作"为而无为"。"为"的目的就是让事物回归其本源，达到"无为"的状态。老子主张人们做事的时候要舍弃功利心。圣人就是"理性人"，"理性人"处于一种高度的理性，抛弃自身的执见、欲望和情感，去追求绝对客观自然的规律，这是非常难得的精神，也是我们当代科学精神追求的方向。

5. 老子的世界观主要分为两大部分。一是宇宙万物遵循的客观自然的规律，这就是"道"；二是以人类为代表的有情生物，他们有着自由的意志和思维，自身的执见形成主观意识，主观意识又能认知客观规律，符合"道"的认知和行为就是"德"，不符合"道"的认知和行为就是"无德"。对于"道"而言，人非生而知之，需要后天的学习、分析、总结、归纳才能得"道"。在人类认知世界的过程中，由于人类自身知识的局限，主观意识会扭曲客观规律，只有当人类意识到这一点，才能形成开放的主观意识，才能不把主观意识绝对化。多层面、多角度地认知问题，人类才能接近客观规律，才能接近于"道"。道是客观存在，人非生而知之，老子提出"天下有始，以为天下母。既得其母，以知其子；既知其子，复守其母""以身观身""见小曰明"等都是修"道"的实践方法。其中"非道"的因素越多，人类就距离"道"越远；"非道"因素越少，人类距离"道"就越近。这就是老子的思想。

6. 《道德经》核心思想之一是"损有余而补不足"，这里的"有余"和"不足"都是相对于事物的质朴本性来说的。以"道"的观点来看，有余和不足都是偏离事物的本性，都是偏离"道"的状态，都不合"道"。万象归宗，事物的发展终究要回归"道"的规律，所以必须把"有余"的部分舍去，把"不足"的部分补齐，事物才能正常发展，这就是"损有余而补不足"，也是"道"修正"非道"万物的客观自然的手段。事物为什么会出现"有余"和"不足"呢？主要是世人的执见和欲望，把自身意志强加于万物，让自身的本性出现了"有余"，让万物的本性出现了"不足"。"损有余而补不足"是万物循"道"的必然前提，所以世人"断欲离见"是回归自身本性的唯一途径。

7. 《道德经》中提出"和"的思想，很多人解读为"和谐"，即自我克制、相互理解、和平共处。这只是儒家的见解，是不准确的。以"道"的观点，"和"是一种自然的状态，不是人的意志调和的结果。如果没有世人的执见和欲望强加于万物，万物得以循道而为，其中的阴阳因素就会自然处于平衡状态，循"道"而动，稳定持久，这就是"和"。

什么是"道"

什么是"道"？我们只能勉强地说："道"类似于一种客观存在的规律。它无形无相，无声无息，无色无味，无处不在，无始无终。但"道"却是一种客观真实的存在，宇宙万物无不在遵循"道"，即规律，一切看似自然，实则是一种必然。万物都在有意识或者无意识的情况下遵循着"道"，有时候人们甚至都意识不到"道"的存在。人们无法直观看到"道"的存在，所以老子从多个侧面描述"道"的特点和作用，就是为了方便世人对"道"全面的理解和认知。

"道"是一种超越物质和精神的客观存在，它既不是有形的物质，也不是自由意志的人格神，可以说"道"既不是物质也不是精神，而是一种客观规律。这种客观规律是永恒而独立的存在，物质和精神都依"道"而产生，依"道"而运行。"道"不依赖于物质而存在，但可以通过物质表现出来。不依赖于物质而客观存在的、无形无相的"道"，可称为"道"的"本相"；通过物质表现出来，人们可以观察、可认知的具体的"道"，可称为"道"的"物相"，也就是物质相。"本相"之"道"虽客观存在，但人类无法直接感知，无法观察，无法认知，它是一种抽象的客观存在；"物相"之"道"是"本相"之"道"的外在物质体现，可观察，可认知。"道"的"本相"和"物相"，实际就是一个东西两种形式，二位一体，都是"道"。"本相"是根源，"物相"是表象，"物相"是"本相"的一种物质表现形式。老子在《道德经》中把"物相"之"道"和"本相"之"道"描述为："故恒无欲也（无，抽象），以观其眇（本相）；恒有欲也（有，物质），以观其所徼（物相）。两者同出，异名同谓。玄之又玄，众眇之门。"

老子在《道德经》中教给世人认知"道"的方法：通过观察万物，对比、分析、判别、总结得出"物相"之"道"，再通过对"物相"之"道"

归纳、抽象从而认知"本相"之"道"。"道"分层次，万物有具体的"道"，万"道"的根源是本源之"道"。

　　"道"是一种客观存在的规律，但人类是有主观意识的动物，认知世界往往并不客观，这就需要利用主观认知能力去逐渐接近客观。人类能认知真实之"道"并遵行真实之"道"，才能称为"德"。"道"是根本，是基础；"德"是表象，是标准。"人""道"合一才能称为"有德"，"道""德"合一才能称为"圣人"。

什么是"德"

　　什么是"德"？如果说"道"是万物本源的规律，那么"德"就是"道"的具体应用。也可以说"德"是世人对待"道"的一种行为和态度。"德"的主体是人，评判一个人是否有"德"的标准就是"道"。当一个人看待问题以及做事的时候都能遵循"道"的规律，就称为"有德"。要想做到有德，首先必须要认知"道"，知"道"行"道"，"知行合一"方为"有德"。

　　"道"是"德"的根本，"德"是"道"的保障，"道""德"相长。世人认知"道"最大的障碍就是自己，因为人是有自主意识和意志的动物，通过眼耳鼻舌身意认知世界的时候，容易形成自身的执见和欲望，思考问题的时候以自身利益为中心。世人的执见和欲望会扭曲真实的世界，只筛选符合自身执见和欲望的信息，偏离了自身质朴自然的本性，也偏离了"道"的规律，这就分化出了"无德"。

　　要做到"有德"必须先认知"道"，当一个人还没有认知真正"道"的情况下，就无法做到"有德"。"无德"的情况下该如何才能认知真实的"道"呢？这就需要以"德行"来保证，"德行"就是一个人做事的原则。老子提出具备"德行"的三原则：第一，要放下自身的欲望，不以自身利益为中心，做到无欲；第二，要放下自身的执见，做到无我；第三，不把自身意志强加于万事万物，做到无为。人们只有放下自身的执见和欲望，不以自我意志为中心，客观真实地看待万事万物，实事求是，才能看到真实而客观的世界。也只有看到真实的世界，才能观察、对比、分析、总结出客观、真实的规律，这个客观自然的规律就是"道"。

　　当人们能认知真实的"道"，还必须遵循"德行"三原则，放下自身的执见和欲望，遵循"道"的规律去做事，知行合一，才能称为"有德"。"有德"之人可称为"圣人"。圣人之可贵在于：圣人不但要认知客观自然的"道"，还必须能放下自身执见，无欲无我，遵循"道"的规律做事。老子在《道德经》中重点就是在强调，百姓和统治者都要放下自身的执见，去认知客观而自然的"道"，摒弃自身的欲望，去遵循这个客观自然的"道"。这也是《道德经》的核心理念。劝人知"道"是前提，劝人行"道"是目的。

目　录

第二部分　德　经

第一部分 道 经

第一章　万物之始

【原文】

道可道也①，非恒②道也。名可名也③，非恒名也。无名④，天地之始也；有名⑤，万物之母⑥也。故恒无欲⑦，以观其眇⑧；恒有欲，以观其徼⑨。此两者，同出而异名，同谓⑩之玄。玄之又玄⑪，众眇之门⑫。

【译文】

"道"如果可以用言语来表述，那它一定不是永恒真实的"道"；如果可以用文字去给"道"命名，那它一定只是一个名称，而不是永恒不变的"道"的本体。"无名"之"道"是本体，超越物质和意识，浑然一体，无形无相，但它是物质世界产生运转之本源；"有名"之"道"是相体，是人类以自身认知赋予"道"的名称，是描述人类认知到的"道"的实相（物质相，"道"在物质世界的具体体现），它是宇宙万物的主宰者。因此，要常在"无意识区别（无分别心）"中去观察、分析、思考"道"的奥妙规律；要常用"意识区别（分别心）"去总结、归纳"道"的具体规则。"无名"与"有名"这两者，来源相同而名称相异，都可以称为玄妙、深远。它不是一般的玄妙、深奥，而是玄妙又玄妙、深远又深远，是宇宙天地万物之奥妙的总门（从"有名"的奥妙到达无形的奥妙，"道"是洞悉一切奥妙变化的门径）。

【注释】

①第一个"道"是名词，指的是宇宙的本原和实质，引申为原理、原则、

真理、规律等；第二个"道"是动词，指解说、表述的意思。

②恒：永恒的、真实的。

③第一个"名"是名词，指"道"的形态；第二个"名"是动词，说明的意思。

④无名：指"道"在无意识分别下的状态，"道"的本体，无法用名字表述其本质。

⑤有名：指人类意识对"道"加以分别，可认知、可命名的"道"的相体。

⑥母：母体、根源。

⑦无欲：无意识区别；欲，在这里指人类的意识区别。

⑧眇（miǎo）：通"妙"，微妙的意思。

⑨徼（jiǎo）：边际、边界，引申为端倪的意思。

⑩谓：称谓，此为"指称"。

⑪玄：深黑色，玄妙深远的含义。

⑫门：一切奥妙变化的总门径，此用来比喻宇宙万物的唯一原"道"的门径。

【义理解析】

本章老子是站在"得道者"的角度，告诉世人什么是"道"，"道"的特征是什么，如何做才能"得道"。这一章也是"道"的理论部分，不太容易理解，要着重了解"道"分为抽象的、本体的"道"和具体的、相体的"道"，它们不过是同一个本源的"道"在本体和认知两种层次上的不同形式而已。

"道可道也，非恒道也。名可名也，非恒名也"，本章开篇老子就提出应该怎么认知"道"。首先要清楚究竟什么是"道"。道可理解为先天就存在的客观的、自然的"规律"，超越一切的物质和精神，是宇宙万物生灭运行的本源规律，包含自然规律和社会规律，这个规律不仅仅是我们认知到的规律，也包括我们没有认知到的规律。"道"具有本源性（不可溯源，它就是一切的源头）、客观性和自然性。"道"，无形无相，无声无息，无色无味，无处不在，无始无终，不生不灭。由于"道"的本体无形无相，无法感知，所以世人无法直接认知"道"。但人是有意识和思维的高级动物，人可以通过观察自身所在的物质世界，再经过对比、分析、归纳得出这种客观规律，通过现象看本质，就是人认知的"道"。但是，人依靠自身思维认知的"道"并非真正的"道"。我们可以用语言描述出来的，可能只是真实规律的冰山一角，并不能把这个规律全部描述清楚。我们可以给它命名，但是它的全部内涵很难用语言和文字描述详尽。所以，老子说"道可道，非恒道也。名可名，非恒名也"。在老子看来，那个永恒不变，不生不灭的本源规律才能称为"恒道"，我们能说出来的"道"，只不过是"道"的一部分，并不是本体的"道"。我们强给"道"命名，也只是一个文字符号而已，并不是真正的"道"，只有阐释清楚本源的"道"，才称得上是"恒名"。"恒道"和"恒名"都是理想的抽象的"道"。这句话，老子对"道"做了一个划分。本源之"道"和认知之"道"，本源之"道"先天地生，与万物浑然一体；认知之道是人类依据自身的意识通过物质现象对本源之道的一定程度的认知。一个是根本实质，另一个是意识反映；一个是整体，另一个是局部。

《道德经》主要是在描述本源之道的体和用。因为"道"无形无相，又客观存在，为了方便世人理解，《道德经》中很多章节就是从各个侧面阐述"道"的这个特性。我们首先把"道"理解为宇宙万物的本源性"规律"，这种规律的存在不依赖于物质，但规律可以通过物质展现出来。我们人类对规律的认识，就是从观察物质世界开始，通过对物质世界的观察、分析，总结、归纳出普遍的规律，这就是"道"。为了更深入理解"道"和物质现象的关系，我们举例，比如"万有引力"，并不是因为苹果落地了，才有万有引力，而是因为有万有引力，才会有苹果落地。正是牛顿观察到了苹果落地这一现象，思考总结出了一般性的规律，才有了所谓的"万有引力"，这只是我们人类赋予这个规律的名字，并不是这个规律本质的全部。万有引力的存在并不依赖于外部物质，比如，我们想象在宇宙的深处一片空无，没有地球，没有苹果，没有任何物质的存在，但万有引力规律依然存在。只要在这个空间具备了万有引力发生的条件，只要给出一个地球、一个苹果，它就会往地上掉。"道"就是一种客观存在的规律，其本质无形无相，并不依赖于物质。没有物质的时候，规律依然存在，只是表现不出来；只要有了物质条件，规律就能通过物质表现出来，这就是规律的物质相，也就是"道"的实相。

"无名，天地之始也；有名，万物之母也。"这句话自古以来解读的方式颇多，争议也比较大。若要透彻理解这句话，首先要理解句中的"无名"和"有名"，可以参照第三十二章的"道常无名，朴"，"始制有名，名亦既有，夫亦将知止"，"道"在质朴状态下是"无名"，具体化之后是"有名"。这里的"无名"是指本源之"道"，没有人类意识加以区别和描述，没有出现"物我"（物质和精神）的二元对立时，"道"与万物浑然一体，无形无相，处于质朴状态，这就是"无名"，是"道"的本体。"有名"是指认知之"道"，当人类有了自我意识，认知世界的时候，分化出"物我"二元对立的意识（也就是物质和精神的二元对立），开始从"自我"的角度认知"道"，人类通过意识感知形成具体化认知，并加以描述，这时候"道"就是"有名"，是"道"的相体（物质相）。站在"道"的角度，道质朴自然的状态就是无名，被人类用意识感知并具体化之后就是"有名"。这句话可以理解为：道的本体是一种客观自然存在的规律，超越一切的物质和精神。它无形无相，无始无终，但是它又无处不在，主宰着物质世界的一切，它就是天地（指一切的物质和精神）产生的根源。"道"的物质相是通过物质的形式展现出的客观规律（朴散为器），人类可以通过意识认知物质的变化而得出具体的规律，这种可认知的规律（表相规律）就是宇宙万物生灭的规则，它支配着世界万物的运行，生生不息。

"故恒无欲，以观其眇；恒有欲，以观其徼。"这句话历来争议较大，有些人以"无欲"和"有欲"为句读，有些人以"无"和"有"为句读，但无论哪种解释，都很难顺畅解读"欲"是什么意思。要理解这句话，不能单单从字面解读，要结合《道德经》一以贯之的思想贯通文字。首先要理解句中的"无欲"和"有欲"，这里的"欲"不是指欲望，应解读为执见和思维辨识。"无欲"是指世人不执着于思维辨识的状态，"有欲"是指世人执着于思维辨识的状态。这句话是站在世人认知"道"的角度而言的，"无欲"对应"无名"，"有欲"对应"有名"。这句话可理解为：世人认知"道"的时候，不要以自己的思维辨识为执见，约束了自身的认知能力。在无执见约束的情况下，客观观察宇宙万物，那个与万物浑然一体的客观规律，就是无名之"道"。以无欲之心，察质朴万物，悟"无名"之"道"，这就是"故恒无欲也，以观其眇"。但是，人类是有主观意识的动物，要通过主观意识才能认知客观现象。所以，我们认识规律不可能凭空得到，只能发挥人的思维辨识能力，通过对物质现象进行细致观察和分析判断、逻辑推理、归纳总结，抽象出事物的具体规律，形成边界明晰，可认识可描述的规律，这就是"有名"之"道"。以有欲之心，辨"无名"之"道"，得"有名"之理（局部之"道"），这就是"恒有欲也，以观其徼"。无思维辨识的情况下，是对"道"的定性认知；有思维辨识的情况下，是对"道"的定量认知。

老子通过对"无名""有名""无欲""有欲"的阐述，把客观规律（本源之"道"）分为本质规律（"无名"，"道"之本体）和表相规律（"有名"，"道"之相体）。本质规律是客观规律的本体，它超越一切的物质和意识，无形无相，无始无终，客观自然。本质规律可通过能看得见、摸得着的物质表现出来，就是表相规律，表相规律是本质规律的物质相。综上，表相规律来源于本体规律，本体规律高于表相规律。这两种层次的认知，我们可以通过实例进行理解。牛顿通过观察苹果落地，认知到万物之中有万有引力的存在，这样通过物质现象认知到事物的内在规律，"道"与物浑然一体，可以称为"故恒无欲也，以观其眇"。把万有引力总结为理论之后，进行更深入的理论的分析和判断，弄清理论内部的逻辑关系，建立可量化的数学模型，这个过程把抽象的规律变成可认知、可传承可描述的规律，可称为"恒有欲也，以观其徼"。通过上面的论述可以清楚地看到，本质规律（无名）和表相规律（有名）其实就是一回事，都是"道"。一个是整体，另一个是局部；一个是本质，另一个是认知。

"道"的本相（本质规律）是老子《道德经》的核心观点，《道德经》通篇都在讲"道"的作用和能量，让人们要遵循"道"的规律，但是具体的"道"是什么，《道德经》里没有具体答案，只有一个抽象的概念——"规律"。但是，让人们如何去付诸实践呢？如果只是谈论一个抽象且不可实践的东西，就没有任何意义了。老子在《道德经》中告诉我们"道"无处不在，可以通过认真而客观的观察身边的现象，总结出其内在的规律，这种客观的、自然的、内在的、本质的规律，就是"道"。我们应该怎么观察现象总结规律呢？《道德经》很多章节都在告诫世人要放下自己的主观意志，放下自身的执见和欲望。因为人是有主观意识的动物，如果不放下自身的执见和欲望，就会有选择性地看待外界事物，从而扭曲事物的真实性、客观性，无法认知真正的"大道"，也叫误入歧途。所以，欲望是认知"道"的最大障碍，也是老子在《道德经》中极力摒弃的东西。只有放下自身的执见和欲望，回归自身质朴本性，通过对客观事物的观察、分析，归纳、总结得出客观真实的规律，这叫作"求道"；采用客观的规律去指导世人去做事，遵循事物发展的客观规律，这叫作"循道"。这也是《道德经》的实践论，正是通过"修道"和"循道"的交互作用，让《道德经》与现实的世界结合起来，让"道"走向人们的真实生活，发挥实际的作用。

　　"两者同出，异名同谓"就是指的"无名"的本相规律和"有名"的表象规律，这两个名称不一样，表现形态不一样，其实它们是同一个东西，它们的根源都是"道"。"无名"的本质规律是"道"的本相，它无形无相，又无处不在；"有名"的表象规律只是道的物质表现形式，这是"道"的表相。人们可以通过对物质现象的观察去感悟本质规律（"无名"之"道"），再通过对本质规律的逻辑推理和分析，就可以得到表相规律（有名之道）。就像万有引力无处不在，但你看不到它，这是"无名"的本相规律。我们能看到苹果落地，我们能感悟到这种本相规律的存在，只不过是万有引力借助苹果落地这种物质形式表现出来。通过对万有引力的逻辑分析，建立数字模型等，可推知万有引力更深的内涵，它与物质的质量、距离等有关系，这种具体化的、可描述的规律就可以看作是表相规律（"道"的表相）。"可道之道非常道。"

　　整个宇宙，有太多的规律，其深奥复杂的程度，还需要我们的进一步探索。宇宙的运行，总有它的规律，即便我们没有认识到、感知到，也并不妨碍这些客观规律的存在和运行。客观规律决定着整个宇宙的发展方向。如果想彻底看清楚宇宙的真面目，认识这些本质的规律就必不可少。本质的规律，就是通往真实宇宙的唯一大门。只有它决定着整个宇宙的发展，只有它能揭开宇宙的真实面纱。所以，《道德经》讲到"玄之又玄，众眇之门"，就是指的这种本质规律。

本章从理论层面介绍什么是"道","道"就是这么一种客观存在，它决定着万物的运行，而又不依赖于万物，甚至不依赖于任何物质和精神，即便是浩瀚的虚空，这种规律依然存在。有时我们觉得"道"很抽象，看不见、摸不着，感知不到它的存在。当世人放下自身的执见和欲望，客观地观察物质运行状态，通过对比、分析，归纳、总结出的一般规律，这就是"道"。这种客观自然的规律，永恒存在，而且无处不在，它就是宇宙万物运行的总规则，是宇宙的总命门。

《道德经》为什么一再强调世人在认知"道"的过程中要放下自身执见和欲望？人是有主观意识的动物，要认识客观自然的"道"，就要发挥人的主观能动性。在人类主动去了解"道"，认知"道"的过程中，有的人过于执着自身的执见和欲望，由于自身欲望的驱使，思考问题的时候会自觉或不自觉地从自身利益出发，以自我为中心，这就使其在认知"道"的过程中发生了扭曲，欲望使人们认知偏离了"道"的本质，失去了其客观性和自然性，认知的"道"就不是真正的"道"了。"舍欲"，也是老子在《道德经》的"德经"中重点强调的内容。老子的《道德经》分为"道经"和"德经"，在"道经"中老子强调的就是"道"的本源性和客观性；在"德经"中重点强调的就是"舍欲得道"。

第二章　功成弗居

【原文】

天下皆知美之为美，斯恶已①；皆知善之为善②，斯不善矣。有无之相③生，难易之相成，长短之相刑④，高下之相盈⑤，音声⑥之相和，先后之相随，恒也。是以圣人居无为之事⑦，行不言之教，万物作⑧而不为始，为而不持，功成而弗居。夫唯弗居，是以弗去。

【译文】

天下人都知道美之所以为美，那是由于有丑陋的存在；都知道善之所以为善，那是因为有不善的存在。所以有和无互相转化，难和易相辅相成，长和短互相显现，高和下互相依存，音与声互相谐和，前和后互相接随，世人有了"物我"的区别，这就是永恒的规律。因此圣人用无为的观点对待世事，用不言的方式施行教化：听任万物自然兴起而不为其创始，循道而为但不强加自己的意志，功成业就而不自居。正由于不居功，就无所谓失去。

【注释】

①恶已：恶，丑；已，通"矣"。

②善：遵循"道"的行为，符合道的要求。

③相：互相。

④刑：通"形"，此指比较、对照中显现出来的意思。

⑤盈：充实、补充、依存。

⑥音声：汉代郑玄为《礼记·乐记》作注时说，合奏出的乐音叫作

"音"，单一发出的音响叫作"声"。

⑦圣人居无为之事：圣人，古时人所推崇的最高层次的典范人物；居，担当、担任；无为，顺应自然，不加干涉、不必管束，任凭人们去干事。

⑧作：兴起、发生、创造。

【义理解析】

本章老子从认识论的角度谈论事物的运转变化，世人有了自我意识，就有了"物我"的区别，并从"我"的角度认知万事万物的千差万别和流转不息，这都是源于人类的自我意识的观点，并非"道"的本质。文中也阐述了圣人如何看待世界，如何遵循"道"的规律做事。何谓"道"？我们暂且称之为"规律"，规律就是事物变化运转的客观自然的规则。但是，世人以"自我"的认知角度，区分出万物，总结其规律，已经不是本源之道，只不过是人类站在"自我"的角度认知到的规律而已。世人将事物的状态大致列为：美和恶，善和不善，有和无，难和易，高和下，长和短，音和声，先和后。这些并不是事物的本质属性，只是世人以"自我"意识和意志总结出来的万物的状态：宇宙万物都有不同的状态，每个状态都有对立统一的两个端（正反两面），事物就在这两端之间不断变化，遵循着这个规律，这就是人类认知到的万物变化之"道"。

本章分两个层次来介绍"道"和"德"。第一个层次，介绍世人所认知的"道"，世人站在"自我"的角度看待宇宙万物存在的状态，其运转变化都遵循一定的规律，这个规律就是世人站在自身角度看到的"道"；第二个层次，介绍圣人做事无不遵循客观自然之"道"，循"道"就是"德"。"道"是"德"的本体，"德"是"道"的应用。"万物有道，循道为德，有德乃生，无德则亡。"

第一个层次：世人认知的"万物之道"。

站在世人的角度，认知的对象就是宇宙万物。首先，究竟什么是宇宙万物？以人类认知的角度，宇宙万物就是客观存在的东西，可以分为：物和事。物就是物质实相，事就是人的行为。实物就像苹果、桌子、房子，这些实物的状态会发生变化，世人认知到它们都会遵循一定的规律，这个规律就是人们认知的"道"。随着时间的流逝，苹果、桌子、房子都会在空间、形状、性质上发生本质变化。苹果会烂掉，变为尘土；桌子也会变旧，最后腐烂，同为灰尘；房子也会塌落，残败不堪。它们没有自性，无法控制自己的状态，只能随着客观规律去变化，但是人们认知的这个规律就是"道"，虽然可能不是究竟彻底的"道"，但也是"道"可认知的一个侧面。就包括我们人和各类动物，虽然有了思想和意识，但是作为物质实体，也不能控制自身的变化。生老病死就是规律，各类生物只能按照客观的规律生存和消灭。真正的"道"也许能被我们认知并加以利用，但是，没有谁能改变它。也许我们能改变事物的某种状态，这些只不过是多个规律的叠加显现出来的不同状态。我们不是改变了规律，而是顺从并利用了规律。比如苹果用防腐剂会保存更久，人类现在的生命更长，无不是利用了规律改变了事物状态。

人的行为是在意识作用下的持续性动作，受主观意识支配。老子讲的"事"更多的是站在社会化的人的角度去看世界，是思想意识方面的活动。世人根据自身的利害关系，将人的行为分为：善和恶，美和丑，对和错，难和易，偏和正。这其中夹杂了人类主观意识对事物的认知和评判。其实，随着人类认识宇宙的深入，这些标准也许会有改变。但是，人类对社会的认知，也是客观世界的一部分，也在遵循着一定的客观规律，人类正是利用自身的思维意识去观察客观世界，通过分析、归纳、总结得出客观规律，这就是老子推行的世人认识"道"的过程，可以称为"求道"。利用思维意识去认知外在的物质世界，相对容易；利用思维意识去认知判定思想意识本身的规律，身在其中，也许永远无法得到客观规律，但是可以通过制定规则，降低认知的主观性，提高认知的客观性。就像庄子在《大宗师》里面谈到的"知人之所为者，以其知之所知以养其知之所不知，终其天年而不中道夭者，是知之盛也"。所以，思想意识的规律是复杂的，思想意识的运行也有其"道"，人类探索其规律，遵循规律，就会无限接近其道，即使很难看到其全貌。

本章开篇，老子首先举例讲述了世人如何划分事物的状态："天下皆知美之为美，斯恶已；皆知善之为美，斯不善矣。有无相生；难易相成；长短之相形；高下相盈；音声之相和也；先后之相随。"天下人都知道美是什么，因为有丑作对照；都知道善是什么，是因为有不善作对照。同理，生和死，难和易，长和短，高和低，音和声，先和后等都是事物的不同特征和状态，这些状态是相辅相成、相互转化的。如果世人有了"自我"意识和执见，并以此为标准看待宇宙万物，就会看到"美丑、善恶、生死、难易、高低"等区别，这就好像是永恒的规律。其实，如果不以人类的"自我"意识加以区别，宇宙万物本来浑然一体，无所谓"美丑、善恶、难易、高低"的区别，本然为一。人类以自身意识和执见认知宇宙万物，就会从方便认知的角度对宇宙万物赋予各种特质。由此，人类对世界的认知进入"物我"的二元对立状态，以"我"识"道"，人类认知到的规律也仅是可认识的"道"，只是真实"大道"的一部分，并不是客观自然的本源"大道"。以人类认知的角度，宇宙万物每时每刻都有自己的特征和状态，但是随着时间的流逝，在不同的时刻都有不同的状态。这些状态的变化都在遵循一定的规律，这是一个先天存在的客观自然的规律，这就是"道"。通过对事和物的观察对比、分析、总结，得出其中的内在规律，这就是认知"道"的方法。

第二个层次：圣人的"循道之德"。

圣人不会用自身的执见去认知宇宙万物，不会为宇宙万物设置任何前提，也不会对宇宙万物加以区别。在圣人看来，用自身执见和意识区分万物就是有为，圣人内心处于"无我"的境界，与万物浑然一体，无所谓"美丑、善恶、生死"之分。圣人只会看万物是否遵循"道"的规律，如果万物"合道"，则无为而为；如果"不合道"，则会为而无为，并遵照"道"的规律教化众人。所以，在圣人看来，宇宙中万事万物的状态是不断变化的，它们的变化遵循着事物本身的内在规律，由于世人的主观意志和欲望的存在，很多时候扭曲了事物本来的规律。真正得"道"的人（圣人）不会违背事物的发展规律做事，而是顺着事物的发展规律做事。所以，《道德经》说"是以圣人居无为之事，行不言之教"。圣人就是"道"在人世间的化身，他的一言一行皆是"循道而为"。其中的"无为"不是什么都不做，而是不乱为、不妄为、不做违背事情客观规律的事；其中的"不言"不是不说，而是不乱说、不说违背客观规律的话。圣人能做到循"道"而为，这就是"德"。

"万物作而弗始也，为而弗志也"就是典型的顺势而为，不违背事物的规律做事。圣人任由万物按其本质规律去发展，而不会人为地设置开始、强行

13
第一部分 道经

给事物设置标准、强加个人意志。圣人做事也是遵照事物的客观规律，而不强加个人的意志。既然是顺遂事物的发展规律而成功，当然就没有那种居功自傲的心态，自己不据成功为己有，当然也就无所谓失去。圣人没有自身的执见和欲望，只会觉察事物是否按照其本质规律发展，而不会考虑自身的功名利禄等非客观因素的影响。所以，道德经强调做事的境界，超越个人境界，以客观自然的"道"为准。用"道"的准则，就超越了个人执见和欲望，所以，老子说"夫唯弗居，是以弗去"。其中毫无个人功利心。"弗居"和"弗去"，强调的是一种自然心态，得也无利，失也无害。圣人没有自身的执着和欲望，身处无我的境界，无所谓得失。

《道德经》可分为："道"和"德"。"道"就是万物运转的规律，"德"就是遵循"道"的规律去做事。可以说，"德"就是从人的行为的角度去看待事物的发展规律，从社会的角度来看待社会发展的规律，检验人是否遵循了事物发展的规律。《道德经》一直在强调要认识规律，顺从规律、利用规律，不要去违背规律，更不要试图改变规律。《道德经》认为"道"是一种客观的自然的规律，其中的"无我"，客观规律不会以"我"的意志为转移。如果做事过程中强行施加"我"的意志，会偏离"道"的客观性和真实性，是不遵循规律的表现，不但徒劳，还是对事物发展的一种阻碍。所以，道德经推崇的就是"顺其自然，无为而治"。

《道德经》里的"道"表现在物，就是客观规律，就像我们认识到的自然科学规律；"道"表现在人，就是社会规律。如果世人能客观认知"道"，并遵循道的规律就是"德"。社会的本质、自然的规律就是"道"，循"道"而为就是"德"。判别世人做事是否符合"道"的规律，有很大的主观性。作为普通的求"道"者，其判别标准一般考虑做事的初心，是否有自身的主观意志和欲望。如果人们在做事的时候，放下自身的欲望和执着，不以自我为中心，以"无我"的状态看待事物，遵循事物发展的客观规律，就是循"道"而为，这就是"合道"；如果人们在做事的时候，遵循自身的欲望而行事，这就是"非道"。所以，《道德经》教给世人一种思想：天地有道，客观自然，离欲才能无我，无我才能得道，循道而为则生，循欲而为则亡。

第三章　圣人之治

【原文】

不上贤①，使民不争；不贵难得之货②，使民不为盗③；不见④可欲，使民不乱。是以圣人之治也，虚其心⑤，实其腹，弱其志⑥，强其骨，恒使民无知无欲。使夫知者不敢为也⑦，为无为⑧，则无不治⑨。

【译文】

不标榜贤德的优越，引导老百姓不争名夺利；不把稀少的东西视为珍宝，引导老百姓不去偷窃；不显耀足以引起贪心的事物，引导民心不被迷乱。因此，圣人的治理原则是：减少百姓过度的欲望，满足百姓基本的生存需求，减弱百姓追逐欲望的意图，增强百姓的筋骨体魄，经常使老百姓没有奸诈智巧，没有自私欲望。致使那些有自私欲望的人也不敢妄为造事。圣人按照"无为"的原则去做，办事顺应自然规律，那么天下就不会不太平了。

【注释】

①上贤：上，同"尚"，崇尚、尊崇；贤，有德行、有才能的人。

②贵：重视、珍贵；货：财物。

③盗：窃取财物。

④见（xiàn）：通"现"，出现、显露。此是显示、炫耀的意思。

⑤虚其心：虚，空虚；心，古人以为心主思维，此指思想、头脑。虚其心，使他们心里空虚，无思无欲。

⑥弱其志：使他们减弱志气，意为削弱他们竞争的意图。

⑦敢：进取，强调依据自身欲望而做事。

⑧为无为：以无为的方式去为。

⑨治：治理，此意是治理得天下太平。

【义理解析】

本章重点在于揭示"道"的应用，教人有德。特别是对于有权力能影响人民大众的王侯将相，更应该在做人做事上，崇尚"道"的精神，顺"道"而为。让社会的发展回归其本质规律，而不是受到欲望的诱惑，偏离其本来的发展轨道。

这个章节往往被现代人误解，理解为这是老子的消极思想，认为这是愚弄百姓，让老百姓四肢发达、头脑简单、不闹事，天下就太平了。这样理解就大错特错了。如果老子的思想仅限于此，那它也就不能成为中国哲学思想的根源，最多只能算是权术谋略而已。后人往往受儒家思想影响，偏离"道"本身的观点来解释这一章节。

本章提到"不上贤，使民不争；不贵难得之货，使民不为盗；不见可欲，使民不乱"。这里明确点出社会风气不正的根源之所在，这不但在两千年前的老子时代有用，放到现在依然适用。老百姓为什么争着当贤人、名人，是因为想为天下服务，还是发自内心的想让社会回归其本质的发展规律？恐怕都不是吧。社会崇尚所谓的"贤能"，因为"贤能"背后有太多的功名利禄等利益和光环，给贤能之人太多的人为附加值。就像我们当代的一些所谓的名人、明星，为什么要让自己火？为什么很多人都不择手段的制造各种新闻，让自己在网络上成为名人？就是因为成为名人之后，可以获得很多的利益，这就违背了"上贤"的本意。真正意义上的贤能之人，应该是人尽其才，能在更高更大的平台上发挥个人作用，而不是追求成为"贤人"之后的个人利益。

"不贵难得之货，使民不为盗；不见可欲，使民不乱"，也是点出了相同的道理，有些人为了所谓的"难得之货"，可谓是坑蒙拐骗偷，无所不用其极。就是人为地给这些东西增加了欲望的附加值，比如钻石，就是典型的人类给它赋予了美好的愿望和想象，让它其贵无比。但是，对于一只鸡而言，一颗钻石远远没有一粒米有吸引力，为什么？因为这颗钻石对于鸡而言，与一颗石头无异。对于人类而言，本应如此，只是有些商家把这颗石头做成一种"文化"，附加了很多人类美好的想象和权贵地位的象征，让本来没什么价值的东西，获得远远高于其本身价值。就是人类附加了太多自身的意志和欲望在具体的事物上，扭曲了实物本质意义。附加的东西让老百姓有了贪欲，为了满足内心的虚荣，吸引了一些人去偷、去抢、去骗，形成社会乱象。其实都是人的认知偏离了实物自然状态、不符合其本身的规律的结果。也就是"不合道"的因素，造成了"不合德"的行为。

应该如何做呢？文中提到"圣人"之道，"虚其心，实其腹；弱其志，强其骨；恒使民无知、无欲也"。这句话就是说，让老百姓丰衣足食，满足生活的需要。在精神层面主张引导老百姓放下自身欲望，用客观、自然、真实的理念去看待一切。做事的时候，不强加个人的主观意志和执见，符合事物的客观自然性。本章重点强调"认知合道，做事合德"。如果老百姓都能放下自身欲望，认知事物的本质规律，站在"道"的立场去看待事物，遵循"道"的规律去做事，就不会有那些社会乱象。之所以乱，就是因为人们违背了"道"的精神，偏离"道"的规律，去追求个人的意志和贪欲。"虚其心""弱其志""无知、无欲"都是在强调弱化内心自身的执见和欲望，回归质朴自然的本性，不以个人的"小智"（自身欲望）去看待问题，能以"合道"的"大智"（客观规律）去认知世界。能用客观规律看待事物，这就是"无知"，即无个人私欲之"小智"，并不是现在人们认为的"愚民政策"。如果都让老百姓头脑简单，四肢发达，达到无知的程度，这也不符合《道德经》的精神。如果让广大老百姓都认知不到规律所在，当然就无法遵从规律，如何能做到符合"道"的要求呢？如果老子的《道德经》思想层次低到这个程度，最多只能算个王侯将相的"驭民之术"。后世人多以儒家的思想解读道德经，对"道"的理念的理解偏离客观，造成了极大扭曲。

本章最后提到"使夫知者不敢为也，为无为，则无不治"，如果所有的人都放下自身的欲望和执见，都能遵循事物的发展规律去做事，那社会当然就是最合理的状态，就能做到"无为而治"，这也是理想的国度和社会。"无为"包含两层含义。一是"无为而为"，这层意思不是不为，而是不乱为，不违"道"而为。不做不符合事物规律的事，能让事物按照事物本身的规律去发展，这就是最好的为，看似无为，其实大为。二是"为而无为"，什么叫为而不为呢？就是当你看到不符合事物发展规律的东西存在，能挺身而出，把不合事物发展规律的东西除掉，当然是"为"，但是这个"为"是为了让事物能按照其本身的规律去发展，达到"无为"的自然状态，达到符合"道"的要求，这个"为"就是"为而无为"。

老子在《道德经》里强调的"无为"是保持事物处在自然的、不受外界干扰的状态。不管是"无为而为"还是"为而无为"的目的都是达到让事物处在"无为"的状态。当事物处在"无为"的状态时，"得道"之人需要做的就是遵循客观规律，不强加个人的意志，这就是"无为而为"；当事物没有处在"无为"的状态，"有道"之人就需要做些事，让事物处于"无为"的状态，这就是"为而无为"。

第四章　和光同尘

【原文】

道冲①，而用之有不盈②。渊③呵！似万物之宗④。锉其兑⑤，解其纷⑥，和其光⑦，同其尘⑧。湛⑨呵！似或存⑩。吾不知谁之子，象⑪帝之先。

【译文】

大"道"看似空无，无形无相，但它的作用又是无穷无尽的。奥妙深远啊！它好像万物的源头。大"道"在世，会打磨掉自身的锋锐，消除自身的纷扰，调和自身的光辉，混同于尘世。大"道"隐没不见啊，又好像实际存在。我不知道它是从哪里产生的，但是它可称为天帝的祖先。

【注释】

①冲（zhōng）：通"盅"，器物虚空，比喻空虚。

②有不盈：有，通"又"；盈，满，引申为尽。

③渊：深远的样子。

④宗：祖宗、祖先。

⑤锉（cuò）其兑（ruì）：锉，消磨、折去；兑，通"锐"，锐利、锋利。锉其锐，消磨掉它的锐气。

⑥解其纷：消解掉它的纠纷。

⑦和其光：调和隐蔽它的光芒。

⑧同其尘：把自己混同于尘俗。

⑨湛（zhàn）：沉没，引申为隐约的意思。段玉裁在《说文解字注》中

说，古书中"浮沉"的"沉"多写作"湛"。"湛""沉"古代读音相同。这里用来形容"道"隐没于冥暗之中，不见形迹。

⑩似或存：似乎存在。连同上文"湛呵"，形容"道"若无若存。参见第十四章"无状之状，无物之象，是谓惚恍"等句，理解其意。

⑪象：似。

【义理解析】

本章通过对"道"的特性描述，揭示"道"的本质。"道"是什么呢？这是一个抽象的概念，老子就是通过视觉、感觉等外在可感知的现象描述其各种特征，让人们能理解"道"是什么，从而走进"道"。

文中说"道冲，而用之或不盈也。渊呵！始万物之宗"，可以理解为：道啊，无形无相，无影无踪，看不见摸不着，但是它又取之不尽，用之不竭。看起来，"道"极为深远啊，万事万物的产生、发展、运行等都要符合"道"的要求，遵循"道"的规律，它就像宇宙万物的根源。也许当时老子看到了春去秋来、花开花落等现象，思考万事万物背后必有一个客观不变的规律，这就是老子眼中的"道"。

"道"在现实中是怎样的呢？《道德经》中"锉其兑，解其纷，和其光，同其尘"，这句话就是说"道"并不是以一个光鲜、耀眼的实实在在的东西存在于世间。老子这里有个潜在的假设，在世人眼中这么威力无边、主宰万物的"道"，应该是锐气十足、复杂、高深莫测、光芒万丈的东西。文中的"兑、纷、光"指的是当时世人执着于自身的意志或欲望而表现出来的特性，"尘"这里是指人类本性的质朴，无欲无为的状态。但实际上"道"在我们世间没有光鲜，也没有形状，藏起来锐气，收起来光芒，化繁为简，质朴自然，时刻存在于我们身边，与周边的普通事物混为一体。你根本看不到它，甚至意识不到它的存在。但是，万事万物又无时无刻不在按照"道"的规律运转。老子在这里用了一个反向对比，首先强调"道"的作用，主宰万物，无所不能；接着说"道"质朴自然，混同于尘。让人们对"道"的客观性、自然性有一个更深层次的认知。

针对"道"的特性总结，老子说"湛呵！似或存"，道很是深奥精妙啊，它似有似无，若隐若现。可以这么理解：大道虽无形无相，无声无息，但是它又无时无刻不在，无处不在，遍布在宇宙无穷无尽的空间，其大无外，其小无内。这就是说"道"混同于尘世，隐藏于万物。究其本质，"道"并不是一个物质实体，也不是一个人格化的精神存在，它是一种客观存在的规律，无自性，超越物质和精神，不受时间和空间的限制，只存在于是与否的逻辑层面。这就是其深奥无比的地方。我们可以借助现在的知识来理解，就像万有引力，你能看得见吗？虽然我们看不到，但是只要我们有这个意识，我们就时时都能感受到它的存在。万事万物无时无刻不把这个规律表现出来，只要我们认真观察，分析总结出其中的共同特性，就得到如同万有引力定律的规律，这就是"道"。当然，万有引力只是自然科学中一个具体的"道"。所有"道"的本质和特性都是相同的，只是层次有深浅。

就如同现在，我们对世界，对宇宙的认知，有了很大的进步。但是，宇宙的本质规律，也就是这个"道"究竟是什么，它是怎么产生的，谁创造的这个"道"，谁设计了这个规律，依旧是深奥无比，无法想象。

所以，本章最后老子说"吾不知谁之子，象帝之先"，我不知道它是谁的孩子，也就是说不知道它的起源，不知道谁创造了它，但是，它就像万物之源、天帝的祖先。天帝也是当时人们能想象到的能力最大的神，"道"更像天帝的祖先，可见老子对"道"的崇敬。即便作为当代人，我们对于"道"的理解，也未必能达到老子这个程度，可见老子思想之深邃。

关于"道"和物质世界的认知，我们可以这么看待，"道"的本体就是一种客观自然的规律，先天就存在，无始无终，无穷无尽。从人类认知的角度来看，"道"无形无相，无处不在，无时不在，超越物质和精神，无自性且永恒不变。我们能认知的物质世界，只不过是遵循"道"的一个实体表象而已。宇宙万物，看到的或看不到的，人类认知到的或是还没认知到的，物质的抑或精神的，都在遵循这个客观自然的"道"。物质世界的变化流转，只不过是物质在遵循"道"的规律变化而已；可以说，物质世界也是"道"的物质形态的展现，是道的物质相。我们生活在物质世界中，也是生活在"道"中，并不是在物质世界之外，还有一个独立存在的"道"，不能把"道"和物质世界对立看待。物质世界和"道"本身就是浑然一体的，不能分开，也无法分开，只不过从认知的角度来看，可以抽象出一种客观的自然规律，我们称之为"道"。道和物质世界的浑然一体就叫作自然，其中包括万事万物的生灭运转，甚至包括物质和精神的生灭、有和无的统一。

第五章　天地不仁

【原文】

天地不仁，以万物为刍狗①；圣人不仁，以百姓为刍狗。天地之间，其犹橐籥②乎？虚而不屈③，动而俞④出。多言数穷⑤，不若守于中⑥。

【译文】

天地是无所谓仁慈的，也没有仁爱，对待万事万物就像对待刍狗一样，任凭万物遵循其道，自然生灭。圣人也是没有仁爱的，也同样像对待刍狗那样对待百姓，任凭人们遵照规律，自作自息。天地之间的客观规律，岂不像个风箱一样吗？它看似空虚，但并不枯竭，越鼓动风就越多，生生不息。统治者人为的政令繁多，反而更加使人困惑，无所适从，不如保持虚静自然的状态。

【注释】

①刍（chú）狗：用草扎成的狗。古代专用于祭祀之中，祭祀完毕，就把它扔掉或烧掉，比喻轻贱无用的东西。在本文中比喻天地对万物，圣人对百姓都因不经意、不留心而任其自长自消，自生自灭。正如元代吴澄说："刍狗，缚草为狗之形，祷雨所用也。既祷则弃之，无复有顾惜之意。天地无心于爱物，而任其自生自成；圣人无心于爱民，而任其自作自息，故以刍狗为喻。"

②犹橐籥（tuóyuè）：犹，比喻词，如同、好像的意思；橐籥，古代冶炼

时为炉火鼓风用的助燃器具——袋囊和送风管，是古代的风箱。

③屈（gǔ）：通"淈"，竭尽、穷尽。

④俞：通"愈"，更加的意思。

⑤多言数穷：言，政令、法条。老子认为，有了知识，就有了所谓的规章制度，导致政令烦苛，破坏了天道。数，通"速"，是加快的意思。穷，穷尽到头，无路可行。

⑥守于中：中，通"冲"，指内心的虚静；守于中，守住虚静。

【义理解析】

本章重点在于揭示"道"的本质和其于世间的具体体现。"天道"无亲，"道"是一种客观自然的规律，它无所谓仁慈和仁爱。世人提倡的仁慈与仁爱，往往受儒家思想影响，是人类自身意志的展现，但并不一定符合客观自然的天道。儒家讲究的是推己及人，不能把好的东西据为己有，把自己认为好的东西要推广给别人。儒家是怀有一颗善良的心，做着霸道的事，把自身意志以"仁义礼"的方式强加于他人。本章老子旗帜鲜明地反对主观意志的"仁爱"，提出"不仁"的概念，让世人树立自然之道的理念，遵循事物客观自然的规律，这才是真正的仁慈和仁爱。

"道"在万物表现为自然，人也是万物之一，当然"道"在世间也是表现为自然。人世纷繁复杂，何为自然？老子提出"天地不仁，以万物为刍狗"，"道"没有世俗人眼里的仁义，而是让万物以顺遂自然的状态去发展。"圣人不仁，以百姓为刍狗"，圣人循"道"，也没有世俗人眼中的仁义，而是让百姓能按事物本来的规律去认识事物，按照事物的客观规律去做事。以"道"的观点来看，"仁"不过是世俗之人的个人执见和欲望的具体体现，这里所谓的"不仁"，强调对待事物和百姓不强加个人的意志，不让事物和百姓偏离其自身发展的自然规律，非"不仁"，而是"大仁"！万物有其发展规律，顺其自然，方为"大仁"。庄子在《天道》中讲了一个寓言故事。鲁国国君得到一只漂亮的大鸟，把它供养在大殿上，给它吃珍馐美味，给它演奏最动听的音乐，结果大鸟不吃不喝，三天就死了。鲁国国君用自己的"仁"

害死了大鸟，是因为把自身意志强加在他人他物之上，改变事物本质的客观规律，这就是仁而不仁。再如，我们的世间有很多优胜劣汰、物竞天择的事，很多动植物都会消失，如果让上天展现"仁慈"，让不适合外界条件的物种保留下来，那就是真的仁慈吗？如果如今恐龙还在，恐怕就没有我们今天的人类。当然，也有人类追求个人利益，改变事物发展规律，造成很多本该存在的物种灭绝，这也是一种"逆道"的行为，人类也在受到惩罚。你改变了自然发展的规律，自然会用另外的方式告诉你：不行！倒行逆施，改变客观规律，小利而大害，仁而不仁。"顺道而为"，遵循客观规律，大利而小害，不仁而仁。真正的"仁"是遵循事物的客观规律，而不是把依据自身意志认可的所谓的"仁"强加于外事外物。

圣人之仁也是如此，圣人只会"顺道而为"，让事物能按照其自身规律去发展，让百姓能认知规律，顺势而为。比如，穷人想要钱，圣人就想办法给穷人钱。这是不是仁慈呢？如果圣人这么做，"可能"就破坏了人类生存的规律，助长不劳而获的风气。人一旦失去探索、认知、适应社会的能力，岂不是变成了寄生虫，迟早会被社会淘汰。如此之仁，实为不仁。圣人应当是教会穷人认清社会发展规律，让他们去努力适应社会，这才是真正的"仁之圣人"。这里的"天地不仁"和"圣人不仁"，都是在强调，天地和圣人没有世俗人的执见和欲望，不会把自身的欲望和意志强加于万事万物，不会改变客观规律，不会改变事物运行的天然之道，这就是世俗人眼中的"不仁"，在"道"的观点来看，这是大仁大德。

我们人类看待任何事物的时候都具有主观性，也就是从自身的执见和欲望出发，看待问题，思考问题。一个人具有越强的主观意志，就越容易偏离客观实际，也就越容易偏离"道"的规律。事物本质是客观自然的，但是由于人们的主观意志的不同，所以认知到的世界就千差万别。具有强烈个人意志的"仁"，也会因为强加在外事外物上而扭曲事物本然的规律，偏离"道"的要求，此仁非仁也"非道"。

本章的后半部分，又在描述"道"的特性："天地之间，其犹橐龠乎？虚而不屈，动而俞出。"天地之间存在"道"，这个"道"像过去人用的风箱，看似虚空，但是它的内涵又无穷无尽，只要你拉动风箱，风就源源不断地涌出。我们可以理解为："道"就是客观存在的规律，"道"具有客观性，看似虚空，但客观真实，无穷无尽，无处不在，无时不在。规律是一种超越物质的存在，无论使用过多少次，规律都不会有任何增减，取之不尽，用之不竭。只要有物质的出现，就会遵照其客观自然的规律而动，这就是"虚而不屈，动而俞出"。

最后，老子提出，世间的客观规律应该回归其客观自然的本质，人们不应该执着于自身的欲望，盲目地听闻一些信息，干扰自己的判断，让自己失去对事物本质的认识。此处，老子并不是反对世人见多识广，而是反对人们带着自身的执见和欲望，去接受各种信息，反而让自己迷茫，失去对事物本质规律的认识。就像凡·高的《星空》这幅画，这是凡·高的代表作，有的人看到这幅画，第一想了解的信息就是这幅画值多少钱。凡·高创作这幅画的时候，是从钱的角度考虑的吗？当然不是，凡·高是一个有着个人炽热感情的人，他极度地想表达对世界的认识，只是一般人难以理解。我们现在的人不去理解凡·高为什么创作这幅画、他想表达什么。这幅画刚创作出来，被很多人讥笑，很多画家认为他没有基本的常识，星空下的树怎么会比星星还高，星星为什么在一个扭曲空间。凡·高用一个孩子的单纯思想告诉我们，他认为大地通过树去极力渴望接触天空。这幅画一下子就活了，你欣赏的时候还会有些许感动。这个故事也是告诉我们一个道理，当我们带着个人的执见看一件事的时候，往往会有信息过滤，只有符合我们个人欲望和追求的信息，我们才会保留。所以，我们看这幅画的时候，更多想的是值多少钱、符不符合常识。但是，我们失去了对事物本来蕴含的实质内容的追求和理解。

"多言数穷，不若守中"，这里的"多言"是相对于"无言"，"无言"即无为，"多言"即有为，这里是指世人依据自身意志编制的各种规则和制度。这句话可以理解为：人们在自身执见和欲望的驱使下，制定各种规则和制度，改变了世人质朴本性，偏离了"道"的规律；还不如让世人守住内心的虚静，保留本身质朴本性，这样才能让人人"循道"，社会"合道"。这里的虚静，绝不是无所事事，空虚无聊，而是一种从最本质的角度客观看待事物，不加入任何个人意志、执见和欲望，客观自然的状态，就是"道"。不管我们能不能认知到"道"，道就在那里，不增不减，不生不灭，不垢不净，客观自然。《道德经》里的"空虚"，都是在说"道"的本真自然的状态，因为"道"是一种客观的存在，它超越物质和意识。它无相无形，无声无息，看不见，摸不着，但又无处不在，无穷无尽，无始无终。"道"无人格化的自由意志，无亲疏，不偏不倚，主宰万物。看似空，实则本真！

第六章　谷神不死

【原文】

谷神①不死，是谓玄牝②。玄牝之门③，是谓天地根。绵绵呵④，其若存⑤！用之不堇⑥。

【译文】

生养天地万物的"道"（谷神）是永恒长存的，这叫作玄妙的母性。玄妙母体的生育之门，这就是天地的根本。连绵不绝啊！它就是这样若有若无的存在着，无形无相，但我们时刻能感受到并遵循其规律，其作用是无穷无尽的。

【注释】

①谷神：据汉代高亨说："谷神者，道之别名也。"谷读为毂，《尔雅·释言》："毂，生也。"《广雅·释诂》："毂，养也。"谷神者，生养之神。

另据严复在《老子道德经评点》中的说法，"谷神"不是偏正结构，是联合结构。谷，形容"道"虚空博大，像山谷；神，形容"道"变化无穷，很神奇。

②玄牝（pìn）：玄，原义是深黑色，在《老子》书中是经常出现的重要概念，有深远、神秘、微妙难测的意思；牝，本义是指雌性的兽类动物，这里借喻具有无限造物能力的"道"。玄牝指玄妙的母性。这里指孕育和生养出天地万物的母体。

③门：指产门。这里用雌性生殖器的产门的具体义来比喻造化天地、生

育万物的根源。

④绵绵：连绵不绝的样子。

⑤若存：若，如此、这样。若存，据宋代苏辙解释，是实际存在却无法看到的意思。

⑥堇（qín）：通"勤"，作"尽"讲。

【义理解析】

本章老子用比喻的方式向世人介绍"道"是什么，"道"是以什么样的方式存在于我们的身边。重点在于揭示"道"的特性，通过对"道"的特征和"道"的作用的描述，让世人更容易理解究竟什么是道。

"谷神不死，是谓玄牝"，这里说到的"谷神"，其实就是决定万物生老病死，休养生息的主宰者，它就是"道"在世间的代表者。"道"作用在物质，就是自然规律；"道"作用在人世间，就是"谷神"。它就是"道"在世间的化身，谷神就代表着世间之"道"。它当然不生不灭，无始无终，所以文中讲"谷神不死"。"是谓玄牝，玄牝之门，是谓天地之根"，它就像生养万物的母亲，是万物产生之源，生长之本。它深奥莫测，不可知，没有人知道它从何而来，也无法看到它的真面目。但我们清楚地知道，它就像一个母亲，是万物之本源，生出万物，并决定着万物的生死，控制着万物的发展。"绵绵呵！其若存，用之不堇"，它就是一个客观自然存在着的规律，无穷无尽，无形无相，无处不在，你能通过外界事物感知它的存在。它在宇宙中无限循环，取之不尽，用之不竭，并且是永恒不变的存在。

我们可以理解，"道"作为一种自然规律，它就是一种超越时空的客观存在，我们无法探知它如何而来，从何而来，存在了多久。现在，我们也许可以从科学的角度局部地去认知世界，就像万有引力，它就是一种客观存在的规律。地球没有了，银河系没有了，甚至整个宇宙都没有了，无边无际的虚无，这种客观的规律依然存在。只是它不能通过具体的物质表现出来而已。无论任何时间，任何地点，只要有了物质、具备了条件，这种客观规律就要表现出来，就会发挥作用。其实，万有引力作为一种客观规律，超越一切的时空、物质和精神，也不会随物质世界的变化而有任何变化。

当年的老子的时代，没有自然科学，没有"规律"这个词，甚至没有规律这个意识。他只能把"道"比作生育万物的母亲，但"道"无形无相，无影无踪，又客观存在，孕育万物。"道"的影响无时不在，无处不在，决定着万物发展，又无法捕捉。老子当时能这么理解这个世界，已经非常了不起，我们现代人理解这个世界，理解决定万物的"道"，也不过是这个深度。

第七章　天长地久

【原文】

天长，地久①。天地之所以能长且久者，以其不自生也②，故能长生。是以圣人后其身③而身先④，外⑤其身而身存，非以其无私邪⑥？故能成其私。

【译文】

天长地久，天地之所以能长久存在，是因为它们不为了自己的生存而自然地运行着，所以能够长久生存。因此，有道的圣人遇到利益之事谦退无争，反而能在众人之中领先。将自己置于度外，反而能保全自身生存。这不正是因为他舍弃了自身的欲望吗？所以能成就他的自身。

【注释】

①天长，地久：长、久，均指时间长久。

②以其不自生也：因为它不为自己的利益生存。以，因为。

③身：自身、自己。后三个"身"字同。

④先：居先，占据了前位。此是高居人上的意思。

⑤外：方位名词作动词用，使动用法，这里是置之度外的意思。

⑥邪（yé）：同"耶"，表示疑问的语气。

【义理解析】

本章重点在于揭示"道"的特性。"大道"无私而人有私，老子通过论述私与无私的关系，告诫世人如何处理"道"和自身欲望的关系。本章开始就从天地的长久论述开始，用"天地"为例向世人阐述一个道理——如何才能真正地长久。在世俗人的眼睛里，追求财富永恒、幸福永恒、健康永恒、爱情永恒、生命永恒等，无非就是自身利益最大化这种理念的具体体现。自身利益最大化的追求说到底就是个人生命中的那个"私"的欲念在起作用。追求长久和永恒，也就是"私"这个欲念的外在体现，如何才能达到这个目标，成就世人心里的那个"私"呢？

老子提出了他的观点：以天地为榜样，从天地运行去悟出其中的道理。这也是老子核心的观点——"人法地，地法天，天法道，道法自然"。做人做事的规律，应该通过观察天地的运行规律而得悟。老子深信在浩瀚宇宙中，有一个永恒不变的"道"，它决定了宇宙万物的生灭及运行。"道"是运行规律，通过宇宙万物而体现，也就是通过天地万物的状态变化而体现。中国古人深信伏羲察天地而得八卦，其实"八卦"就是天地运行规律的总结，它就是"道"的文化体现，也就是中国人用阴阳爻的组合，揭示"道"的规律，变成可视化、可传承的符号，把抽象的"道"用形象的东西表达出来。所以，八卦就是道的一种表现形式，八卦的重要作用就是把看似虚无缥缈的道用可视可以理解的方式传递给世人。八卦是一种理论模型，随着我们对"道"的认识的增加，它会不断地完善，永远不会过时。就像万有引力再过一万年，它也是那样的存在，永不过时。

老子在本章之所以用天地之理、圣人之道告诉人们这个道理，其实就是借助这种模型，让人们更容易理解"道"。老子为什么又要以圣人为例，去说这个道理呢？何谓"圣人"？"才德皆备谓之圣。""才"就是一个人的知识，掌握万物运行的真实规律，也就是"道"；"德"就是这个人的行为符合"道"的要求、遵循事物运行规律去做事。所以，圣人可贵，知"道"且行"道"之人才能成为圣人。圣人就是"道"在人世间的具体体现，通过圣人的作为体现出"道之所在"。

天地之所以长久，是"以其不自生也"；圣人思想之所以能长久，就是因为他"后其身而身先，外其身而身存"。做事不以自身利益和自身欲念为考虑，而是遵循事物运行规律，遵循"道"的要求。不以自己的意志去改变万物运行规律，不把自己的意志强加到万事万物之中，而是顺其自然。所以，最后天地才能长久，圣人思想才能长存。这点对我们现代人有至关重要的借鉴意义，我们有多少人做事都是以自身利益为考量，根据自己的意志去做事而全然不顾事物客观自然的运行规律。所以，现代人命运多舛，是因为在自身的欲望里挣扎，逆势而为，当然成不了圣人，反而害了自身。是因为圣人"循道而为"成其公，世人循己之欲成其私，"道"在公而不在私。现代人中出不了圣人，就是因为其自身的私欲阻碍了自己。不知"道"可谓无才，不循"道"可谓无德，无才无德之人，何谈"圣道"？现代人在追求"圣道"的过程中，也许会首先考虑能不能赚钱、老婆怎么办、孩子怎么办，还要买房子、买车子等，当你考虑这些问题的时候，你做事的初衷已经决定了你的层次，你跟圣人思考问题的起点都不一样，你追求的是"世道"，不是"圣道"。所以，现代人私欲越来越重。环境所限，圣人出世，谈何容易？

"非以其无私邪？故能成其私。"圣人考虑问题，没有自己的个人意志和执见在里面，而是考虑世间万物运行的客观自然之道，正是因为圣人的无私之行、顺势而为，成就了其"万古流芳"的思想和"万人敬仰"的地位。这正是世人追求的长久，也是世人追求的私欲。老子在这里的"成其私"，是世人眼里的"私"，而不是圣人眼里的"私"，圣人志不在私。在圣人的世界里，不对外物强加个人意志，他们只追求"合道"。万古流芳、万人敬仰并不是圣人做事的初衷，也不是圣人追求的方向。只是在世俗人的眼里，我们看到的圣人之荣光，都是我们梦寐以求的荣耀。所以，老子告诉世人，欲成其私，先为其公。必须要遵循客观规律，顺势而为，不强加个人的意志和执见，只有这样无私欲的行动，才能确保做事的成功。只有为世人做成事，才能成就世俗人追求的万古流芳，万人敬仰的私欲。等到你真的到达了那个层次，其实这些都不是你追求的了。圣人留给世人一个华丽的背影，这个背影就是世人眼中的名和利，作为世人美丽的梦；圣人的洒脱，是一颗自然的心！

本章强调的"无私成其私"并不是儒家提倡的舍生取义、舍己为人等理念，"无私"是遵循客观自然的规律，而不单单是为了成就别人。

第八章　上善若水

【原文】

上善若水①。水善利万物而不争，处众人之所恶②，故几于道③。居，善地；心，善渊④；予，善仁⑤；言，善信；政，善治⑥；事，善能；动，善时⑦。夫唯不争，故无尤⑧。

【译文】

圣人好像水一样。水善于滋润万物而不与万物相争，甘愿停留在众人都不喜欢的地方，所以最接近于“道”。圣人，最善于选择适合的地方居住；心胸善于保持沉静而深不可测；待人善于真诚、友爱和无私；说话善于恪守信用；为政善于“循道而为”，能把国家治理好；处事能够善于发挥所长；行动善于把握时机。圣人所作所为正因为有不争的美德，所以没有过失，也就没有怨咎。

【注释】

①上善若水：上，最的意思。上善即最善。老子以水的形象来阐述“圣人”是“道”的承载者，因为圣人的德行有类于水，而水德近于“道”。水、牝与婴儿，是老子用以喻“道”的最典型的几个事物，以有形之物代指无形之“道”，是为方便阐释。

②处众人之所恶：居处于众人所不愿去的地方。

③几于道：几，接近。即接近于道。

④渊：沉静、深沉。

⑤予，善仁：予，帮助别人，给予；善仁，符合天道，损有余而补不足。

⑥政，善治：为政善于治理国家，从而取得治绩。

⑦动，善时：行为动作善于把握有利的时机。

⑧尤：怨咎、过失、罪过。

【义理解析】

本章重点在于揭示"道"在世间的具体体现，世俗社会运行之"道"也就是"世道"。何谓世道？老子用了一个字"善"，这里的"善"是擅长、精通"道"的能力，"合道之行"谓之"善"。"善"不仅仅是善良，善良只是"善"的一种。本文中提到七个层面的善："居，善地；心，善渊；予，善仁；言，善信；政，善治；事，善能；动，善时。"其中的"善仁"就是善于遵循事物的发展规律，与人接触交流的时候，真诚、仁义，发挥己所能，成就别人之所需。所以，老子认为用仁者之心与别人交往，就是世间之"道"。（帛书版中稍有不同，"予，善天"，这个版本更容易理解，与别人交往或者帮助别人的时候，要懂得遵循"天道"，"天道"就是"损有余补不足"。）

"上善若水。水善利万物而不争，处众人之所恶，故几于道。"为了揭示什么是"世间之道"，老子用水来做比喻。水的特性就是无自性，没有自身的执见和欲望，不会把自身意志强加于万物，善于遵循"道"的客观规律而滋养万物，生而不有，为而不持。如果要理解"水德近道"的特性，就需要理解几个关键字词。"利"，站在世俗人的角度看，仅仅从自身利益出发评判事物，符合自身欲望需求就是利，不能满足自身欲望则为不利；站在"道"的立场看，"利"是指协助万物遵循自身的规律发展，让万物处于无为的状态，这才是真正的利。"不争"，争是因为世人有执见和欲望，为了名而争，为了利而争，为了欲望而争；圣人无世人之执见，"循道自然"，故无所争。"恶"，这是以世人的立场和观点评判外界事物，世人有自身的执见和欲望，符合自身欲望和执见的事物，则视为"好"，否则，则视为"恶"。道之所以能处众人之所恶，就是因为"道"无自身执见和欲望，从"道"的立场上看，宇宙万物无所谓"好"与"恶"，无所谓"利"与"害"，只有是否符合"道"的规律而已。所以，"道"可以做到"好也不争，恶也不避"。从"道"的基本立场出发，这句话可理解为：最接近道的行为（上善）应该像水一样，它遵循着事物的客观规律，并协同万物遵循其本质规律，"上善之德"无自性，也没有自身的意志和执见，客观自然，从不争名夺利；它甘愿处于世人所不喜欢的地方，是因为水没有世俗人的执见；以"道"来看，宇宙万物无所谓好与恶，无所谓喜欢与不喜欢，它只是简单地遵循"道"的规律运转；"天道"无亲，"道"不近人，也不远人，客观自然，水亦如此，所以说水的特性最接近于"道"的本质，"水德近道"。如果每个人都能用这样的方式与别人相处，这就是"世间之道"。

"世道"应该是什么样的表现呢？老子用了七个层面的善："居，善地；心，善渊；与，善仁；言，善信；政，善治；事，善能；动，善时"。如果要做到符合"世道"的要求，有德之人就要做到，居住的时候，善于找到最符合居住条件的地方，符合"道"的要求。具体什么地方才是"善地"，老子并没有详细交代，可以理解为，以"道"的观点来看，圣人应该处在自己最应该在的地方（不遇虎兕、不披甲兵之处）。心境要沉静而深远，不受世俗打扰，会客观理性思考，心境所及"道"之所在。与人接触交流的时候，要有仁者之心，不是从自己的立场去看待别人，而是能站在客观的立场去看待别人，做事的出发点是事物的客观规律，而不是自身执见和意志，自己所作所为不会影响别人生存的自然状态。讲话要恪守诚信，这里的诚信不仅仅是表里如一（诚实），还包括把知道的事情实事求是地说出来，并不加入个人执见或意志（客观）。为政就要善于处理问题，把遇到的问题用合乎"道"的方式去处理，让一切运行处于符合"道"的状态，当然主要是指社会运行。做事的时候，要用自己最合乎道的技能去做事，让事物都能处于无为的状态，如果不合乎"道"的规律，所有的技能都谈不上"善"，合乎"道"是"善"的基本要求。行动的时候，要善于把握时机，怎么叫善于把握时机？按照"道"的要求，该静的时候静止，该动的时候行动，这就要善于把握时机，综合考虑大局，最合理的选择就是"善"。所以，谈到善于并不容易把握，我们只有知道"道"的要求，才能做到"善"。但是，什么是"道"的要求？首先要站到"道"的立场看待问题，要有大的格局，求实的态度，全局全方位思考遇到的问题，才有可能做到"合道"，也就是"善"。这种高度要经受实践检验。所以，圣人难为，是因为圣人不仅对事物要有清晰透彻的认知，而且他的思想要符合"道"的要求，并能禁得起实践检验。

"夫唯不争，故无尤。"老子认为符合"世道"要求的人，就是圣人，他们就是"道"在世间的化身。这里的"不争"不是因为圣人思想高尚，不屑于与世俗人争名夺利；而是以"道"的观点，万物都"循道而行"，圣人也"循道而为"，没有执见，也没有亲疏，世间的一切不过是"道"的物质展现，无所谓好坏，也没有什么可争的。这句话可理解为：因为圣人追求的是合乎"道"的要求，他们不会在做事的过程中强行加入自身的意志和执见，不会执着于自身的名利心和企图心，所以他们并不会跟别人去争什么。圣人"循道"，不与世俗人争什么，就无所谓得与失。

本章老子谈的这个"善"，即"合道之行"，值得我们思考。即便是作为现代人，我们做事能做到"善"吗？做事不掺杂个人执见或个人意志，做到绝对理性，仅这一点恐怕就很难做到。绝对的遵循"道"的规律，符合"道"的要求，这个更难，因为"道"虽然是客观存在的规律，但是"道"究竟是什么，这是一个抽象的概念，没有人完全了解"道"的全部内涵。人是有自主意识的动物，即便我们个人的主观愿望是追求"合道"，有意识地放下自身的执见和欲望，恐怕也无法做到绝对理性，用主观的思维去追求主观思维中的客观，很难突破自身的局限。比如说，"善仁"，我们对所有的一切都仁慈，就是"善仁"吗？不是，"合道之仁"才是仁。比如，饿的将死之狼要吃兔子，你救了兔子是仁，但是对于狼却是残忍。你救兔子的仁，是站在你个人的观点去看这件事，这就加入了个人的意志，并不是全部的事实。如果客观规律就是那样，你救得了一个，救不了所有，不妨让事情就按照它本来的规律去发展，现在的人类讲究不人为打破生态平衡，其实也是尊重规律，尊重"道"的一种表现。其他几个层面的"善"，也是一样的理解，就是考虑是不是"合道之行"。老子在本章强调的"上善若水"，其实就是推崇水的德行，老子认为"水德"最接近于"道"。这里的"水德"不是儒家推崇的那种舍己为人的品德，也不仅仅是水甘居人之所恶环境的品行，而是指水不会执着于自身的执见和欲望，它会遵循"道"的规律去协调万物，尊重客观、自然、无人格化的自由意志——既不会为了博得世人的认可而忍辱负重，也不会居功自傲。

第九章　持而盈之

持而盈之①，不如其已②；揣而锐之③，不可长保④。金玉满堂，莫之能守；富贵而骄，自遗其咎⑤。功遂身退⑥，天之道⑦也。

【译文】

追逐无休止的欲望，执持盈满，不如适时停止；像打磨锋利的器物一样，显露锋芒，其锐势难以保持长久。金玉满堂，无法守藏；如果富贵到了骄横的程度，那是自己留下了祸根。把事情做得圆满了，就要含藏收敛，功成身退，这是符合自然规律的道理。

【注释】

①持而盈之：持，手执、手捧。此句意为持执盈满，自满自骄。

②不如其已：已，止。不如适可而止。

③揣而锐之：把铁器磨得又尖又利。揣，捶击的意思。

④长保：不能长久保存。

⑤咎：过失、灾祸。

⑥功遂身退：功成名就之后，不再身居其位，而应适时退下。"身退"并不是退隐山林，而是不居功贪位。

⑦天之道：指自然规律。

【义理解析】

本章重点在讲"道之用"，通过喻例阐释如何作为才是符合社会发展之道，揭示出"道"的特性。这里的"道"是处世之道。老子告诫世人，做事的时候要摒弃自身的私欲和执见，按照事物的客观规律去做事。做成事情之后，要懂得功成身退，不要把自身的执见和欲望强加在过去的事情上，让事物保持其客观自然的状态。追求的效果就是："悄悄的我走了，正如我悄悄的来，我挥一挥衣袖，不带走一片云彩。"老子举了几个现实生活中的例子，说明如何做才能"合道"。

首先就提到，"持而盈之，不如其已"。"持而盈之"，也就是保持一种志得意满的状态，这里面有太多个人的意志和欲望，所以不是世道的自然状态，不符合"道"的要求。老子认为，保持那种自满的状态，不如适可而止，事情做完了，自己的使命就完成了，不要再把自己的个人意志和个人意图强加在事物之上，自己反倒成了阻碍。现今社会多少人做出了点成绩，就喜欢一辈子躺在功劳簿上，好像自己是这方面的权威，把自己的意志强加在这个领域，反倒是阻碍了事情的发展，其实这就是不合道的表现。

"揣而锐之，不可长保。"这句话点出一个道理：如果把一个东西打造成尖锐的状态，就无法保持长久。这里也是比喻如果一个人过于锋芒毕露，也就无法保持长久。在老子看来，这是不合"道"的行为，甚至是逆"道"行为，当然不会长久。从现实来看，也是这个道理，古人云"木秀于林，风必摧之"，这里倒不是说你比别人优秀，就会受到打击，而是说你跟别人不一样，太过于招摇，反而会遭到打击。当一个人保持锋芒毕露，这其中体现的是个人的意志和各种欲望，个人的欲望强加在任何事物上，都会改变"道"的自然状态。老子认为真正符合"道"的行为应该是"道利万物而不争"，低调到你觉察不出它的存在，但是它又无处不在，主宰着一切。所以，锋芒毕露不是合"道"行为，必不能长久。同理，"金玉满堂，莫之能守"也是说明不合"道"的状态，无法长久。金玉满堂，这肯定是个人的欲望体现，不是事物的自然状态，个人追求富贵享乐，才会有金玉满堂。老子认为"万物有道"，任何"道"在世间的体现都应该是利生万物。金玉满堂体现的是个人欲望，所以不符合"世道"的规律，才会莫之能守。古今中外，王侯将相，一缕青烟，一抔黄土，合道长存，"逆道"早亡，就是这个道理。

"富贵而骄，自遗其咎"更是点出现实中不合"道"的行为和表现，富贵而骄主要就是个人意志的体现，因为富贵让自己感觉到目空一切，欲望日盛，想把自身的意志强加于周围的一切，这甚至是一种"逆道"的表现，这样的状态不但无法长久，还有可能会给自己埋下祸根。《道德经》中老子把"道"这种观点用在世间，我们称之为"世道"。老子又阐述了"道"的本质是利生万物，遵循事物客观自然的规律，不应该有个人意志和欲望，"世道"也不例外。"功成身退，天之道也。"为什么老子说"功成身退"才是"合道"的行为？成功是因为你按照"道"的规律去做事，成功乃"道"之功，非己之功；成功之后，事情结束，"身退"才能结束个人意志在一个事物上的影响，也就是通过"身退"来消除个人意志强加在事物之上的影响，让事物按照"道"的规律去运行，这才是"合道"的行为，所以老子说：功成身退，天之道也。本章老子就用这个"世道"的标准去衡量当时的社会现实，告诫人们应该如何做事，才是"合道"的行为，才会长久。

　　本章也带给我们重要的启示：当我们做事的时候，不要过多地盘算自身的利益，要更多地去琢磨事物的本质规律是什么、如何才能把事做好，这样才能有好的结果。如果做事过程中只考虑自身利益，可能会适得其反。当我们做好一件事后，最好的处理办法是不居功自傲，不是躺在功劳簿上睡大觉，而是让自己保持平常心，去做自己该做的事。主观上舍弃自身的欲望和利益才会成就客观的你。

　　老子提到的"道"是一种绝对的客观规律，这种"道"是一种理想的状态，老子也是通过他的观察，给出"道"应该具备的各种特性，那仍旧不是一个清晰可行的"道"。但是，老子给出了一个重要的原则："道"不能受任何个人意志和欲望的影响，须保持其客观自然的特性。以自身利益为出发点，难以成功；以自然之"道"为依归，才会长久。就像现在的人开公司、闯事业，如果做事的出发点就是考虑"我"怎样才能成为大富翁，拥有金钱、美女、房子、车子等，就很难成功，甚至会适得其反。如果你的出发点是考虑社会发展规律，我做什么才能对社会有用、能解决社会什么问题，那就肯定更容易成功。

第十章　营魄抱一

【原文】

载营魄抱一^①，能毋离乎？专气^②致柔，能如婴儿乎^③？涤除玄鉴^④，能毋疵乎？爱民治国，能无为乎^⑤？天门开阖^⑥，能为雌^⑦乎？明白四达，能无知^⑧乎？生之畜^⑨之，生而弗有，为而弗恃，长而弗宰也，是谓玄德^⑩。

【译文】

精神和形体合一（或译为：人的思想与大道合为一体），能做到不分离吗？聚结精气以致柔和温顺，能做到像婴儿的无欲状态吗？清除杂念而深入观察心灵，能做到没有瑕疵吗？爱民治国能做到遵行自然无为的规律吗？感官与外界的对立变化相接触，能保持安守宁静吗？明白通达各种事物的客观规律，能做到不用心机吗？让万事万物繁衍生息，产生万物、养育万物而不占为己有，助万物之长而不主宰他们，这就叫作深远大德。

【注释】

①载营魄抱一：载，用作助语句，相当于夫；营魄，即魂魄；抱一，即合一。一，指道，抱一意为魂魄合而为一，二者合一即合于道。又解释为身体与精神合一。

②专气：专，结聚之意。专气即集气。

③能如婴儿乎：能做到像婴儿一样吗？

④涤除玄鉴：涤除，扫除、清除；玄，奥妙深邃；鉴，镜子；玄鉴即指人心灵深处明澈如镜、深邃灵妙。

⑤爱民治国，能无为乎：无为而治。

⑥天门开阖：天门，有多种解释。一说指耳目口鼻等人的感官；一说指兴衰治乱之根源；一说是指自然之理；一说是指人的心神出入即意念和感官的配合等。此处依"感官说"。开阖，即动静、变化和运动。

⑦雌：宁静的意思。

⑧知：通"智"，指心智、心机。

⑨畜：养育、繁殖。

⑩玄德：玄秘而深邃的德行。

【义理解析】

本章老子在与统治者谈论处事之德，老子认为行为符合"道"之要求即为德，并强调应该如何修身治国才能符合"道"的规律。本章的开始便提出了六个疑问，也是从六个方面论述"循道"应该达到的状态，也是判断是否"合道"的标准。

"载营魄抱一，能毋离乎？"这句在讲个人要做到"合道"，必须要做到精神和身体合一，融为一体，不能分离。这里的身体并不仅仅是自己的肉体，更多的是指自己个体的行为，这种状态也就是我们现在常说的"知行合一"。首先自己从认知上要能做到知"道"，自己要清楚"道"是什么，怎么做才能"合道"。同时，又能把"道"内化为自己的行为准则。自己就是"道"的化身，自己就是"道"在世间的一个具体体现，自己的一言一行，无不是在体现"道"的要求。这种高度的思想和行为合一，都是以"明道"为前提，不掺杂任何个人的执见和意志，以"循道"为根本，自己的行为遵循内化的"道"的思想，这就是"知行合一"。孔子在《论语》中曾提到"吾十有五而志于学，三十而立，四十而不惑，五十而知天命，六十而耳顺，七十而从心所欲不逾矩"。孔子最后达到的"从心所欲不逾矩"境界，就是"合道"行为，知行合一。正是因为孔子思想"合道"，又做到知行合一，所以他才能随心所欲，并且无不符合"世道"要求，当然孔子遵循的"道"，是儒家探索的修身治国之"道"。虽然道家的"道"和儒家的"道"内涵不一样，但是遵循"道"的境界是一样的。做到"知行合一"这种状态非常难，首先知"道"就要做到有丰富的知识，能了解什么是"道"，怎么做才能符合"道"的要求。当然，宇宙中绝对究竟的"道"只是一种理想的状态，知识量不够，也无法完全认知这个绝对究竟的"道"。我们能看到了解到的"道"，都是这个绝对究竟"道"的一个局部，都是有局限性的"道"。即便是这样的"道"，我们也很难做到知行合一，知"道"并不等于能做到，当自己内心并不是心甘情愿、自然而然地去做"合道"的事，而是强迫自己去做，即便自己行为"合道"，这也算不上知行合一，最多算是修行。知"道"是知识层面的提升；悟"道"是思想层面的提升；得"道"才是知行合一，你就是"道"，"道"就是你。

"载营魄抱一，能毋离乎?"也有另外一种解释。"载"视为语气词；"营魄"原意是人的魂魄，这里引申代指人的精神和思想。"一"这里就是指天道，大道。比如"道生一，一生二，二生三"，像第二十二章中"是以圣人抱一为天下式"。这里的"抱一"就是指人拥抱大道，信奉自然之"道"。"无离"这里是指让大道融入自身，让思想融入大道，让自己思想和大道合二为一，不再分离。这句话可理解为：让自己的思想完全拥抱大道，让灵魂融入大道，让自己的与大道合二为一，不再分离，有人能做到吗? 其实，这也是老子追求的让人与"道"合为一体的观点，与第一种解释颇为相似。这里更为强调的是让人的思想与大道的合一，让自己身不离"道"，"道"不离身，这就是圣人。老子的《道德经》很多章节都体现了这一观点，圣人就是"道"在世间的化身，圣人就代表着世间之"道"。

"专气致柔，能如婴儿乎?"这里论述"道"的另一个层面"柔"。如果要做到"合道"，就要集中精气，达到像婴儿一样自然柔和的状态。婴儿质朴自然，没有任何个人的执见和欲望，所以符合"道"的状态。为什么这里强调达到"柔"的状态? 这里的"柔"并不仅仅是我们所理解的柔软、柔和，而是在个人欲望和执见方面的弱化和淡化：在任何事物面前能做到顺其自然，顺势而为，不加入个人的执见和欲望，这才是真正的"柔"，是"合道"的行为。"合道之行方为柔"这也是老子对"道"的一贯的观点，老子认为"道"就像水一样，顺势而为，而不强加进个人的意志，这就是"柔"，它最符合"道"的要求，所以它才能做到无坚不摧。在现实生活中世人很难做到专气致柔，是因为世人有太多的个人意图和执见，一旦加入了个人的意志，就难以达到"柔"的状态。

"涤除玄鉴，能无疵乎？"就是在论述道另一个层面：无疵。如果一个人的行为要合道，除了思想上要"明道"，还必须要清除内心深处的私心杂念，不能有任何的执见和欲望，没有任何瑕疵，完全遵循"道"的要求，也就是达到"无我"的状态。只有做到"明道"和"无我"，人的行为才能符合"道"的要求。

"爱民治国，能无为乎？天门开阖，能为雌乎？明白四达，能无知乎？"这几句也是在论述如何做事才能符合"道"的要求。首先，爱民治国，要做到符合"道"的要求，顺势而动，顺自然而行，做到"无为"而治，"无为"就是治国的最高标准。所谓的"无为"是一种理念，不是一个动作。"无为"不是什么都不做，而是不做违背"道"的事，不做违背规律的事。前面已经论述，"无为"可以分为"无为而为"和"为而不为"，殊途同归，都是"合道"之行，这两者之行的目的都是为了让事物处于无为的客观的自然的状态。只要符合"道"的要求的行为就是"无为"，不符合"道"的要求的行为就是"为"。

"天门开阖，能为雌乎"是在讲当一个人看到、听到、了解到外在世界变化的时候（通过各种感官系统接触外界信息的时候），自己能做到内心"岿然不动"、不受外界的影响吗？我们看待问题的时候，很多时候都是从自身的角度出发，这本身就加入了个人的意图和意志，不可能是客观的、完全"合道"的认知。一旦在认知问题的过程中有了"我"的存在，内心已动，自然无法做到"为雌"的状态。这就像佛家讲的"无相、无我"的状态，无论外界如何变化，自己对事物的认知用"道"去衡量，不受个人执见和个人意志的影响。"明白四达，能无知乎"，如果一个人要做到对自己周边的一切事物有一个客观真实的认知，能做到不用"个人"的小智慧去认知世界，而是用"合道"的大智慧去看待这个世界吗？这里重点强调"无知"，与第三章的"使民无知"意思相同。就是不用个人的小智慧，不加入个人的执见和意志，用完全"合道"的大智慧去认知世界。

上面提了"合道"的六个层面的要求，这是"合道"的标准，这六个问题的前半部分就是个人作为，后半部分就是要达到的标准，只有做到后半部分，才能算符合"道"的要求。世人在修身处世方面能做到上述标准，也就达到了圣人的境界，圣人的作为可称为"玄德"。这是符合"道"的规律的最高作为，一言一行，起心动念无不是遵循"道"的要求。"玄德"也是老子一贯的观点，不以个人意志去影响事物的发展，让事物按照"道"的客观规律去发展，具体做法就是"生而不有，为而不恃，长而不宰"。这也是人在任何阶段做事的基本态度：自己生产或创造的新事物也不据为己有，自己亲力亲为成就的事物也不独自把持，把事情做好了也不作为其主宰，始终不把自身的意志和执见强加在事物上，这才是符合"道"的规律做事的态度。可总结为：去除主观，回归客观。

　　本章重点阐述了老子的世界观和价值观，且从义理上深刻阐释了认识论：认知世界的过程中做到"无我"，思考问题的时候做到"无欲"，在做事的时候做到"无为"，最终才能做到"合道"。

第十一章　无之为用

【原文】

三十辐①共一毂②，当其无，有车之用③。埏埴④以为器，当其无，有器之用。凿户牖⑤以为室，当其无，有室之用。故有之以为利，无之以为用⑥。

【译文】

三十根辐条汇集到一根毂中的孔洞当中，有了车毂中空的地方，才有车的作用。糅和陶土做成器皿，有了器具中空的地方，才有器皿的作用。开凿门窗建造房屋，有了门窗四壁内的空虚部分，才有房屋的作用。所以，"有"形成了具体的东西，"无"发挥出它的作用。

【注释】

①辐：车轮中连接轴心和轮圈的木条，古时候的车轮由三十根辐条所构成。此数取法于每月三十日的历次。

②毂：（gǔ）车轮中心的木制圆圈，中有圆孔，即插轴的地方。

③当其无，有车之用：有了车毂中空的地方，才有车的作用。"无"指毂的中间空的地方。

④埏埴：埏，和；埴，土。即和陶土做成供人饮食使用的器皿。

⑤户牖：门窗。

⑥有之以为利，无之以为用："利"是指器物本身；"有"形成器具，"无"也发挥了作用。

【义理解析】

本章重点在于揭示"有"和"无"的辩证关系。"有"和"无"相辅相成,对立统一,这里老子把"有"和"无"看成并存的实体,"有"是有形的存在,"无"是无形的存在。这里的"无"是无形、空无的意思;"有"是有形、实物的意思。认知事物要全面,不能执着于一面。

老子举例说明如何看待"有"和"无"的关系,他以车轮为例,三十个辐条都连接到轮毂上,有形的辐条和车毂才构成了车轮的形状,正是由于空的存在,这个形状才能发挥它的作用;同样,把陶土做成器皿,正是由于空的存在,陶土做成的这个器皿才能盛东西,才能发挥出它的作用。当我们盖房子的时候,要设置门窗,这些门窗及房屋的内部都是空的,没有任何实物存在,正是因为这个空的存在,房子才能透光、透气,人才能出入房屋,这样的东西才能发挥出一个房子应有的作用。我们可以想象,如果没有空的存在,整个宇宙就是一个实心的、无穷大的实体,如果没有"无"的存在,"有"就失去了存在的意义,发挥不了任何作用。

所以,老子就提出"故有之以为利,无之以为用",也就是"有形"的部分形成实物,"无形"的部分可以发挥实物的作用。这就是"有"和"无"的辩证关系,两者相辅相成,对立统一,不可分割,才有了多彩的世界。根据老子的观点,"有"和"无"一直都是相互依赖。并存共生的。在第二章老子提到"有无之相生也",其实也是这个道理,宇宙就是由"无形"部分和"有形"部分共同形成的,"有形"的部分之所以能以"有形"的方式存在,就是因为"无形"的衬托。没有了"无形",也就无所谓"有形";没有了"有形",也就无所谓"无形"。

这里要特别注意,本章的"无"不同于《道德经》其他章节的"无"。本章的"无"是实指,就是空无的形状,就是一种客观存在的"无形",相对于"有形"而言,这里"有无是并列关系"。老子追求的"无"是"无为""有生于无"的"无",是指一种无自性的自然状态,无形无相,是"道"之本体,这里"有无是体相关系"。《道德经》追求的"无"绝不是本章中的"无",这里的"无"更接近"空"的意思,指物质层面的空无。有人解释说本章引申说明世人不应该只注重"有形"的物质，也要重视"无形"的精神和"道"。很显然本章的"无"没有这个意思，这只不过有人牵强附会罢了。如果说老子强调人不但要重视"有形"物质，也要重视"无形"的物质。重视这种实有的"空无"，这对"道"而言，低了一个层次，没有意义，更说不过去了。本章讲的"无"与《道德经》讲的"无"不太一致，不排除是后人添加之作。

本章举例说明"有"和"无"相辅相成，浑然一体。也有另一种解释：老子这里借用实有的"虚无"来代指个人执见和欲望层面的"虚无"。就像第七十六章以草木的柔弱代指人的执见和欲望层面的弱化，这也是中国古代人常用的说理方法，就像说竹子代指虚心，梅花代指傲骨，都是同一个道理。本章的"有"指代万事万物，其中的"无"指没有自身的意志和执见。所以这段话可以理解为：世上的万事万物都具备基本的"循道而为"的条件，只有当世人不执着于自己的意志和欲望，也不把自身执见和欲望强加于外物，才能让万物保持自然的状态，遵循"道"的规律。万事万物只有在既没有自身执见和欲望，也不受外界的执见和欲望影响的状态下，才能发挥其自然的本质的作用，这就是"道"的体现。这种理解将"无"上升了一个层次，是指不执己见的质朴自然的状态，这就是"德"。

在《道德经》中，老子描述欲望和执见的强弱一般用"坚强"或"柔弱"，描述"道"的本体才会用"无"。就像"有生于无"，"有欲以观其妙，无欲以观其徼"，都是用"无"代指"道"的本体，这是"道"的最高层次。所以，一般不会用"无"去描述物质实相层面的"实空"，因为"实空"不过是物质的一种具体形式，比"无"低了一个层次。所以，本章第二种解释从义理上能说得通，但是，从行文习惯上看与《道德经》其他章节确实不太相符，有为赋新词之感。

从考古史料来看，现在通行版《道德经》并非一人一次性成书，应该是多人多次成书，集合了众多人的智慧。开始可能有人完成其中的核心部分，树立了"道"的思想，后续的人一"理"贯之，根据自己的理解，加入了对"道"的各种层面的描述。我们现代人读《道德经》，不要执着于原著，不要拘泥于文字和形式，更重要的是把握一以贯之的思想，理解全文。

第十二章　五色目盲

【原文】

五色①令人目盲②；五音③令人耳聋④；五味⑤令人口爽⑥；驰骋⑦畋猎⑧，令人心发狂⑨；难得之货，令人行妨⑩；是以圣人为腹不为目⑪，故去彼取此⑫。

【译文】

缤纷的色彩，使人眼花缭乱；嘈杂的音调，使人听觉无所适从；丰盛的食物，使人舌不知味；纵情狩猎，使人心情放荡发狂；稀有的物品，使人行为不轨。因此，圣人主张满足温饱生活而不追逐声色之欲，所以摒弃执见和欲望的诱惑，保持安定、质朴、自然的生活方式。

【注释】

①五色：指青、黄、赤、白、黑。此指色彩多样。

②目盲：比喻眼花缭乱，眼之病。

③五音：指宫、商、角、徵、羽。这里指多种多样的音乐声。

④耳聋：比喻听觉不灵敏，分不清五音，耳之病。

⑤五味：指酸、苦、甘、辛、咸，这里指多种多样的美味。

⑥口爽：意思是味觉失灵，口之病。古代以"爽"为口病的专用名词。

⑦驰骋：纵横奔走，比喻纵情放荡。

⑧畋猎（tián）：打猎获取动物。打猎的意思。

⑨心发狂：心情放荡而不可制止；心之病。

⑩行妨：伤害操行。妨，妨害、伤害。

⑪为腹不为目：只求温饱安宁，而不追求欲望的生活。"腹"在这里代表一种"循道而为"的质朴生活方式；"目"代表一种巧伪多欲的生活方式。

⑫去彼取此：摒弃物欲的诱惑，而保持安定知足的生活。彼，指"为目"的生活；此，指"为腹"的生活。

【义理解析】

本章重点在于指导世人应该如何在世间行"道"，也就是世人应该如何做，才能让自己的行为符合"道"的要求，具有德行。本章采用由浅入深，由现象到本质的叙述方式。首先，老子提出几种情况是不合"道"的行为，这些行为会干扰一个人对"道"的认知，其次，提出圣人之道，社会的本质。

"五色令人目盲；五音令人耳聋；五味令人口爽"，是在告诉人们，如果我们仅仅是用眼、耳、鼻、舌、身等去判断我们看到的世界，恐怕无法做到认识事物的本质，无法做到让自己的行为符合"道"的规律。因为，我们用眼睛看的时候，五彩缤纷的世界会让人眼花缭乱；如果只是用耳朵去听，纷繁嘈杂的世界，会让人不知所从；如果我们用嘴去尝，各种味道的混杂，也会让我们的味觉失去判断，不辨真假。眼睛、耳朵、嘴只是老子举的几个例子，这代表着个人的某种执见和欲望，当我们迷恋于这种执见的时候，我们就陷入虚假的"自我"当中，对事物的判断流于表象，就丧失了对事物本质的判断，就会偏离"道"的本质。

"驰骋畋猎，令人心发狂；难得之货，令人行妨"是在举例说明不合"道"的行为会让人丧失对客观真理的认知。当一个人迷恋于驰骋狩猎，那种狂野的动作，会让人心性狂乱，纵情沉醉于自我的膨胀之中，看不清事情的真相；如果一个人过于在意珍贵稀有的东西，就会受到自身执见和欲望的诱导，偏离对"道"的认知。这种珍贵稀有的物品只不过是个人感情的投射，把普通的东西强加上个人的执见或个人欲望，就成了珍贵稀有了。比如，金银，就是两种金属，没有人类执见和欲望投入之前，它们和铜铁等其他金属没什么区别。只不过人们用它来作为货币，加入了人类的意志和欲望，金银就变成了财富的象征，就成为世人追逐的对象，"财富"也不过是世人追逐欲望的一种彰显。正是认知中掺杂了世人的执见和欲望，金银变成了财富的象征，就偏离了其本质属性，"金属本无罪，欲望迷人心"。可见，在认知"道"的过程中保持客观自然的本性是基本条件，一旦世人超越本性，有了欲望，就会让自己的行为受控于自身的欲望，偏离"道"的规律。

本章总的在阐述一个道理：世人"循欲而为"的做法，会让自己过多地从个人执见和欲望层面去认知世界，就偏离了"道"的规律，丧失了对真实世界的认知。如果说一个人对世界、对事物的认知都是错误的，怎么可能会对事物的发展有正确的判断呢？其行为更是不可能符合"道"的要求。老子列出了当时世人种种追逐欲望的行为，主要就是阐述其"道"的思想："道"是客观、自然、独立存在于真实的世界中，世人只有放下自身的欲望和执见，回归客观、理性、自然、质朴的自我，才能看到真实的世界，才能认知真实的自然之"道"。世人"得道"，"循道而为"，才可以无为而成；统治者"得道"，"循道而为"，才可以无为而治。

什么样的行为才是符合"道"的要求呢？最后老子提出"是以圣人之治也，为腹而不为目"。其中的"圣人"就是行为"合道"之人，就是"道"在人世间的化身。"腹"原意是指世人追求的温饱生活，这里代指世人回归质朴本性，循道而为的生活状态；"目"原意是耳目之欲，这里代指世人一切的执见和欲望。这句话可以理解为：圣人主张世人应当遵循客观自然的规律去作为，例如衣食住行都是世人的生存基础，追求基本的生存条件，是符合"道"的行为。超越基本生存条件之外的需求都是欲望和执见所致，是"非道"行为；所以，圣人主张舍弃执见和欲望，不为取悦眼耳鼻舌身之欲而追求"道"之外的东西，不会让自身的欲望和执见影响自己对"道"的判断，从而让自己行为"合道"。

本章老子提出"为腹不为目"的理念，不是让世人为了简单而简单生活，也不仅仅是简单的生活才符合"道"的规律，而是为了让世人回归质朴本性，以简单的方式舍弃执见和欲望，回归"大道"。何谓欲望和执见？超出客观规律所需即为欲望。人是有意识的生物，有自己精神层面的生活，不可能像石头和木头一样。但是人的自然的生存状态应该是什么样的呢？哪些需求是本能，哪些需求是欲望，老子在本章也给出了明确的答案，就是"为腹不为目"。人类的动物性本能是自然本性，所以人类用无损他人的方式追求温饱等基本的生存条件，都是符合"道"的，不能算是欲望和执见。但是，如果超出了自身生存的需求，就是欲望和执见。我们可以理解，如果粗茶淡饭能满足生存需求，我们仍渴望山珍海味，这是口之欲望；如果质朴布衣能满足遮体避寒，我们仍渴望绫罗绸缎，就是为了炫耀身份，当然是欲望。本章可综合概括为：欲望是障碍，执见是邪途，只有放下执见和欲望，才能看清真实的世界，接近真实的"大道"。

第十三章　宠辱若惊

【原文】

宠辱^①若惊，贵大患若身^②。何谓宠辱若惊？宠为下^③，得之若惊，失之若惊，是谓宠辱若惊。何谓贵大患若身？吾所以有大患者，为吾有身；及吾无身，吾有何患^④？故贵以身为天下，若可寄天下；爱以身为天下，若可托天下^⑤。

【译文】

受到宠爱和受到侮辱都好像受到惊恐，把荣辱这样的大患看得与自身生命一样珍贵。什么叫作"得宠和受辱都感到惊慌失措"？得宠是卑下的，得到宠爱感到格外惊喜，失去宠爱则感到惊慌不安，这就叫作得宠和受辱都感到惊恐。什么叫作重视大患像重视自身生命一样？我之所以有大患，是因为我执着于自身；如果我不执着于自身，我还会有什么祸患呢？所以，珍惜自己的身体是为了治理天下，天下就可以托付他；爱惜自己的身体是为了治理天下，天下就可以依靠他了。

【注释】

①宠辱：荣宠和侮辱。

②贵大患若身：贵，珍贵、重视。重视大患就像珍贵自己的身体一样。

③宠为下：受到宠爱意味着卑下。

④及吾无身，吾有何患：意为如果我没有身体，有什么大患可言呢？

⑤此句意为：以贵身的态度去为天下，才可以把天下托付给他；以爱身

的态度去为天下，才可以把天下托付给他。此句隐含的意思是舍弃自身的执见和欲望，达到忘我、无我的境界，"以身循道"为天下，此即为"循道而为"，无为而治。

注：本章中心思想：世人贵小我而轻大我，所以宠辱若惊，大患若身；圣人贵大我而无小我，所以宠辱不惊，大患若轻。"小我"即为自身，"大我"即为"道"。可见世人循己欲，难担重任；圣人"循道"，可托付天下。现在有人在讨论老子究竟是"轻身"还是"贵身"？应作上述理解，区分大我之身和小我之身。

【义理解析】

本章老子提出"爱身"的理念：爱身为己（背道）则宠辱若惊；爱身为天下（合道）则可托天下。揭示人们认知"道"的最大障碍就是个人执见，正是由于人们执着于自身的意志和欲望，才偏离了对"道"真实的认知。如何才能不偏离"道"的规律呢？老子指出求"道"之人应当放下自身执见，达到无我、无执、无欲的状态，以天下之心求"道"，"循道"以奉天下。

"宠辱若惊，贵大患若身。何谓宠辱若惊？宠为下，得之若惊，失之若惊，是谓宠辱若惊。"老子认为当时的人，非常看重外在的荣华富贵，仰慕权贵，看轻普通百姓。从道的角度来看，权贵本身没什么大不了，只不过是所谓的权贵拥有很多特权和让世俗人羡慕的荣华富贵的生活方式，这其中只不过是个人的欲望彰显和满足，因为你有欲望，才会羡慕权贵的那些东西。"宠辱若惊，大患若身"，都是因为世人有执见和欲望，心有所向，才会患得患失，斤斤计较，追名逐利。何谓宠辱若惊？就是面临居高临下的权贵，他对你的欣赏和喜欢，就会让自己心潮澎湃，得之欣喜若狂，失之满怀沮丧。这就是把自己的价值捆绑在别人的观点和看法之上，自己不是用"道"的观点去客观地看待世界，看待自己，而是用外人的评价来评判自己。外人也有自身的执见和欲望，他们对你的看法或评判本身就不客观，你若依据外人的评判来评判自己，岂不是妄念之中寻真理，舍本逐末？这本身就是不合"道"的行为。很典型的事例就是中国古代的科举考试，读书人都以金榜题名为目标，过于看重官方评价，朝廷的点名之笔就是读书人的人生价值。其实，真的是那样吗？我们知道的文化名人，并非个个都是金榜题名。比如，李白一生没参加科举考试，蒲松龄一辈子没考中进士，曹雪芹也没参加过科举。他们的价值并没有因为错过了皇帝的金榜，而有任何的折损。人之所以为荣辱若惊，归根结底还是世人遵循着世俗的价值观，以自身的执见和欲望为出发点，追求自己的欲望目标，执见和欲望让自身偏离对"道"的认知。在老子看来，就是因为执见和欲望才让会让一个人宠辱若惊，这本就是"非道"。

世人之所以患得患失，宠辱若惊，主要是因为执着于自身的意志和欲望，对自身有太强的执见。所以老子说："吾所以有大患者，为吾有身，及吾无身，吾有何患。"世人之所以患得患失，是因为自己有一个"身"在这里，这个"身"就是自己的色身，也就是自己执见和欲望的集合体（自身执见）。世人皆因欲望的牵绊，迷失其中，以为"此身"就是"我"，"我"就是"此身"，所有的想法和作为，都以自己这个"身"为出发点。可见，执着于自己的色身不过是个人执见和欲望的彰显。以"我"为基准点，利于我则为得，不利于我则为失。我们把得失看成自己生命的意义，比如有人将荣誉，金钱，犬马声色、纸醉金迷的生活方式等看作自己生活的全部，没有了这些，自己就没有存在的价值了，这也是基于自身的执见，对自身生命一种错误的认知。其实，执见不过是外在的一种表象状态，表象怎么能影响"我"这个本质呢？我们从欲望的角度认识自我，表象就是全部；我们从"道"的观点认识自我，表象一文不值。圣人就是从"道"的角度去认知自我，只关注自己的认知是否符合真实的"道"，自身的行为是否符合"道"的要求，是否符合事物发展的客观规律。"我"不过是个人的执见，是自我欲望的虚幻影像，不是真实永恒的，只有"道"才是客观的真理。圣人以"道"看待世界，"循道而为"，功名利禄与我何干？纸醉金迷与我何益？哪里还会有患得患失？摆脱了个人执见，才能回归自然，才能认知真正的"大道"。

最后，老子提出要正确认知什么是真正的"我"。以"道"的观点来看，自己的身体和自己的执念不过是欲望的集合体，并非真正的"我"；放下自身的执着和欲望，能认知客观真实的"道"，并能遵循"道"的规律，这时的"我"不过是"道"的一部分，与"大道"融合为一体，无执无欲无自我，只有"合道"的"我"，这才是真正的"我"。如果从"道"的角度认知自我，看重自己的身体和思想是"道"的一部分，就是为了天下而"循道"，教化百姓遵循"道"而存在，自己就可以担负起天下的重任。如果爱惜自己的身心，是为了天下苍生，让大众都能知"道"得"道"，让万物皆处于无为的状态，天下就可以托付给你。这时的你，就是"道"的化身，就是圣人。比如黄帝、伏羲等圣人。圣人贵身以为"道"，世人爱身以为己。

本章老子提出"无我"的观点，这是思想境界层次很高的站位，人只有彻底放下自身的执见，舍弃自身的欲望，自身存在的价值就是寻求"道"，遵循"道"，才能达到"无我"的境界。世人之所以荣辱若惊，就是因为"有我"，"我"就是各种欲望和执见的综合体，不能断除"我"见，就不可能真正地知"道"悟"道"。

第十二章老子重点谈论了外界的物质世界会干扰世人的心智，执着于外在的物质，就会让人失去对"道"的认知。本章老子谈论了世人的精神活动对自身认知"道"的影响，别人的执见和欲望也能干扰我们的心智。如果我们执着于"自我"，就会在意外界对于"自我"的评价，在意"自我"的名声和荣誉，无法客观看待"自我"，就会造成自己偏离对真实之"道"的认知。不管执外或者执内，都会扭曲真实的世界，只有无执无欲，达到"无我"的状态，才能客观真实地认知这个世界。圣人的境界是无我，无我故无欲，无欲故无为。

第十四章　执古之道

【原文】

视而不见，名曰夷①；听之不闻，名曰希②；搏之不得，名曰微③。此三者不可致诘④，故混而为一⑤。其上不皦⑥，其下不昧⑦，绳绳⑧兮不可名，复归于无物⑨。是谓无状之状，无物之象，是谓惚恍⑩。迎之不见其首，随之不见其后。执古之道，以御今之有⑪。能知古始⑫，是谓道纪⑬。

【译文】

"道"具有三种特性。当我们注意看它的时候，却看不见任何形象，把它叫作"夷"；当我们注意听它的时候，却听不到任何声音，把它叫作"希"；当我们有意触摸它的时候，却摸不到任何东西，把它叫作"微"。这三者之间的关系无从考究，它们原本就是浑然一体共存于"道"。观察这个统一"道"，它的表面既不显得光鲜亮丽，它的实质也不显得阴暗晦涩。若有若无、延绵不绝却又不可确切知道它是什么东西，回归"道"的本质就是无形无相的状态。没有可见的具体形状，也没有可触摸的物质之象，这就是"惚恍"。迎着它，看不见它的前头；跟着它，也看不见它的后头。把握着恒古存在的"道"，用来驾驭现实中存在的具体事物，用来认识、了解宇宙的本源，这就叫作遵循"道"的规律。

【注释】

①夷：无色。

②希：无声。

③微：无形。

④致诘（jí）：诘，意为追问、究问、反问。致诘意为思议。

⑤一：本章的一指"道"。

⑥徼（jiǎo）：清白、清晰、光明之意。

⑦昧：阴暗。

⑧绳绳：不清楚、纷纭不绝。

⑨无物：无形状的物，即"道"。

⑩惚恍：若有若无，闪烁不定。

⑪有：指具体事物。

⑫古始：宇宙的原始，或"道"的初始。

⑬道纪："道"的纲纪，即"道"的规律。

【义理解析】

　　本章通过对"道"的状态和作用的描述，让人们进一步了解究竟什么是"道"，本章强调"道"的特征：客观自然，无形无相，无声无息，无色无味，不可触摸，无处不在，主宰一切。

　　首先，老子在文中提到"视而不见，名曰夷；听之不闻，名曰希；搏之不得，名曰微。此三者不可致诘，故混而为一"，这就是"道"存在的状态。我们想看"道"是什么模样，但是看不到，它无形无相，我们称为"夷"；我们想听听"道"有什么动静，但什么都听不到，它无声无息，我们称为"希"；我们想触摸"道"是什么感觉，但是什么也摸不到，它无处可寻，我们称为"微"。这就是"道"的三个特征：看不见，听不到，摸不着。这三种特征浑然一体，不可分割，是"道"的本体在三个感触层面的展现，我们无法去考究这三者究竟是什么关系。"其上不徼，其下不昧"，它表面看起来没有一个清晰可辨的外表，也不显得光鲜靓丽；它的本质并不是虚无缥缈，也没有显得昏暗晦涩。它就那么客观自然地存在，未曾改变。"道"无处不在，但你几乎无法感知它的存在。"绳绳兮不可名，复归于无物"，但是它包罗万象，千头万绪，你却无法看清楚它到底怎么样，也无法弄清楚它究竟是什么。最后归结为："道"，客观存在，但看似无物，无形无相的状态。你知道它是一种客观存在，却无法看到它，听到它，摸到它；你能感知到它的存在，它却无形无状，无声无息，无色无味，甚至无法描述出来。所以，老子说"道"的状态就是"无状之状，无物之象"，就是没有具体可见的形状，也没有可触摸的物质表象，老子称它为"惚恍"，也就是似有似无，若隐若现。"迎之不见其首，随之不见其后。"迎着它，看不见它的前头；跟着它，也看不见它的后头。也就是说你根本看不到它，不知道它在哪里。

上面是两千年前的老子对"道"的本体一个尽量清晰化的描述，从文字上可能还是不太容易理解。但我们现代人应该比较容易理解，比如说"万有引力"，它是什么样？你在空中看到有一个万有引力存在吗？你能闻到它，摸到它吗？当然不能，它就是一个客观存在的规律，它无形无相，无声无息，无色无味，不可触摸，但是它客观自然，无处不在。只有通过物质的世界把它表现出来，我们才能感受到它的存在，才能认知它。比如，牛顿看到苹果落地，他进行了思考，分析，总结，认识到了万有引力的存在。但是，苹果落地只是万有引力的一种物质层面的表现形式，此处不过是用苹果落地这种现象物质化、形象化地把万有引力表现出来罢了。苹果落地是万有引力外在表象，绝对不是万有引力本身。万有引力就是"道"的一部分，这是一种客观规律，规律的存在不需要物质，但是要把规律表现出来，就需要物质了，比如苹果落地就是万有引力的具体表现。同时，规律具有客观性、自然性，它不依赖于物质，更不依赖于人的意识。就像万有引力在人类认识到它以前，不知已经存在了多久，可能比宇宙还要早，规律不依赖于物质而存在。

最后老子提出自己对"道"的认知和利用，"执古之道，以御今之有"才是认知"道"的意义所在。这里的"道"就是客观自然的规律，"有"就是物质世界，"有"不过是"道"的一种表现形式。只有认知了"道"，才能对我们当前的世界准确把握，让自己的行为"合道"。"道"作为一种客观自然的规律，无始无终，自古至今一直都在那里，我们只有抛开个人欲望和个人执见，才能客观认识"道"；用"道"的观点去看待世间的万事万物，遵循"道"去做事，才能让自己成为"得道"之人，无往而不胜。我们眼前的物质世界不过是"道"的一种物质表现形式，"得道"之人看事物的时候，看到的是物质之后的本质，看到的是"道"。认识"道"的规律，也就掌握了万物的起源。老子这里谈的"道"是"大道"，也就是所有"道"的总和，是一个抽象的概念，这是一种理论上的"道"我们目前掌握的一些客观规律，都是具体的"道"，都是"道"的一部分，是细枝末节的"道"。

人类认识这种客观规律，不可能直接认知"道"的本质，因为客观规律本身无形无相，无可触摸，无法感知；必须观察具体的物质现象，再通过对具体现象的观察、分析、总结和归纳，才能得到客观的规律。认识客观的规律，必须要经过理性的思考，人类的理性是人类认知客观世界的必经之路，人类也只能通过主观的理性，追求客观的真实。人类只能通过不断地完善自己的认知能力，判断能力，才会不断地接近客观、自然的大道。

本章关于"道"的描述很接近佛教讲的"空即是色"。其中的"空"也指的是很接近本章阐述的"道"的本质，是一种客观自然的规律，"空"（道）就是物质世界运行所依赖的那个规律。这种规律是一种形而上的客观存在，超越时空，超越一切物质和精神，表现为无形无相，无声无息，无始无终，无法直接认知。这种形而上的客观规律（也就是"空"）只能通过物质世界的具体事物表现出来。站在人类的立场，如果我们想认知事物的"空性"，必须通过对物质世界（也就是色）的观察，分析，总结，归纳，才能通过理性认知"空"（道）。从人类认知的角度来讲：一是"空"只能通过物质世界表现出来；二是"空"就是物质现象背后的那个本质；三是人类只能通过物质现象认知事物的"空性"。所以说"空即是色"，色是"空"的物质相体，空是"色相"的本质，二者实为一体。

本章是《道德经》中关于"道"的本质描述较为系统的一章，其描述的内容与第一章、第四章都比较接近。老子通过人类认知的角度，多层次地描述"道"，主要是当时人们的认知能力有限，对一个客观存在但又无形无相的东西无法理解。这也是老子的可贵之处，在早期的人类社会，认知手段极其有限，对世界的认知水平普遍很低，他能通过物质世界的表象悟透世界的本质，并把它总结出来，作为宇宙万物运行的根本规则，这是一种十足的科学精神，甚至更多。我们现代人说起来"规律"，也许并不那么难以理解，因为我们现在的认知手段和认知水平比老子的时代高出太多了。以当时的认知水平，能总结出现在甚至永远都不过时的"道"，这就是一种"神"一级的现象存在。

第十五章　蔽而新成

【原文】

　　古之善为道者①，微妙玄通，深不可识。夫唯不可识，故强为之容②；豫兮③若冬涉川④；犹兮⑤若畏四邻⑥；俨兮⑦其若客⑧；涣兮其若释⑨；敦兮其若朴⑩；旷兮其若谷⑪；混兮其若浊⑫；孰能浊⑬以静之徐清？孰能安⑭以动之徐生？保此道者，不欲盈⑮。夫唯不盈，故能蔽而新成⑯。

【译文】

　　古时候善于行"道"的人，微妙通达，深奥莫测，不是一般人可以理解的。正因为不能完全理解他，所以我们只能勉强地描述他的状态：他小心谨慎啊，好像冬天蹚着水过河；他警觉戒备啊，好像防备着邻国的进攻；他恭敬郑重啊，好像要去赴宴做客；他行动流畅啊，好像冰块消融流水无阻；他纯朴敦厚啊，好像没有经过加工的原料；他旷远豁达啊，好像深幽的山谷；他浑厚包容啊，好像平淡无奇的浑浊之水。谁能用静（无为）的方式对待浑浊的事物，促使其慢慢澄清？谁能用动（循道而为）的方式对待安静的事物，使其变动起来，慢慢显出生机？保持这个"道"的人不会执着于自身的执见和欲望。正因为他从不执着于自身的执见和欲望，所以能做到无为，从而能够让事物遵循"道"的规律运转不已。

【注释】

　　①善为道者：指得"道"之人。
　　②容：形容、描述。

③豫兮：原是野兽的名称，性好疑虑。此处引申为迟疑慎重的意思。

④涉川：战战兢兢、如临深渊。

⑤犹兮：原是野兽的名称，性警觉。此处用来形容警觉、戒备的样子。

⑥若畏四邻：形容不敢妄动。

⑦俨兮：形容端谨、庄严、恭敬的样子。

⑧客：一本作"容"，当为客之误。

⑨涣兮其若释：形容流动的样子。

⑩敦兮其若朴：形容敦厚老实的样子。

⑪旷兮其若谷：形容心胸开阔、旷达。

⑫混兮其若浊：形容浑厚纯朴的样子。混，与"浑"通用。

⑬浊：动态。

⑭安：静态。

⑮不欲盈：不求自满，不被执见和欲望充斥。盈，充满欲望的状态。

⑯蔽而新成：去故更新的意思。一本作"蔽不新成"。圣人遵循"道"的规律，让万物处于无为的状态，循"道"而行。

【义理解析】

本章是在与世人谈论"德"的相关内容，首先通过描述得"道"之人（圣人）的言行举止，让世人理解得"道"之人的处世特征。合"道"的言行即为"德"，圣人的言行也就是"德"在世间的具体表现，让世人可以通过"德"，也就是现象看本质。

老子提到"古之善为道者，微妙玄通，深不可识"。古代善于行道之人，他们行为合乎"道"的要求，他们言行举止，微妙通达，洞悉万物，让人感觉深不可测。这里的"善为道者"就是得"道"之人，就是圣人。为什么会感觉圣人"微妙玄同，深不可识"？得"道"之人，他的行为就是"道"的体现，其行为必然合乎"道"的要求，他们对事物的认识，他们做出的种种行为，都是最合乎客观规律的，当然也是最优化的选择。所以，在外人看来得"道"之人深不可测，他能认识事物如此透彻，他的行为竟然如此深思熟虑，总是能做出最合乎事物发展规律的选择。世人被自身的欲望和执见迷住了双眼，丧失了对外界事物客观认知的能力，不能正确认识"道"。所以，我们普通人做事的时候总是遵循自身的欲望和执见，偏离事物的客观规律，我们认知事物，分析事物，总是被事实证明很浅薄。面对得"道"之人，我们当然就认为他深不可测。"道"就是一种客观存在的规律，不增不减，不来不去，永恒且自然。世人若能放下自身欲望和执见，客观看待世界，就能看到真实客观的规律，世人也能脱去凡胎，成为圣人。以"道"的观点来看，圣人的言行和作为，不过是顺其自然而已，无所谓神秘与高深。

"夫唯不可识，故强为之容；豫兮若冬涉川；犹兮若畏四邻；俨兮其若客；涣兮其若释；敦兮其若朴；旷兮其若谷；混兮其若浊"，正是我们这些世俗之人无法透彻认知"得道之人"的思想和言行，我们只能勉强地举例描述：他们小心谨慎，就像冬天走过结冰的河面；他们十分警觉，就像随时提防邻国的进攻；他们恭敬谨慎，就像要去赴宴做客；他们行动优雅自然，就像冰凌溶解，汇融成河；他们敦厚朴实，就像没有经过加工的材料；他们旷远豁达，就像深幽的山谷；他们浑厚宽容，就像温润厚重的水面（这里要特别说明，为什么形容一个人的浑厚宽容，用浊水呢？其实不是浑浊的污水，而是温润如玉的那种水，给人一种踏实、厚重、安全的感觉，形容一个人厚重踏实）。上述对圣人的描述，都是圣人的自然状态，不是圣人胆小谨慎，更不是圣人装作质朴的样子。圣人在内心认为遵循"道"的规律做事就应该是这样，这样的行为背后没有自身的执见和欲望，自然而然。所以，老子认为"德"在人世间的具体表现就应该是：无欲、自然、谦虚、谨慎、质朴、踏实、客观。

"孰能浊以静之徐清？孰能安以动之徐生？"谁能使浑浊事物安静下来，慢慢澄清？谁能使沉寂的事物运动起来，慢慢显出生机？其实这两句话深层含义是通过举例，教导人们应当对事物背后的本质规律进行把握。其中的"以静"是指以无为的方式，"以动"是指循"道"而为的方式，都是用"道"对待客观事物。这两句话可以理解为：谁能用无为的方式对待浑浊的事物，促使其回归澄清的本质？谁能用循"道"而为的方式对待沉寂的事物，促使其静态之下遵循"道"的规律而焕发勃勃生机？

谁能做到上述要求呢？老子最后总结得"道"之人可以做到。"保此道者，不欲盈。夫唯不盈，故能蔽而新成。"如果要深入理解这句话，需要重点理解"盈"：这里不仅仅是自满、自傲的意思，主要是指一个人内心执着于自身的执见和欲望。"不盈"就是指一个人能放下自身的执见和欲望，无欲无为的状态。"保此道者，不欲盈"这句话可以理解为：真正得道之人，放下了自身的执见和欲望，客观而真实地看待一切事物，他们能看到事物的本质，所以会保持一种客观、开放、无欲无为的状态。"夫唯不盈，故能蔽而新成"这句话可理解为：正是因为圣人不执着于自身的执见和欲望，处于无欲无为的状态，才能认知客观真实的"道"。圣人循"道"而为，不损害万物的自然本性，让万事万物都遵循"道"的规律，更新迭代，流转不息。

"夫唯不盈，故能蔽而新成"的另一种理解：从认知"道"的过程理解"蔽而新成"。老子认为没有天生的圣人，没有人无所不知，无所不晓；只是得"道"之人在认知世界的时候，能舍弃自身的欲望和自我执见，遵循认知事物的客观规律，时时让自己保持对客观规律的探索欲和求知欲，除旧布新，时时更新自身的知识体系，让自己对世界的认知逐渐接近"道"。这是"求道"的自然状态，也是"求道"应有的精神。这也是一种方法论：谦虚谨慎，格物致知，不断更新自己对"道"的认知，扩大自身掌握的"道"的体系，让自己接近真实的"大道"。如果能用这种方式去认知世界，就会看到真实客观的规律，就会用"道"的观点去指导自己的行动，这就是得"道"之人了。即便是在现代，对于新的事物一样能用这样的方法得到新事物的客观规律或者原来事物更深刻的新的客观规律，这就是新的"道"的内涵，这也是现在提倡的科学精神。始终保持追求探索客观自然的"道"，且行为合乎"道"的要求，这就是"大德"。从道德经的一以贯之的思想来看，第二种解释更为合理，以"道"的观点和方法去认知"道"。

第十六章　致虚守静

【原文】

致虚极，守静笃①；万物并作②，吾以观复③。夫物芸芸④，各复归其根。归根⑤曰静，静曰⑥复命⑦。复命曰常⑧，知常曰明⑨。不知常，妄作凶。知常容⑩，容乃公，公乃全⑪，全乃天⑫，天乃道，道乃久，没身不殆。

【译文】

尽力使内心的虚寂（无我）达到极点，使内心的清静（无欲）达到极致。万物都在蓬勃生长，我从中观察其往复循环的道理。那万物纷纷芸芸，都在遵循着自身的客观规律。万物遵循客观规律就是清静无欲的状态，保持清静无欲就是回归于生命的本质。回归于生命本质就叫自然规律，认识了自然规律就叫作大智慧，不认识自然规律的轻妄举止，往往会遇到凶险和灾难。认识自然规律的人能理解宇宙万物，理解万物之象就能做到公正客观，公正客观就能做到思虑周全，思虑周全才能符合自然的"道"，符合自然的道才能长久，终身不会遭遇危险。

【注释】

①致虚极，守静笃：虚和静都是形容人的心境是空明宁静状态，但由于外界的干扰、诱惑，人的私欲开始活动，因此心灵蔽塞不安。所以必须注意"致虚"和"守静"，以期恢复心灵的清明。极、笃，意为极度、顶点。

②作：生长、发展、活动。

③复：循环往复。

④芸芸：茂盛、纷杂、繁多。

⑤归根：根指"道"，归根即复归于"道"。

⑥静曰：有版本作"是谓"；从用字规律看，应该是静曰。

⑦复命：复归本性，回归万物质朴本性，循道而为。

⑧常：指万物运动变化的永恒规律，即守常不变的规则。

⑨明：明白、了解。

⑩容：宽容、包容。

⑪全：周到、周遍。

⑫天：指自然的天，或为自然界的代称。

【义理解析】

本章站在"得道者"的角度谈论如何修德，如何求"道"。老子提出透过现象看本质，层层推进，最终揭示客观自然的恒常规律，也就是世间万物的"道"，顺"道"而为德，有德才能长久。

开篇提到"致虚极，守静笃；万物并作，吾以观复"，这是在告诉人们，应当如何去做，才能发现真正主宰万物的"道"。"致虚极，守静笃"，这是一个人求"道"的时候应该保有的一个状态。这又是一个什么样的状态呢？这里的"虚极"并不是要求我们思想的极度虚空，而是要让自己的个人欲望处于虚极的状态，甚至彻底消灭。就是让自己内心那个"我"虚极，达到"无我"的状态，这里的"我"不过是个人执见和欲望的一个集合体。"守静笃"，就是当一个人没有自身执见和欲望的驱使，思维就不会随着欲望动荡，沉静而自然，这就是修行的人追求的"静笃"；可理解为思维极度的沉静，不受自身欲望或者执见的干扰，达到"无欲"的状态。这个时候的自己看待事物，思考问题，就能站在客观全面的角度，这样才能看到事物的本质，这就是"悟道"。老子强调这两点很重要，只有做到这两点才能客观真实地看待世界，才能看到事物的本质。如果一个人达不到"无欲无我"的状态，他看到的问题就都是根据自己的执见和欲望取舍，只能看到自己想到的或符合自己欲望的东西，看到的都是事物的表象而已，已经远离事物的客观规律。老子正是在这种"虚极静笃"的状态下，观察万物，从而悟道。"万物并作，吾以观复"，通过观察世间万物的运行发展，观思万物回归质朴本性的状态，并进行分析、归纳、总结发现其根本规律，这就是"道"。

老子观察到的"道"就是：夫物芸芸，各复归其根。世上的万事万物，纷纷扰扰，千姿百态，各有不同。但是，到最后都会回归事物的本源——遵循其发展的客观规律，也就是万物各归其道。这里的"根"就是事物的本源和本性，就是每个事物所遵循的"道"。广义上的"道"不是一个具体的规律，而是各种事物发展运行规律的总集合（类似佛家的如来藏），它包罗万象，但各种事物都有一个支配它运行的具体的"道"，这只是"道"的层次不同；《道德经》中讲述的"道"，既包含万物本源的根本"大道"，也包含万事万物具体的"道"。不管是人道、仙道、茶道、花道莫不取义予此，都是指符合一个事物的发展规律的行为。本章中提到"归根曰静，静曰复命。复命曰常，知常曰明"。一个事物一旦回归它的本源，回到"道"的层面，就没有了个人欲望和执念，当然就是清净了，并且极度的静，是"静笃"。当事物达到极度静的状态，没有个人执见和欲望干扰自己的判断，就能看到符合事物发展的客观的规律，这就是"道"。以"道"的观点来看，万物都是在应"道"而生，合"道"而行，顺"道"而逝，就是"道生万物"，也就是复命。万物遵照道的规律运行，这才是万物真实的状态，也是万物应该有的状态，这才是自然（就是恒常）。知道这种自然状态的人，才是真正的大智慧，才是明通大道。明通大道不是个人鬼主意多，而是能看透事物的本质，不做违背客观规律的事，懂得顺势而为。圣人对于生死的认知，万物本来就是在"道"的规则下运行，从万物个体的角度来看，生灭乃是天大的事，从"道"的观点来看，无所谓"生灭"，即便是"生灭"也是万物合"道"的一种表现形式，生灭也是"道"的一部分。

"不知常，妄作凶"也在告诫世人，如果一个人不知道事物的客观运行规律，不知其"道"，就不能让万物按照其本来的规律去发展，强加个人欲望于万物，无法让事物保有自然状态，那就是"逆势而为"，必然不会有好结果。就像曾经有人想造出永动机，由于当时人们不知道能量守恒定律，做出这种违背事物运行规律的设想和尝试，其结果必定失败。当然，规律都有其局限性和适用性，有些规律也不是永恒不变，在不同的环境，其内涵也许会有变化，比如牛顿三大定律在我们常见的环境下是成立的，但在爱因斯坦的相对论层面，牛顿三大定律就不成立。但是，那也是规律本身决定的，跟任何的个人意志和欲望毫无关系。

"知常容，容乃公，公乃全，全乃天，天乃道，道乃久，没身不殆。"一个人只有知道事物的发展规律和自然状态，才会对事物的发展包容和理解。有了个人的包容和理解，做事的时候才会客观自然，而不是按照个人的意愿对事物加以干涉。只有秉承客观自然的态度，顺应万物运行的规律，才会心中包罗万象，统揽全局，与大"道"浑然一体，达到无我境界。与万物大"道"浑然一体的无我境界，才是世人的本质天性，自然状态。遵循世人的本质天性才是符合"道"的要求，只有合"道"的东西才会长久，秉承这种观点的人都是得"道"之人，循"道"而为，当然终生不会有什么危险。本章突出强调的就是看待任何事物的时候，都不应该加入自身意志和欲望（人处于无为的状态），让事物处于自然状态，也就是符合"道"的规律，这样才是合"道"的行为，这样才会长久。这也是老子一直秉承的"道"的观点。

本章重点阐述了世人修"道"的一种方法——"致虚极，守静笃"，让自己彻底放下自身的执见和欲望，达到"无我"的状态，内心欲望一丝不动，达到"无欲"的状态，客观真实地观察一切事物，做到"格物致知"即为求"道"。

第十七章　功成事遂

【原文】

太上^①，不知有之^②；其次，亲而誉之；其次，畏之；其次，侮之。信不足焉，有不信焉。悠兮^③，其贵言^④。功成事遂，百姓皆谓"我自然^⑤"。

【译文】

最好的统治者，人民并不知道他的存在；其次的统治者，人民亲近他并且称赞他；再次的统治者，人民畏惧他；更次的统治者，人民轻蔑他。统治者的诚信不足，人民才不相信他。最好的统治者是多么悠闲，他很少把自身的意志强加给外人外物，事情办成功了，老百姓都说"我们本来就是这样的"。

【注释】

①太上：至上、最好，指最好的统治者。
②不知有之：人民不知有统治者的存在。
③悠兮：悠闲自在的样子。
④贵言：指不轻易发号施令。
⑤自然：自己本来就如此。

【义理解析】

本章老子在与统治者谈论"道"在治理国家时的应用，也就是治国之"道"。统治者遵循"道"的程度不同，他们治理国家的表现也不相同。老子重点在于强调治理国家，需要无为而治，这才是遵循"道"的规律。

本章给出了治理国家的几个层次：最好的治理国家的方式就是老百姓感受不到治理者的存在；下一个层次就是老百姓能感受到治理者的存在和努力，都认可赞誉他；再次的治理者，就是让老百姓怕他，古代治国理政者绝大多数属于此类；最差的治理者，就是让老百姓痛恨，末代暴君多属于此。老子把统治者分成这么几个层次，很有意思。表面看是由老百姓对当政者的不同态度，而分出的不同层次，其实质是当政者是否在遵循"道"的规律治理国家，是否顺势而为，而分出的层次。最好的就是"无为而治"，让各种事物按照其自然规律去发展；圣人在做事的时候，人"道"合一，处于"无我"的状态，不强加个人的欲望和意志，让老百姓感受不到统治者的存在，这是最高的境界，也是"圣君之道"。如果当政者心中出现"有我"，有了自身执见和欲望，即便出发点是好的，也难免会因个人欲望而改变事物发展的自然规律。所以，有了个人欲望的干扰，即使再加倍的努力，最多也就是"明君之道"。如果一个执政者过度地执着于自我意志，把个人意志强行加入了国家的治理之中，个人的欲望越多，社会的发展就会越偏离其"自然之道"，肯定会产生很多的社会问题，即便是有能力的君主，能用武力控制住这个国家，也就是个"庸君之道"。如果一个国家的执政者，完全按照个人的执见和欲望去治理国家，恐怕会完全背离社会运行的规律，会造成民不聊生，怨声载道，这也就是"昏君之道"。所以，老子将古代的国家治理者，根据其在治理过程中掺杂的个人意志和欲望的多少进行分类，这也是老子的"治国之道"的核心观念。

之所以会有"圣君""明君""庸君"和"昏君"，就是因为统治者在治理国家的过程中掺杂了个人的欲望和执见，统治者的欲望越少，国家治理得越好；统治者的欲望越多，国家治理得越差。当统治者在治理国家时过多地加入个人的意志之时，就会偏离事物发展的本质规律，偏离社会发展的客观规律，也就是不合"道"之行。在老子看来，治理国家之"道"的根本就是"以民为本"，当统治者不顾百姓的感受，只追逐个人欲望的满足，就会偏离社会发展的规律，必然会让老百姓怨声载道，甚至会造成民不聊生，这就是最大的"失信于民"，其结果必然是让老百姓不再相信统治者，甚至反抗。统治者追逐个人意志而失去其本性，致使社会发展偏离其客观规律，失去其自然状态，这就是"失信"。老百姓怨声载道，甚至齐力反抗，这就是"不信"。所以，老子在本章提到"信不足焉，有不信焉"。可以说统治者将自身意志强加入国家的统治管理，导致失"道"，失"道"之行导致"信不足"，"信不足"导致老百姓"不信"。这是一种必然过程，古代帝王"雄才大略"的基础必然是"心怀苍生"。根据行"道"层次的不同，治理国家可概括为：圣君行"道"治，明君行仁治，庸君行法治，昏君行欲治。

最后，老子提出其对圣君之"道"的见解："悠兮，其贵言"。真正的圣君必然是得"道"之人，知道社会发展的规律，他不需要做很多事，不需要整天发号施令，显得很是悠闲。我们一定不能错误理解为圣君就是无所事事，甚至把碌碌无为看作圣人之"道"。老子"圣人之治"的前提是：圣君必然是得"道"之人，能为"道"之所需，而不为个人之企图。这也是老子一直强调的"无为而治"。这里的"无为"不是什么事都不做，而是不做违背客观规律的事。就像前面章节讲的"无为"分为"无为而为"和"为而不为"。圣人不是对前途迷茫，不知所措，无所作为，而是对社会发展的规律清晰明了，让社会按照其自然规律去发展，不用个人的意志加以干涉，这就是"无为"。当圣人发现阻碍社会发展规律的事物存在时，圣君不是不为，任其阻碍，而是会奋力而为，消除阻碍社会发展的因素，让社会恢复自然状态，按照其客观规律去发展，让社会的发展符合"道"，达到"无为"的状态，这就是圣君的"为而不为"。圣人有所作为是为了让事物达到"无为"的状态，也就是符合社会发展规律，符合社会发展之"道"。相信古今中外的很多统治者，都认为自己的所作所为是符合社会发展规律的。但是，圣君的厉害之处就在于他知道什么是"道"，他能辨别出什么样的事物合"道"，什么样的事物不合"道"，并能准确通过自己的作为，让社会的发展符合"道"的规律，最终达到无为而治的状态。

圣君之治，就是老百姓都在社会发展规律之下，顺其自然的作为，等到事情成功了，老百姓都没有感觉到"圣君"的存在，他们都认为这个成功是自然而然的。这是治理天下的最高状态。所以，我们可以看到，老子提到的圣君，他们的层次是"知道"并"循道"，他们最大的职责就是守护"道"，让社会的发展始终处在"合道"的状态之下。真正的"合道"的状态，是让老百姓顺遂自然地生活，而没有外界干涉的痕迹，感受不到社会统治者的存在。这就是无为而治。

其实，老子的观点即便是放到现在，依然适用，放在以后，也仍然适用。这是因为老子强调的是"合道"，也就是符合规律，客观自然的规律永远在那里未曾改变。社会发展当然有其内在规律，必须符合其规律，社会才能真正的发展。这是永恒客观的真理。这也给国家和社会的统治者提出了一个明确的方向，所谓的统治者不是去主宰你的子民，让他们服从于你的个人意志和欲望。作为一个统治者，最大的责任应该去探索社会发展的规律，然后通过自己的"有所为"和"有所不为"，让社会的发展能处在"合道"的状态之下，也就是让社会发展顺其自然。顺其自然，可不是我们平时理解的不管不问，任其自生自灭，这叫不负责任。这里的顺其自然，首先要做到知"道"，明白事物其本质的规律是什么。不对"合道"的事物加以干涉，让其在"合道"的状态下自由发展。如果统治者只是一味追逐自身的意志和欲望，那就会导致社会的发展偏离其客观规律，哪怕是初心良好，也会导致自己"失道"。

本章的重点在于强调社会的发展，需要统治者的无为而治，这才是最高明的治理国家的办法。统治者的"无为而治"，并不是一味的不管不问，当看到不符合客观规律的事物存在时，要坚决去除"不合道"的因素，让事物处在"合道"且"无为"的状态。对"合道"事物要做到不为，对"不合道"事物要做到有为。这就是"无为而为"和"为而无为"，其最终目的都是让社会遵循"道"的发展规律，处于客观自然的发展状态，无为而治。

传统的理解，一般都把本章视为老子为君王讲述治国之道。其实，本章主题可以引申至任何团体和组织，都是一样的道理。最好的治理者都是遵循事物发展的客观规律，让一切都顺其自然。如果展现出个人意志或者其他手段，则偏离了事物发展的根本规律。

第十八章　道废有仁

【原文】

大道①废，有仁义；智慧②出，有大伪；六亲③不和，有孝慈④；国家昏乱，有忠臣。

【译文】

大道被废弃了，才有提倡仁义的需要；聪明智巧的现象出现了，伪诈才盛行一时；家庭出现了纠纷，才能显示出孝与慈；君主昏庸，国家陷于混乱，才能显出忠臣。

【注释】

①大道：指社会政治制度和秩序。
②智慧：聪明、智巧。
③六亲：父子、兄弟、夫妇。
④孝慈：一本作"孝子"。

【义理解析】

本章老子通过讲述社会上存在的种种"合道"行为和"不合道"行为，强调"道"与"非道"的相互关系，"道"只有在"非道"的情况下，才能凸显出来。老子认为社会发展最理想的状态应该是符合客观的自然的"道"的规律的状态。在这样的状态下，没有"非道"行为，也凸显不出"合道"的行为。社会自然的状态应该是：百姓皆谓我自然，万物皆循"道"而为。

社会发展之道就是无执见，不多欲。

"大道废，有仁义；智慧出，有大伪；六亲不和，有孝慈；国家昏乱，有忠臣。"老子认为"仁义""无智慧（无奸诈智巧）""孝慈""忠臣"这些特质，都是属于"合道"的行为。"大道废""智慧出""六亲不合""国家混乱"这些都是"不合道"的行为。在老子看来，大道无形，如果所有的事物在遵循"道"的规律发展，社会处于自然的状态，上述的"合道"行为都不应该凸显出来，因为这些都是自然状态的一部分。就是因为有不合道的行为存在，这些"合道"的特质才能凸显出来，显出来它们的可贵。虽然社会出现了"仁义""孝慈""忠臣"等可贵的"合道"行为，但这已不是理想的社会。自己遵守着却都看不到的"仁义"，才是真的"仁义"。无执无欲可谓"世道"。

本章的观点也是符合老子"无为而治"的思想，就像"仁义""孝慈""忠臣"等具体"道"的存在，被提倡，被鼓励，其实就是一种有为，有意而为之，就是个人意志和欲望的彰显。如果社会是"无为而治"的状态，所有的人和事都在遵循社会发展规律，仁义、孝慈、忠义等都是自然现象，人们都在自觉遵行，但是脑子里并没有这些概念。当世人执着于自身的意志和欲望时，虽然社会上具有种种的"合道"的行为，是好的现象，但并没有达到老子的理想社会形态——无为而治。所以，老子得出的结论就是：如果世人追求、提倡合道的行为，虽有所得但不足喜。因为社会还存在问题，人的思想认识还存在问题，人们还执着于自身的意志和欲望，整个社会并不是处于一种客观自然的"合道"状态。这也是在告诫统治者，不要盲目地机械地模仿古圣先贤的做法，不要只看社会的表面现象，要思考社会深层次的问题，什么是当世社会发展之需，什么是社会发展之"道"，如何遵循社会的发展之"道"，怎样才能让社会处于一种无为而治的理想状态。解决社会发展问题的根源在于遵循其发展之"道"，而不是追求"道"的表象。当社会处于自然的状态时，无须外力矫正，圣人自然就是"无为而为"；当社会有悖其规律时，圣人才会有所作为，让社会回归其自然本真的状态，"为而无为"。

第十九章　绝圣弃智

【原文】

绝圣弃智①，民利百倍；绝仁弃义，民复孝慈；绝巧弃利，盗贼无有。此三者②以为文③不足，故令有所属④；见素抱朴⑤，少私寡欲；绝学无忧⑥。

【译文】

抛弃聪明智巧，回归质朴，人民可以得到百倍的好处；抛弃刻意追求的仁义，回归本性，人民可以恢复孝慈的天性；抛弃巧诈和名利心，回归纯朴，盗贼也就没有了。圣智、仁义、巧利这三者全是外在的巧饰，偏离"大道"的本质，作为病态的社会法则不足以治理天下。所以要使人们的思想认识有所归属，保持纯洁朴实的本性，减少私欲杂念，抛弃所谓的圣智礼法的浮文，才能免于忧患。

【注释】

①绝圣弃智：抛弃聪明智巧。此处"圣"不作"圣人"解，而是自作聪明之意。

②此三者：指圣智、仁义、巧利。

③文：条文、法则。

④属：归属、适从。

⑤见素抱朴：意思是保持原有的自然本色。"素"是没有染色的丝；"朴"是没有雕琢的木；"素""朴"是同义词。

⑥绝学无忧：指弃绝仁义圣智之学。

【义理解析】

本章老子是在与统治阶层讨论治国之"道"，本章与上一章内容类似，是对上一章内容的深化讨论。本章重点在于揭示"循道修德，德治天下"的思想。上一章老子提出有些"合道"的行为凸显，是因为社会整体发展不符合"道"的规律。按照老子的观点，万事万物都应该"合道"运转，社会的运转也应该符合"道"的规律，最高境界应该是"无为而治"。就是因为世人执着自身的意志和欲望，社会才偏离了其发展的客观规律，老子这里提到的"绝圣弃智，绝仁弃义，绝巧弃利"都是让人抛弃自身的执见和欲望，回归人类质朴自然的本质。社会遵循其客观规律时，世人保持自然本性，并没有所谓的"圣、智、仁、义、巧、利"，世人分化出欲望，也就有了这些有为之法。这些都不过是世人追逐自身执见和欲望的方法和手段而已，也是个人意志和欲望的外在体现。如果世人执着于自身的执见和欲望，再强的能力，也只是实现个人欲望的手段而已，会导致整个社会运转偏离其客观发展之"道"。方向出现了偏差，发展速度越快，偏离正确的轨道就会越远。

对于本章的理解，首先有一个前提：舍弃自身欲望，回归自然本质。文中提到"绝圣弃智""绝仁弃义""绝巧弃利"，在我们常人看来，这些都是抛弃好的东西，都是人们追求的东西，抛弃了好的东西，还能更好？其实不然，万物回归其自然本质的情况下，一切事物都是在按照其本身的规律运转，所谓的"圣""智""仁""义"就是自然状态，不用去刻意追求。如果我们舍弃了对"道"本质的追求，我们看到的"圣""智""仁""义"也不过是"强为之道"，或者是"道"的外形，用自身的意志和企图强行编制出一个自以为是的"道"，刻意强求，这本身就不是"合道"的行为。这样的行为即便是用心去做好，也不过是人们在用"有为"的方式，来追求"无为"的效果。社会并没有达到"无为而治"的状态。

如果百姓的心性回归质朴的本性，社会回归到其本来客观自然的状态，就能达到无为而治的效果。"绝圣弃智，民利百倍。"如果世人舍弃自己的执见和欲望，回归其质朴的本性，遵循事物发展的客观规律做事，人们会得到百倍的好处。同理，"绝仁弃义，民复孝慈"，这是在告诫统治者要教化百姓回归淳朴，做事的时候丢掉个人的企图和意志，遵循"道"的规律去做事，顺其自然，百姓自然就会表现出孝慈的天性。"绝巧弃利，盗贼无有。"如果百姓没有功利心，万事万物对人而言就没有"功利"可言，也就没有了什么吸引力，百姓恢复淳朴的自然状态，自然就不会有什么盗贼出现。

圣智、仁义、巧利这三者，都是世人的个人意志和企图心的具体体现，如果百姓执着于自身的欲望，整个社会的发展就会偏离其客观的规律，仅靠这三者类似的外在规则去约束整体不合道的社会，那就不可能完成任务。社会的稳定和发展，要依靠统治者和百姓集体心性的回归，回归到质朴自然的状态，各司其职，各循其"道"，共同遵循客观自然的规律。我们也可以叫作集体理性，社会上下都能客观地看待外界事物，认知客观规律，遵循客观规律。这样的统治就是"无为而治"，这时，仁、义、礼、智、慈、孝都是自然状态，无须刻意追求。

最后老子提出自己的观点，如果要想让社会变好，只能想办法让社会整体"合道"。如何才能"合道"呢？"见素抱朴，少私寡欲；绝学无忧。"人们应该都有"道"的思想（要有这种"道"的意识：宇宙万物的运行都在遵循的一种客观自然规律就是"道"），明白万事万物的运转都在遵循"道"的规律。只有懂得了这个道理，思想才会有所归宿，人们才能丢掉自己的个人欲望、个人企图和个人意志，回归自然朴实的状态，万事万物都在遵循"道"的规律的情况下，社会整体就是"无为而治"。抛弃那些有"功利心"的圣智之学，才能让自己的思想认知和行动真正"合道"，只有这样才能让自己处于无忧自在的境地。

在老子看来，世俗人眼里的仁义之学，礼仪道德，都不是真正的"道"，都不是社会运行的真实的客观规律。这不过是统治者为了营造自己心中的理想世界，而推出的所谓的法治和法则，它服务于统治者，是统治者个人意志的体现，是统治者自己的"道"。这些东西徒有"道"之名，而无道之实。反而会约束世人的本性，致使其偏离"道"的本质。所以，这也是老子极力反对世俗的"仁义礼智"的原因。如果人性回归自然的本性，这些都应该是人的自然状态。人类这些良性行为的缺失只是外在表现，根本原因在于世间无道：世人没有"道"的意识，没有"道"的思想，不识"道"，无以行"道"。老子认为，追求理想的社会，要从社会发展的本源出发，探索并遵循客观自然的社会规律，才能真正的长治久安。

第二十章　独异于人

【原文】

　　唯之与阿①，相去几何？美之与恶②，相去若何？人之所畏③，不可不畏。荒兮④，其未央⑤哉！众人熙熙⑥，如享太牢⑦，如春登台⑧。我⑨独泊⑩兮，其未兆⑪；沌沌兮⑫，如婴儿之未孩⑬；儽儽兮⑭，若无所归。众人皆有余⑮，而我独若遗⑯。我愚人之心也哉⑰！俗人昭昭⑱，我独昏昏⑲。俗人察察⑳，我独闷闷㉑。澹兮㉒，其若海；飚兮㉓，若无止。众人皆有以㉔，而我独顽且鄙㉕。我独异于人，而贵食母㉖。

【译文】

　　赞美与批评，相差有多少？美好与丑恶，区别在哪里？（同一个事物，有的人觉得美，有的人觉得丑，美丑来源于人，而非事物本身）人们的判别标准是什么呢？不过在于个人的执见之间。大众所敬畏（依赖）判别"唯与阿""美与恶"的标准，我们个人在判别"唯与阿""美与恶"时，会自觉不自觉地顺从大众意见，这其中缺少了我们对真理的认知、思辨和坚持。这种似是而非的所谓常识常理，源远流长，牢不可破。众人皆熙熙攘攘，欢喜和乐，就好像要去参加盛大的宴会，又好似春日里聚众登山游春。只有我淡泊恬静，对众人的欣喜欢乐无动于衷，就好像婴儿，对外界环境毫无知觉一般。我形只影单，就好像不知归属一样。众人都富足有余，只有我自己一无所有。难道我是个傻子吗？世人都爱憎分明，只有我昏昏昧昧，不计得失；世人都精明干练，勤勉有为，只有我无为好静。我的心（道）广阔无垠啊，就像浩瀚的大海；我的信念（道）不可捉摸，无形无相，又无处不在。世人都显得精明干练，很有作为，只有我愚顽固执，好似不谙世故一般。我之所以能独异于人（欲众人之不欲，学众人之不学，为众人之不为，事众人之不事），不是因为我是傻子，而是因为我知道"天道"无为之本性，我能融合于"天道"，具无为之德。

【注释】

①唯之与阿：唯，恭敬地答应，这是晚辈回答长辈的声音；阿，怠慢地答应，这是长辈回答晚辈的声音。唯的声音低，阿的声音高，这是区别尊贵与卑贱的用语。

②美之与恶：美，一本作"善"，恶作"丑"解。即美丑、善恶。

③畏：惧怕、畏惧。

④荒兮：广漠、遥远的样子。

⑤未央：未尽、未完。

⑥熙熙：熙，和乐，用以形容纵情奔放、兴高采烈的情状。

⑦享太牢：太牢是古代人把准备宴席用的牛、羊、猪事先放在牢里养着。此句为参加丰盛的宴席。

⑧如春登台：好似在春天里登台眺望。

⑨我：可以将此"我"理解为老子自称，也可理解为所谓"得道之士"。

⑩泊：淡泊、恬静。

⑪未兆：没有征兆、没有预感和迹象，形容无动于衷、不炫耀自己。

⑫沌沌兮：混沌，不清楚。

⑬孩：同"咳"，形容婴儿的笑声。

⑭儽儽兮：孤单，无所傍依的样子。

⑮有余：有丰盛的财物。

⑯遗：不足的意思。

⑰愚人：纯朴、直率的状态。

⑱昭昭：智巧光耀的样子。

⑲昏昏：愚钝暗昧的样子。

⑳察察：严厉苛刻的样子。

㉑闷闷：纯朴诚实的样子。

㉒澹兮：辽远广阔的样子。

㉓飂兮：急风。

㉔有以：有用、有为，有本领。

㉕顽且鄙：形容愚陋、笨拙。

㉖贵食母：母用以比喻"道"，"道"是生育天地万物之母。此句意为以守道为贵。

【义理解析】

本章老子谈论"得道之人"和"世俗之人"的不同表现，也是在谈"有德"和"无德"的区别。通过对比来展示什么是"德"，通过表象对比，展现其本质。最后强调"有德"和"无德"的最大区别在于是否遵循"道"的规律，通过世人常见到的生活态度的对比，让人们更容易理解什么样才是真正"有德"。

"唯之与阿，相去几何？美之与恶，相去若何？人之所畏，不可不畏。荒兮，其未央哉！"傲慢与唯唯诺诺，有什么区别？美与丑，又相差多少？人们敬畏（依赖）判别"唯与阿""美与恶"的标准，我们个人在判别"唯与阿""美与恶"时，会自觉不自觉地顺从大众意见，这其中缺少了我们自身对真理的探索、认知、思辨和坚持（老子从认识论的角度看待问题，事物是客观的，认知是主观的；世人有了执见和分别心，事物也就有了美恶好坏之分。这里强调的是人们对于外界事物的判别标准不过是对世人自身的执见和对大众意见的盲从而已，并不是客观自然的规律）。所有的判别标准好像是理所当然的，没有人怀疑，没有人反驳，这像是自古流传下来的，没有尽头。在老子看来，贵与贱、善与恶、是与非、美与丑之间的种种差别都是人们按照世俗的眼光来制定的，这不过是世人的执见和欲望画出的线，不是事物的本质，其实并不符合客观自然的"大道"。客观的事物本身无所谓好坏，不管是你赞成的还是反对的，不管你认为它是美的还是恶的，事物就客观地摆在那里，不会有任何改变。世人有了意识区别，有了执见和欲望，才有了分别心，有了分别心，事物才区分出了善、恶、美、丑。人们以自身的主观意志和执见

第一部分　道　经

为标准来看待世间的万物，每个人的立场不同，见识不同，其标准也不相同，必然会导致整个社会价值的混乱。老子这里是在批判当时的世人不认知、不遵循客观之"道"，人云亦云，逐欲而行。（故事注：秀才、官员、财主、农民四人躲在一个屋檐下避风雪，秀才脱口而出：大雪纷纷落地；官员感激皇恩浩荡：全是皇家瑞气；财主腰缠万贯，更可以借机放贷，大喜说：下他三年何妨；农民一听急了，这还让不让人活了，破口大骂：放你娘的狗屁！同样一场雪，无好无坏，由于每个人的执见不同，看到的和想到的大不一样。这个故事可以很好地解释：唯之与阿，相去几何？美之与恶，相去若何？）

"众人熙熙，如享太牢，如春登台。我独泊兮，其未兆；沌沌兮，如婴儿之未孩；儽儽兮，若无所归。"认知事物的本质还是表象，老子这里用了一个比喻：世人都熙熙攘攘，好像要去参加宴会一样心情兴奋，又像是去参加春游活动，登台眺望美景一样心情愉悦，这也说明世人当时执着于自身的意志和欲望，追求感官的享受，执着于自身看到的物质假象，而迷失真正的自我。如果一个人在看世界的时候执着于个人的意志和欲望，不假思辨地对大众的认知盲从，就会扭曲对"道"的认知，即便是想追求"道"，也只是在追求"道"的表象，而失去了"道"的本质。老子强调自己处于宁静淡泊的状态，无所求，就像婴儿一样；自己坚守"大道"，不随波逐流，似无所归。老子在《道德经》里多处提到"婴儿"，这是因为老子认为婴儿没有自身的执见和欲望，婴儿看到的才是真实的世界。如果婴儿长大了，就会受世俗的影响，有了自身的执见和欲望，他看待事物的时候就会受到自身欲望的影响，不再客观自然。所以，老子非常推崇"婴儿"的自然状态，抛弃一切个人执见和欲望，身心自在，客观自然。又好像悠然自得，随遇而安，其实自己是知"道"，循"道"，顺势而为，顺其自然。"无德"之人追逐外界的繁华，"有德"之人追求事物的自然本性。

"众人皆有余，而我独若遗。我愚人之心也哉！俗人昭昭，我独昏昏。俗人察察，我独闷闷。"对比之下，众人看起来皆有所得，充实富有，而我自己却一无所有。老子认为这是得"道"之人的质朴的心态，老子自谦为愚人。好像众人都是精明睿智，就自己显得黯淡愚钝；众人都精细严格，只有自己显得质朴笨拙。这也是老子认为"无德"和"有德"的区别："无德"之人执着于自身的执见和欲望，做事的时候凸显自己的意志；"有德"之人则与之相反，没有自身的执见和欲望，做事的时候会遵循"道"的客观规律，不会凸显自身意志，所以显得暗淡笨拙。这些所谓的"昏昏"和"闷闷"，只是站在世俗人的角度看问题。在得"道"之人看来，这样的状态才是符合"道"的规律，这才是真正的客观自然和大自在。

"澹兮，其若海；飂兮，若无止。"老子感觉自己（代指道）就是处于一种无边无际的浩瀚大海之中，又像漂泊无定的风，无穷无尽。其实，老子此处的观点与佛教观点类似，《金刚经》讲到佛菩萨无相，修行时应无所住。佛教讲的"佛"也是一种客观存在的规律，他无形无相，不可触摸，无时无处不在，所以无法看到真实规律的本体，只能通过观察表象，才能感知这种客观规律的存在。老子这里提出的观点，就是感觉自身内心处于一种无处可住，又无处不在的状态。比如万有引力，你看不到它的存在，但是，它又无处不在，只要外界条件具备，无论任何地方，这种规律都能通过具体物质表现出来。

最后，老子提出："众人皆有以，而我独顽且鄙。我独异于人，而贵食母。"世人都显得精明能干，唯独我愚昧而笨拙，显得与众不同，就是因为我在遵循"道"的规律做事。这里也是一个反比，世人的精明、能干，其实不过是个人的欲望和执见在世事上的一种投射，世人只有在遵照自身的意志、执见和欲望做事的时候，才会显得自己充满想法，看似精明能干，其实只是希望通过这样的手段，达到自己的目的而已。真正的得"道"之人，不会执着于自身的欲望，他们看待世界的时候客观自然，做事的时候不会凸显自身意志和欲望，不会强加于万物，而是会默默地遵循"道"的规律。总而言之，一个人如果执着于自身的执见和欲望，就无法看到真实的"道"，自然也就无法顺"道"而为。人若想认知真实客观的"道"，必须做到放下自身的欲望和执着，达到无我的状态，完全遵循"道"的规律，这样才能成为真正的"有德"之人。可见，"有德"之人"无我"；"无德"之人"唯我"。

本章文字较多，但是并没有太高深的道理。这是老子一直秉持的观点：得"道"之人做事一定是遵循"道"的规律，不把自身的意志强加于万事万物，这样的人才是真正的"有德"；世俗人做事往往遵从自身的执见和欲望，或者盲从大众的认知，缺少对客观真理的探索、思辨和坚持，这样的人看似精明，实则是"无知"之人，可谓"无德"。就是因为世俗人从自身的执见和欲望出发，看待"有德之人"和"无德之人"，才会出现本章中老子所列出的种种强烈对比。老子也是想通过对"有德"和"无德"外在表现的对比，让世人认知清楚什么才是真正的"道"和"德"，唤醒人们对真理的探索、认知、思辨和坚持。"精明"的外在表现不过是"欲望"的表达，"沉静"的外在表现可能才是"真理"的阐述。

第二十一章　孔德之容

【原文】

孔①德②之容③，惟道是从。道之为物，惟恍惟惚④。惚兮恍兮，其中有象⑤；恍兮惚兮，其中有物；窈兮冥兮⑥，其中有精⑦，其精甚真⑧，其中有信⑨，自今及古⑩，其名不去，以阅众甫⑪。吾何以知众甫之状哉？以此⑫。

【译文】

大德的形态，是由"道"所决定的。"道"这个东西，无形无相，客观存在，但没有清晰可见的实体。"道"存在于具体的事物之中，看起来似有似无，恍恍惚惚，其中却能看出"道"的端倪。"道"在具体事物中是那样的若隐若现啊，它就是其中有真实不变的东西（贯穿万事万物中的规律）。它是那样的深远暗昧啊，其中却有宇宙最本质的东西（就是"道"，万物运行之规律）；这种本质是最真实的，这种本质也是永恒不变的。从当今上溯到古代，"道"永远不能废除，不可舍弃，依据它才能观察万物的生息运转的内在本质。我是如何知道万事万物开始的情况呢？就是遵从"道"认识的。

【注释】

①孔：甚、大。
②德："道"的显现和作用为"德"。
③容：运作、形态。
④恍、惚：仿佛、不清楚。
⑤象：形象、具象。

⑥窈兮冥兮：窈，深远，微不可见；冥，暗昧，深不可测。

⑦精：最微小的原质，极细微的物质性的实体。微小中之最微小。

⑧甚真：是很真实的。

⑨信：信实、信验，真实不变。

⑩自今及古：一本作"自古及今"。

⑪甫：通"父"，引申为始。

⑫以此：此指道。

【义理解析】

本章老子在阐述什么是"道"的本体，因为"道"很抽象，不容易理解。老子在多章阐述"道"的各种特性，就是方便人们理解什么是"道"。本章揭示了"道"存在本体和实相，"道"的本体通过物质的实相表现出来，一体两面。

我们都知道《道德经》，其实就是在讲"道"和"德"的运转规律。"道"是客观存在的、宇宙万物运行的根本规律。"德"是什么？老子提出"孔德之容，惟道是从"。"德"没有具体的形态和标准，如何判断什么是"德"？要用"道"来判别"德"，"德"就是按照"道"的规律运行。"德"就是遵循"道"的具体体现，符合"道"的运行方式才叫作"德"。"道之为物，惟恍惟惚。"这里再次描述"道"的本质，"道"是一种客观存在的规律，但它没有具体的形状，无形无相，没有实体，你也无法直接触摸到它，没有办法像把玩实物一样，把它看得清清楚楚。"惚兮恍兮，其中有象；恍兮惚兮，其中有物。""道"不是虚无缥缈的存在，它是真实客观的存在于万事万物之中，只是我们无法直接把"道"看清楚，但是"道"可以通过具体的物质实相表现出来。我们通过对物质世界的观察、分析和总结，就能认知到事物的本质规律，这个"本质规律"就是那个恍惚中存在的"道"。"道"的本体和物质实相为"道"的一体两面，规律（道的本体）通过万事万物（实相）来体现，万事万物遵循规律而运转。比如浮力，我们无法看到它的本质实相，但是我们可以看到木头漂浮在水面上，通过观察这种现象，分析，归纳，总结出浮力的规律的存在，从而认知这个客观规律。又如，万有引力，我们无法肉眼观测到这种规律的本质实相，但我们可以观察苹果落地等现象，通过观察这种实物的表象，进而分析、总结出万有引力这种规律，从而认知这种客观自然的规律。所有的"道"都是从观察万物实相开始，通过感官认知，思辨分析，从而认知到客观规律的存在。

老子对"道"的认知，极其深刻。"窈兮冥兮，其中有精，其精甚真，其中有信"这几句话是对"道之为物，惟恍惟惚"更进一步的阐述，深刻地揭示了"道"是如何的客观存在。这里要正确理解"真"和"信"："真"不是我们日常理解的真假，与事实相符为真，与事实不符为假。从"道"的观点来看，"道"是最根本的真，符合"道"的规律才是真，不符合"道"的规律都是假。比如，圣人知道"行道"，就是真人，世俗之人欲望"迷道"，都是假人。"信"不是世人理解的诚信，这里是指道真实不虚，可以禁得起检验和验证，是永恒不变的东西。这句话可理解为："道"这种东西，无形无相，没有固定的形状，没有固定的状态，你看不到，也摸不着，它是那样的千变万化，无处不在、无时不在。你可以通过观察物质实相的运转而感受到"道"无处不在，包罗万象，但是又无处可寻。但是这千变万化的实物表象中，有一个不变的、真实的、本质的内核，这个本质的内核是一个客观存在的天然规律，人们可以通过对物质的表象观察、分析、归纳总结，认知这个规律。"其中有信"说明了"道"是一种客观存在的规律，它是永恒不变的，是可以验证的，且永恒不变。规律的本体并无实相无法直接看到，但是万事万物都在按照"道"的客观规律运转，具体事物在按照"道"运转的时候，千变万化，但它们遵循的"道"（客观规律）永恒不变。老子提出，人们认知"道"就应该遵从其客观规律，通过对具体的可认识的事物运转现象进行观察，并进行分析、归纳、总结，从而做到通过现象看本质，认知到客观规律的存在。老子说的这段话，我们可以通过一个实例理解，比如，万有引力，我们如果只看表象：苹果落地，桃子落地，乃至所有我们能看到的东西落地、水往低处流、月球绕地球运转、地球绕太阳运转等千变万化的表象，无不是"万有引力"这种规律的具体体现。它们都是万有引力表现出的一种物质实相，但是，它们都不能代表万有引力的本质。所以，这些变化的表象里面，有一种永恒不变的东西，这就是本质的规律，我们且叫它"万有引力"。

"自今及古，其名不去，以阅众甫。吾何以知众甫之状哉？以此。"从古到今，"道"都一直存在，它都在决定万事万物的运转，人们也只有认知"道"才能看清宇宙万物的真实状态。"其名不去"，"名"就是客观存在的"道"。这句话可以理解为：自宇宙产生以来，"道"就决定着宇宙万物的运转，一刻也不曾停息。通过对世界万物实相的观察、分析、总结，才能从本质上认知万物运转的根源（根本规律），从而掌握万物的运行状态。老子为什么有那么高深的智慧？为什么能知道世界上的一切事情，知道一切事物的根源所在？其实，老子明确告诉我们，这并不是他有超自然的能力，记住了所有的事，或者经历过所有的事，而是因为他是依据"道"的规律去思考问题。"吾何以知众甫之状哉？以此。""得道"之人了解"道"的本质，遵循"道"的规律；对于万物的运转，他总能从本质规律上把握事物的根源，再加以推理和分析。所以，就显得他无所不知，无所不晓。

在我们现实生活中，也有很多这样的人。他们善于思考，虽然他们不是通晓所有的规律，但是他们看到一些事物的现象，很快就能把握事物的本质，知道事物发展的规律，从而准确判断出事物的过去和未来。这并不是他们经历过或者记住了这些事，而是他们按照"道"的规律，去思考问题、把握事物运转。

本章再次从理论层面上论述"道"的本质是什么，"道"是一种无处不在、无时不在的客观规律，它无形无相，主宰一切，只能通过具体的物质或事物来表现。我们通过观察千变万化的物质世界，总能看到"道"的影子。我们想知道什么是"道"，如何才能把握"道"。老子告诉我们最基本的方法：透过现象看本质，通过对客观事物的观察，分析，归纳，总结，从而得到根本规律，这就是"道"。

本章是老子较为系统的论述如何才能认知"道"。这也算是最早的方法论。认知真实的"道"（也就是万物运行的根本规律），不是靠空想，不是靠超自然力量的赐予，而是要靠自己从具体的万事万物的实相中去观察、分析、归纳、总结。老子在本章提到"道"的本体无形无相，看起来似有似无，但客观真实地存在于万事万物的实相中，人们可以从千变万化和千姿百态的物质实相中加以提炼，从而认识到那个最根本的、最真实的、永恒的、不变的东西，这个东西就是"道"。通过"道"就能系统地、透彻地认知万事万物。遵从"道"的规律去做事，就是有"德"，有"德"之人才能把握万事万物的运转生息。

第二十二章　圣人抱一

【原文】

曲则全，枉①则直，洼则盈，敝②则新，少则得，多则惑。是以圣人抱一③为天下式④。不自见，故明⑤；不自是，故彰；不自伐⑥，故有功；不自矜，故能长。夫唯不争，故天下莫能与之争。古之所谓"曲则全"者，岂虚言哉？诚全而归之。

【译文】

弯曲（减损欲望）便会保全（保全大道），屈曲才能直伸，低洼便会充盈，陈旧便会更新；少取便会获得，贪多便会困惑。所以"得道"的人坚守"道"的原则作为天下事理的范式。不自我表现，反能凸显自我；不自以为是，反能彰明；不自我夸耀，反能有功劳；不自我矜持，所以才能长久。正因为不与人争（无为），所以遍天下没有人能与他争。古时所谓"委曲便会保全"的话，怎么会是空话呢？它实实在在能够达到。

【注释】

①枉：屈、弯曲。

②敝：凋敝。

③抱一：抱，守。一，即道。此意为守道。

④式：法式、范式。

⑤明：彰明。

⑥伐：夸。

【义理解析】

本章重点在于揭示"道"在世间的具体体现，其中的道理并不难理解。世间有"道"，它主宰着世间万事的运转。圣人通过对事物现象的把握，来告诫世人应该如何"循道"，如何做才能更容易成功。

"曲则全，枉则直，洼则盈，敝则新，少则得，多则惑"，都是"道"在世间的具体体现，也是"道"的实相。这里要理解几个关键字："曲""枉""洼""敝""少"是指压抑、减损自身的执见和欲望；"全""直""盈""新""得"是指保全事物自然本性，保全"大道"本性，接近"大道"。这句话可理解为：当一个人懂得舍弃自身的欲望，就会回归自身本性，接近"大道"；懂得远离自身的执见和欲望，就能遵循"大道"的规律，迅捷直达；（也是诠释了世人执着于自身执见和欲望，不按照客观规律来做事，欲速则不达）万事万物，让自己处于低处（这里是指欲望处于低处）才会充盈（这里代指成功），就像洼地更容易填满一样；（这句话在阐述一个道理：世人放下自身欲望，才能认知"道"遵循"道"，才会成功）放下自身老旧的观念和执见，才能推陈出新。"少则得，多则惑。"对外界需求的少，才会获得自身所需；这里的"少"就是指在做事的时候不要过多地把自身的意志和欲望强加在外事外物上，这样做事才能更符合客观的"道"，"合道"的行为，才能更容易成功；（这也符合老子一贯的观念：损有余而补不足）。如果一个人欲求过多，反倒是容易让人迷茫，这就是因为过多的执着于个人欲望，让自己的想法和作为偏离"道"的规则，让自己迷失，容易导致失败。

圣人都是遵循"道"的规则而去做事，"道"让一个人成为圣人。所以，圣人对所有事的态度就是"循道而为"。"是以圣人抱一为天下式"，"抱一"就是说圣人坚守"道"的规则，用"道"的原则指导自己做一切事。"不自见，故明；不自是，故彰；不自伐，故有功；不自矜，故能长。"这也是老子主张的"无为"的几个外在表现。因为圣人是遵照"道"的规则做事，不会执着于自身的欲望和执见，所以，圣人从不标榜自己、不自我表现，但是他们总能成就一切事，反而让他自身更加凸显出来。圣人不以个人的意志去做事，不自以为是，他们做事的原则就是"循道"，所以他们做事总能是非彰明，让世人敬仰。圣人做事，从来不是从个人的角度去考虑问题，没有功名利禄的执见和欲望，他们做事的出发点和原则，就是符合"道"的要求，所以他们更容易成功。没有私利之心，反倒是成就了他们，也成就了他们在世人眼中的名利和荣誉。当然，名利这些身外之物，并非圣人追求，只是在世人眼里显得那么重要罢了。圣人从来都是遵循"道"去做事，所以没有矜持，世人之所以矜持，是因为有太多的执见和欲望。圣人从来不以自身利益考虑问题，按照"道"的原则该做什么就去做什么，也就没有了世人眼里的矜持和面子问题。正是因为圣人舍弃了自身欲望，按照"道"的规律做事，做事总能成功，成为世人效仿的典范，所以圣人的思想、方法和影响力才会更长久。

"夫唯不争，故天下莫能与之争。"因为圣人没有自身的执见和欲望，他不会与世人争名夺利，而是从客观的"道"的角度去看问题，解决问题，所以他做什么事都能成功，也成就了他战无不胜，攻无不克的威力。因此，世人即便想争，也无法去跟圣人争，跟圣人争就是跟"道"争，岂有不败之理？圣人"循道而为"，"道"也成就了圣人。

这里也阐述了一个道理："圣人近道。"圣人就是最接近真理的人，就是遵循真理而做事的人。圣人摒弃了自身的执见和欲望，他们看到的世界才是真实的世界，他们能透过事物的表象而看到本质，掌握其中的客观规律，按照规律办事，正因如此，他们才更接近"道"，也成就了遍天下没有人能与他们争的局面。这与"不为而为"何其相似。"古之所谓'曲则全'者，岂虚言哉？诚全而归之。"古人所说的"曲则全"，可不是一句空话，其中含有深刻的道理。我们首先要理解这里的"曲"是什么意思？这里的"弯曲"或者"委屈"。只不过是人们依据自身执见得出的结论，不符合自身欲望和执见的东西或者做法，我们就认为是"弯曲"或"委屈"；世俗人眼里的"弯曲"其实质可能是符合"道"的规律的，是世人的欲望和执见把"合道"的东西看成了"弯曲"。这告诉人们：只有舍弃个人的欲望和执见，才能看到真正的客观规律（也就是"道"），让自己的作为符合"道"的要求，才能更容易成功，这才是真正的无往而不胜。

老子在本章告诉我们的道理，也比较容易理解。比如我们做事的时候，往往都会执着于自身的意志和欲望，我们自身的执见未必符合"道"的规则。当我们遇到不符合自身利益的事情时，往往就会有个人情绪和非理性行为，我们的作为就已经偏离"道"的原则，所以，做事的时候总是失败。当我们回头总结的时候，往往是后悔。当初没有按照事情本来的规律去办事，这就是没有"合道"，这才是失败的根源所在。宇宙万物遵循且只遵循"道"的规律，世人做事，不管是主观还是客观，只有遵循"道"的规律，才能无往不胜。

第二十三章　希言自然

【原文】

希言自然①。故飘风②不终朝，骤雨③不终日，孰为此者？天地。天地尚不能久，而况于人乎？故从事于道者④同于道；德者同于德；失⑤者同于失。同于道者，道亦乐得之；同于德者，德亦乐得之；同于失者，失亦乐得之。信不足焉，有不信焉！

【译文】

不依照自身执见和欲望乱发施令、胡作妄为才是符合客观的自然规律。狂风刮不了一个早晨，暴雨下不了一整天。谁使它这样的呢？天地。天地的行为尚且不能长久，更何况是人呢？所以，那些追随"道"的人，慢慢就会得到"道"的指引，"道"就成为他们共同的追求，志同道合的人也就乐于和他在一起；按"德"行事的人，有"德"就是他们的共同特质，那些有"德"之人也就乐于和他交往；既不按"道"又不按照"德"行事的人，慢慢就会迷失自我，偏离"道"的规律，那些"无道"无"德"的人也会成为他们的好朋友。这就是社会的"自然"规律。统治者的德行不足、诚信不足，德行缺失的人就会聚集在统治者身边，就会引起天下的信任危机。

【注释】

①希言：少说话。此处指依照自身欲望胡乱说话和做事的意思。

②飘风：大风、强风。

③骤雨：大雨、暴雨。

④从事于道者：按"道"办事的人。此处指统治者按"道"施政。
⑤失：指失道或失德。

【义理解析】

本章老子在谈论"道"在世间的具体体现，重点在于揭示人们应该如何做才能接近于"道"。老子给出的结论是：信念很重要，环境很重要。老子提出"希言自然"，言辞少的语言才是接近于"道"的，（老子认为言语是个人意志的表达，言语会把个人意志强加于他人，所以道家主张行不言之教，不言既即是自然，是"行道"的最高标准）这里的言辞少，并不仅仅是指文字的多少，更多的是指说出的话没有加入个人的意志和执见，说出的语言只是客观的"道"的表达形式。这里我们要理解老子的一个观点：语言或法令只是代表了个人的意图和意志，并不能代表"道"。如果只是要表达"道"，则不能强行加入自身的意志和欲望。不加入个人意志和执见的表达，才是符合"道"的要求，就是"希言"。对于社会，对于统治者而言，也是一样的道理。社会的法令，不是多多益善，因为法令也是统治者自身意志的体现。在治理国家的过程中，要尽量少地加入个人的欲望和意志，"循道而治"，则可做到"无为而治"。这才是治理天下的最高层次。

"故飘风不终朝，骤雨不终日，孰为此者？天地，天地尚不能久，而况于人乎"老子提出两个事例，狂风不能刮一个早晨，暴雨不能下一天，这都是天地的作为和表达，天地都不能按照自身的意志行事，何况是人呢？在老子看来，狂风暴雨是天地意志的表达，本来就不合"道"（老子主张"地法天，天法道，道法自然"。"道"的本性是自然，不会把自身意志强加于外事外物，所以道是质朴安静的，不会过多表达自身的意志。"道希言，天地也当希言"）所以不能长久。人也一样，如果不遵循"道"的规律，只是按照个人的意志和欲望去做事，也不会长久。

"故从事于道者同于道；德者同于德；失者同于失。同于道者，道亦乐得之；同于德者，德亦乐得之；同于失者，失亦乐得之。"一个人怎么做才能让自己"合道"呢？老子给出了一个社会运转的规律：人会受到外界环境的影响，每个人的信仰会影响自己，物以类聚，人以群分。如果立志于追求

"道"，在追求"道"的过程中，按照"道"的要求去做事，就会受到"道"的影响，让自己的做事越来越符合"道"的要求，同时，就会与志同道合的人相互吸引，相互接纳。那些按照"德"行事的人，就会受到"德"的影响，做事的时候，让自己更符合"德"的要求，同时，也有追求"德"的朋友和同志，相互吸引，相互欣赏，相互接纳。还有那些既不相信"道"，也不相信"德"的人，就会受到"无信仰"的影响，"没有信仰"就变成了他们的信仰，他们就会逐渐迷失自己，这些迷失的人，就会相互抱团取暖，形成一个相互接纳的团体。这就是一个社会运转的规律，所以，一个人如果要想自己的行为"合道"，首先就要以"道"为信仰，致力于对"道"的追求，让"道"指导自己的行为，在做事过程中抛弃个人的欲望和意志，与志同道合的人，一起对"道"进行探索，这样做才能逐渐让自己接近于"道"。对于社会而言，也是同样的道理，统治者只有立志于"道"，才能让"道"发挥作用，形成风气，让"道"影响社会的运转，社会的运行就会"合道"。就能做到"无为而治"的最高治理层次。

从上面的论述可以看出，老子把世人的做事方式分为三类："合道，合德，无道德。""合道"者，就是做事符合"道"的规律，"合道"者，自然合德，这样的社会是"圣道"；"合德"者，就是做事有良好的主观意识，做事的出发点是好的，用"德"的准则要求自己。这里的"德"，并不是真正意义上的"德"（老子认为"做事合道者为德"，如果不按照"道"的规律去做事，就谈不上"德"）。老子在这里说的"德"，是形式上的"德"，是指用"德"这种形式来要求自己做自己认为对的事，在做事过程中掺杂了个人的意志，"合德"者，未必"合道"，这样的社会是"人道"；无道德者，就是既不懂得"道"，也不懂得用好的规则要求自己，让自己思想随波逐流，完全顺从自己的欲望和执见，形成了以自我为中心的做事规则，这样的社会是"无道"，"无道无德"者，做事必然不符合社会发展的客观规律的要求，必不能长久。

"信不足焉，有不信焉！"统治者往往会因为自身的执见和欲望，而背离了"道"的规律。失信于"道"，统治者身边就会聚集德行缺失的人，失信于天下，必然失信于民。可想而知，统治者以自身的执见和欲望为出发点，做出种种"不合道"的行为，社会发展背离其客观规律，百姓的自然本性受到损害，必然会让百姓产生不信任感，没有了百姓的支持，统治的基础不再牢固，其统治也必然不会长久。所以，老子认为，社会要长治久安，统治者必须用"道"的规则去管理社会。符合"道"的要求，就会形成整个社会都追求"道"的风气，百姓行为"合道"，统治者管理"合道"，自然就能做到"无为而治"，这才是统治者应该追求的管理方式。

第二十四章　企者不立

【原文】

企^①者不立，跨^②者不行；自见者不明，自是者不彰；自伐者无功，自矜者不长。其在道也，曰余食赘形^③。物或恶之，故有道者不处。

【译文】

踮起脚跟想要站得高（代指追求欲望），反而站立不住（偏离本性，偏离"大道"）；迈起大步想要前进得快，反而不利于行走。注重自我表现的人无法认知真实的"道"的规律；自以为是的人偏离"大道"，是非不分。自我夸耀的人执着于自身的执见和欲望，做事难以成功；自高自大的人，失去自身的本性，难以长久。从"道"的角度看，以上这些追名逐利、自我炫耀的行为于"道"无益，可称为剩饭赘瘤。因为它们是令人厌恶的东西，所以"有道"的人决不会这样做。

【注释】

①企：一本作"支"，意为踮起脚跟，脚尖着地。
②跨：跃、越过，阔步而行。
③赘形：多余的形体，因饱食而使身上长出多余的肉。

【义理解析】

本章老子谈论世上的种种"不道"的行为，让人们从反面理解什么是"不道"，什么才是真正的"道"，重点在于揭示世人应该如何做才能接近于

"道"。在老子看来，那些做事时具有强烈个人欲望和执见的人，是"不合道"的。因为他们考虑问题的出发点就是自身利益，做事的过程中执着于自己的个人意志和欲望，这就偏离了"道"的规律。往往是枉费心机，求而不得。

世俗的人做事，"不合道"行为的案例比比皆是，老子在本章列出了几个典型事例："企者不立，跨者不行；自见者不明，自是者不彰；自伐者无功，自矜者不长。"这几句话也对应于第二十二章中的观点，"不自见，故明；不自是，故彰；不自伐，故有功；不自矜，故能长"，阐述了同一个道理。"企者、跨者、自见自是者、自伐者、自矜者"都是执着自身执见和欲望的人，失去自然本性，偏离"大道"，所以难以成功。这段话可以理解为：那些踮着脚尖想站的高的人，往往站不住；那些想跨出大步前行的人，往往走不远；那些喜欢自我表现的人，注重自身的利益，无法认知真实的"道"的规律；那些自以为是的人，执着于自身的意志，往往是非不分，黑白不明；那些喜欢自我标榜，自我夸耀的人，执着于自身的执见和欲望，往往做不成什么大事，建立不了功劳；那些自高自大的人，失去了人的自然本性，做事背离"道"的规律，往往不能服众，做事无法长久。上述的这些行为，都充满了个人的欲望和企图。这些行为让人们在审视万事万物的时候，以自身利益和欲望为出发点，他们看到的事物必然偏离了"道"的规律，所以往往不能成功。

在老子看来，"合道"的行为，做事的出发点就应该是"道"。圣人就是遵循"道"的规律，踏踏实实做事，而不是执着于个人的欲望和意志。自我表现，自我标榜，只是个人欲望的一种外在表现形式，对"道"而言，没有任何帮助。所以，老子说"其在道也，曰余食赘形，物或恶之，故有道者不处"。在遵循"道"的人看来，那些充满个人执见和欲望的行为，就像残羹冷炙和臃余的赘肉一样，没有任何用处，反而会阻碍世人知"道"行"道"。只有摒弃自身的执见和欲望，遵循"道"的规律，才能让人成功。一般的人和事物，都会讨厌充满欲望和执念的作为，那些追求"道"的人，更是不认可这样的行为，是不会这样做事的。

老子最后两句话，就是再次强调：遵循"道"的规律的人做事的时候，会放下自身的执见和欲望，他们做事的出发点就是"道"，他们判断对与错的标准就是看事情是否符合"道"的规律。他们做事的时候会遵循且只遵循"道"的规律，而不会受制于自身的欲望和执见，更不会做世俗人追求的那种无意义的行为。

　　本章阐述的道理很简单，看起来更像是第二十二章的一个注解。《道德经》一共八十一章，每章基本都是在独立地阐述一个道理，前后章节逻辑关系并不是特别强。可以推断，《道德经》不是一个人一次成书，应该是一个人完成主题思想的编写，理念相近的一群人，相互补充而成。所以，很多章节意思相近，都在阐述一个主题，那就是"道"；都在追求同一个目标，那就是"德"。我们在读《道德经》的时候，不要纠结于某个字或者某个词，《道德经》的通行本中很多都是后人添加的词语，因为时间跨度可能较长，词义有变化，所以《道德经》中有些文字出现同字不同义的情况。我们读《道德经》的时候，要用一以贯之的思想去理解《道德经》的各个篇章，而不是纠结于个别的字词。

第二十五章　道法自然

【原文】

有物混成①，先天地生。寂兮寥兮②，独立而不改③，周行而不殆④，可以为天地母⑤。吾不知其名，强字之曰：道⑥，强为之名曰：大⑦。大曰逝⑧，逝曰远，远曰反⑨。故道大，天大，地大，人亦大⑩。域中⑪有四大，而人居其一焉。人法地，地法天，天法道，道法自然⑫。

【译文】

有一个东西混然天成，在天地形成以前就已经存在。听不到它的声音也看不见它的形体，它寂静而虚空，不依靠任何外力而独立存在永恒不变，循环运行而永不停息，可以作为万物的根源。我不知道它的名字，所以勉强把它叫作"道"，再勉强把它形容为"大"。它广大无边而又运行不息；运行不息而又向远处无限延伸，主宰宇宙中的一切事物。从"道"的角度看，探索宇宙万物的根本规律而又要回归其本源（所有的一切不过是"道"的具体实相而已）。所以说"道"大、天大、地大、人也大。宇宙间有四大，而人居其中之一。人取法于地，地取法于天，天取法于"道"，而"道"来源于自然（自然，也就是万物本质的模样和状态）。

【注释】

①有物混成：物，指"道"；混成，混然而成，指浑朴的状态。指"道"是一种天然的客观存在。

②寂兮寥兮：没有声音，没有形体。

③独立而不改：形容"道"的独立性和永恒性，它具有客观性和绝对性。

④周行而不殆：周行，循环运行；不殆，不息之意。指"道"循环运行而永不停息。

⑤天地母：一本作"天下母"。母，指"道"，天地万物由"道"而产生，故称为"母"。

⑥强字之曰：道：勉强命名它叫"道"。

⑦大：形容"道"是无边无际的、力量无穷的。

⑧逝：指"道"的运行不息，永不停止的状态。

⑨反：一本作"返"。意为返回到原点，返回到原状。

⑩人亦大：一本作"王亦大"，意为人乃万物之灵，与天地并立而为三才，即天大、地大、人亦大。

⑪域中：即空间之中，宇宙之间。

⑫道法自然："道"纯真自然，本来如此。

【义理解析】

本章老子再次从"道"的本体上描述什么是"道"。由于"道"是一个抽象的概念，必须要经过对它的客观特点和运行规律的阐述，人们才能逐步认知什么是"道"。比如本章就在原来章的基础上进一步阐述"道"的特性：寂静、虚空、客观、自然、无时无处不在，主宰万物，展示了"道"的基本运行原理：人、地、天、"道"，它们依次为根源。"道"作为万物之源，它是一种天然的客观存在，不依赖于物质世界，甚至在整个宇宙（物质）诞生之前，它就存在了。

"有物混成，先天地生。寂兮寥兮，独立而不改，周行而不殆，可以为天地母。"老子首先提出"道"这种东西，浑然天成，精妙无比。它是万物的根源，无始无终，永恒不变，比天地更长久。它无形无相，是那么安静而又虚空般地存在于天地之间；它是一种客观的存在，不依赖于任何外界因素；宇宙万物都遵从于它，周而复始地运转，永不停歇；它就像是天地万物的根源。在古人的眼里，天地就是亘古不变的象征，老子认为"道"比天地先，比天地长久，只是为了强调"道"是更深层次的本源，"道"是一种永恒的客观存在，不依赖于任何物质。宇宙万物只不过是可认知的物质世界，"道"比物质世界还早，物质世界也是依赖"道"的规律而生息运转。从科学的角度认知，我们更容易理解这种观点。宇宙大爆炸理论认为，137亿年前的一次大爆炸产生了宇宙，产生了物质世界。在这之前宇宙是什么，没人知道。但是，"道"在大爆炸之前一直都存在，即便是大爆炸，也不过是物质遵循"道"的一次运动，也是"合道"的一种行为。所以，现在看起来，"道"在天地之先是对的，宇宙万物就是遵照"道"的规律而诞生的，可谓是"天地之母"。也许"道"是一种先天本源的规律，是一种客观自然的存在（不依赖任何外部物质而存在），它决定着一切有形物质和无形物质的运行。

"吾不知其名，强字之曰：道；强为之名曰：大。大曰逝，逝曰远，远曰反。"老子总结出了这个客观存在、永恒不变、主宰一切的规律，当时没有人悟到这么深层次的思想，也没有"规律"这个词，老子就给它命名叫作"道"。老子也总结出了这个"道"的特征，就是"大"。所谓的"大"，就是无边无际，无穷无量，无处不在，其大无外，其小无内，这就是"大"。"大曰逝"，由于"道"无处不在，我们看到的万事万物都在遵循"道"的规律运转，"道"表现为无始无终，永不停歇，这就是"逝"。"逝曰远"，推近及远，我们可认识的，甚至我们还没有认知的宇宙万物都在遵循"道"的规律运转，"道"表现为包罗万象，无所不及，且主宰万物，这就是"远"。"远曰反"，正是因为宇宙万物都在遵循"道"的规律循环不息，时刻不停，追寻其根源就回归了"道"的本质。道的本体就是客观存在的规律，永恒不变，它决定着万物运转，无始无终。我们看到的久远以来万事万物的循环不息，只不过是"道"在物质世界的显现，道的实相而已。道的本体和实相一体两面（正如佛教所认为的色即是空，空即是色），这就是"反"。

综上所述，"道"有以下特点。一是从感触的角度来看，"道"无色无味，无形无相，无声无息，不可触摸。二是从分布范围来看，"道"遍及有形的和无形的时空，无处不在，无所不含，其大无外，其小无内。三是从其作用来看，"道"决定着宇宙中一切有形物质和无形物质的运转，它是宇宙中最根源的规律，宇宙万物都在遵循"道"的规律周而复始运行。"道"跟我们现在讲的"规律"很接近，宇宙中的一切，甚至包括宇宙的生灭运行，都是受一种客观永恒的"规律"的支配，这个客观、永恒、自然的规律就是"道"，不管我们认知到它还是没有认知到它，这个本源的规律都是客观永恒的存在，不生不灭，不增不减。

"故道大，天大，地大，人亦大。域中有四大，而人居其一焉。人法地，地法天，天法道，道法自然。"老子总结出宇宙中有四大："道大、天大、地大、人也大。"这里的"大"，更多的指的是决定外界事物的能力大小。在空间中的"四大"里面，人也算其一，主要是因为人类有智慧，能思考，能认知规律，让自己遵循规律。这才是人为"大"的根本原因。老子给出认识"道"的规律，"人法地"，这里的"地"，并不是我们通常认识的大地，而是指我们生活的世界。人类通过观察身边的世界，思考、分析、总结出客观自然的规律，认知"道"。人类通过实践认知并遵循这种客观规律，这就是"人法地"。"地法天"，这里的"天"也不是我们常说的天空，而是指决定万物运转的各类客观规律，也决定我们生活的物质世界的运行方式。我们生活的物质世界生生不息，运行流转，是在遵循各自的规律，这些客观的规律就是"天"。"天法道"是指宇宙万物的各类运行规律，其本质都来源于一个最本源的规律，这个本源规律就是"道"。"道法自然"也说出了道的本质："自然"就是宇宙万物本来的样子，没有出现"物我"二元对立，没有自我意识的存在。"道"就是人类有了自我意识之后，出现"物我"二元对立的思想，站在自我的角度对自然进行描述，把自然的规律称为"道"，是人的意识认知到的宇宙万物的本源规律。宇宙万物的本源规律并不依赖于人的意识而客观存在，无意识分别的状态就是"自然"。从"道"的本体去思考什么是"道"的时候，我们就会认识到其实根本就没有一个什么东西叫作道，也没有谁规定的什么规律叫作"道"。"道"的本体与万物浑然一体，客观自然地存在，只不过是人类有了"物我"意识，识别并描述出这种客观规律，老子给它起名叫作"道"。不是因为人类认识了"道"，它才存在。即便没有人类存在，这种规律也是一直都客观地存在。超越时间，超越空间，无形无相（超越物质），客观天然，这就是"道"的本质。人类用自我意识认知到宇宙的本源规律，称之为"道"；没有人类的自我意识，不分彼此，浑然一体的状态就是自然。所以说"道法自然"。

　　"道"是一种神秘的客观存在，它来自哪里，无从追寻。如果说物质世界有起点和终点的话，"道"却没有起点和终点，它更像一种永恒的存在，所以"道"比天地更长久。有人把"道"看作一种主宰万物的神，这是错误而且肤浅的看法，如果有具有自由意识的人格化的"神"存在的话，"神"也一定是"道"的产物，"道"是更深层次的存在，比任何的神更为永恒。可以肯定，物质和意识都是源自"道"，意识是物质的一种属性，二者同源，不同的物质组成形式，会有不同的意识形式存在，意识的作用在于约束物质的运行，"道"是这两者的根本运行规则，也是物质和意识的本源规律。人类认为只有生命的东西才有意识，把自己困在一种狭隘的"强意识"（主观意识）内，无法突破对自身意识的认知，也就无法认知物质的本源。所以，世人无法想象宇宙外面是什么，大爆炸是怎么产生的，大爆炸之前是什么样的等。

　　意识应该分为"主观意识"和"客观意识"，所有的意识不过是物质的运动形式。主观意识是物质运动的高级形式，有意识的物质运动能根据自身需要而调整物质的状态，多分子（两个以上的分子）组成的基本单元就会形成主观意识，因为两个或两个以上的分子组成的基本单元，分子本身的运动就会相互干扰，偏离分子自身客观自然的运行规则，形成意识。基本单元的分子数量越多，其主观意识就会越复杂，表现为控制能力越强。单分子形成的基本单元只有客观意识，客观意识只是表现为遵循客观规律，不会主动改变自身的运动形式，越是简单的粒子，其客观性越强，绝对静止的粒子应形成绝对客观的世界，意识消失。

第二十六章　重为轻根

【原文】

重为轻根，静为躁君①。是以君子②终日行不离辎重③，虽有荣观④，燕处⑤超然。奈何万乘之主⑥，而以身轻天下⑦？轻则失根⑧，躁则失君。

【译文】

厚重沉稳是轻率的根本，沉静安定是躁动的主宰。因此君子终日行走，不离开自己载装行李的车辆，虽然有良辰美景在他眼前，却能安然处之，不为所动。为什么大国的君主，还要轻率躁动以治天下呢？轻率就会失去根本，急躁就会丧失主导。

【注释】

①躁君：躁，动；君，主宰。

②君子：一本作"圣人"。指理想之主。

③辎重：军中载运器械、粮食的车辆。

④荣观：贵族游玩的地方。指华丽的生活。

⑤燕处：安居之地；安然处之。

⑥万乘之主："乘"指车子的数量。"万乘"指拥有兵车万辆的大国。

⑦以身轻天下：以轻率的方式治天下。

⑧轻则失根：轻浮纵欲，则失治身之根。

【义理解析】

本章重点谈论"道"在生活中的外在表现，人们应当如何做才是遵循

"道"的规律。"道"在世间的一个重要表现就是"厚重、沉静"。本章提到的"重"和"轻"要重点理解。"重"指的是一个人厚重、沉稳，固守自身的本性，不易被欲望驱使而改变自身本性，可称为厚重；"轻"指的是一个人轻率、肤浅，容易受到欲望等外界因素的影响，会轻易地改变自身的本性，可称为轻率。虽然"道"是一个客观存在且永恒不变的规律，它无声无息，无形无相，我们都看不到、摸不着，甚至忽视它的存在，但是它却无处不在，主宰着一切。就是因为"道"不易认知，难以辨别，所以，老子告诫人们应当放下欲望，用沉静的心去认知真实的世界；同时，"道"又是宇宙万物的根源，老子认为"道"是一个人在世间应当遵循的基本规律，强调遵循"道"的规律才是最合理的存在。

"重为轻根，静为躁君"重点强调人在处事时，厚重和沉静是基础，人如果要想认知"道"的本质，就需要放下欲望，沉静、冷静地观察和思考。这里的"重"和"静"，都是指一个人放下自身执见和欲望后所展现的自然状态；"轻"和"躁"则是一个人执着于自身欲望的表现。老子举了一个例子："是以君子终日行不离辎重，虽有荣观，燕处超然。"当一个"君子"做事的时候，终日奔波，忙忙碌碌，总是不离开自己装载行李的车辆，虽然有很美好的景色吸引，他也能泰然处之，不为所动。这里我们要了解，所谓的"君子"，也就是圣人，即在世间做事能遵循事物客观规律的人。文中这个比喻是指君子做事会守着自己的重点本质，这里的"辎重"就是比喻君子质朴自然的本性，也是君子固守的"道"；文中的"荣观"也就是外部虚假的景色，是人的欲望所现，虽然迷人，但不是事物的本质，"君子"不会为了外部的吸引，偏离"道"的规律，离开自己的根本。

"奈何万乘之主，而以身轻天下"，为什么有些身为大国的君主，还不能采用沉稳"合道"的方式治理天下，而是执着于自身欲望，用轻率的方式治理国家呢？这里的"以身轻天下"是指不重视自身的自然本性，不重视天下百姓的自然本性，而执着于自身的欲望，圣人认为这就是"轻"。不遵循社会发展的客观规律去治理国家，就是"轻天下"。

"轻则失根，躁则失君。"轻浮和急躁就是一个人执着于自身欲望，坚守"道"的信心不够坚定的表现，当一个人坚守"道"的信心动摇，就会执着于自身的执见和欲望，偏离自身的本质，从而忽略事物的客观实际，做事的思维方式就会偏离事物本身的客观规律。在思想偏离"道"的规律的情况下急于做事，就会失去对事物的主宰权。老子这里也是在强调：统治者只有放下自身的欲望，才能回归真正的治国之"道"，国家才能长治久安。

　　本章重点强调了如何做才是真正的"合道"。老子以"君子不离辎重"为例给出了具体的方法：放下自身的执着和欲望，回归内心的质朴、清静、自然的状态，只有这样才能认知到事物客观真实的规律，才能做到"循道而为"。但世人观察外部事物的时候，容易被眼中的"荣观"等虚假的欲望所遮蔽，看不到真正的"道"，他们看到的都是个人的执见和欲望。所以，他们做事的时候，追逐自身的利益往往会偏离"道"的规律，最终结果必然不能长久。

第二十七章　善行无辙

【原文】

善行，无辙迹①；善言②，无瑕谪③；善数④，不用筹策⑤；善闭，无关楗⑥而不可开；善结，无绳约⑦而不可解。是以圣人常善救人，故无弃人；常善救物，故无弃物。是谓袭明⑧。故善人者，不善人之师；不善人者，善人之资⑨。不贵其师，不爱其资，虽智大迷，是谓要妙⑩。

【译文】

善于行走的人，不会留下辙迹；善于言谈的人，不会留下瑕疵；善于计数的人，用不着竹码；善于锁闭的人，不用栓梢而使人不能打开；善于打结的人，不用绳索而使人无法解开。因此，圣人通常善于教化众人，因此没有被遗弃的人；通常善于物尽其用，因此没有被废弃的物品。这就叫作内藏着的聪明智慧。所以善为之人可以作为普通人的老师，普通人可以作为善为之人的借鉴。不尊重自己的老师，不珍惜他人的借鉴作用，虽然自以为聪明，其实却是最大的糊涂。这就是精深微妙的修"道"之理。

【注释】

①辙迹：轨迹，行车时车轮留下的痕迹。
②善言：指善于采用不言之教。
③瑕谪：过失、缺点、疵病。
④数：计算。
⑤筹策：古时人们用作计算的器具。

⑥关楗：栓梢。古代家户里的门有关，即栓；有楗，即梢，是木制的。

⑦绳约：绳索。约，指用绳捆物。

⑧袭明：内藏智慧聪明。袭，覆盖之意。

⑨资：取资、借鉴的意思。

⑩要妙：精要玄妙，深远奥秘。

【义理解析】

本章老子通过举例，详细阐述了圣人如何处世，并进一步分析圣人是如何做到循"道"而为，重点在于揭示普通人应当如何"修道"。"道"是一个抽象的概念，可以理解为所有客观自然规律的总和。世人做事很难做到什么都是"合道"，我们如果能在某一方面比较精通，做事能比较符合"道"的要求，就是这方面的行家、专家，也可以成为这一行业的圣人，比如医圣、武圣、画圣、茶圣等。如果能做到事事"合道"，那就是理想中的圣人，无有瑕疵，其本身就是"道"的化身。这种理想的圣人是不存在的，老子只是提出"圣人"是一个方向，这也是"求道者"的最高目标。老子认为没有天生的"圣人"，所谓的圣人无非是向善为之人学习，把不善为的人作为借鉴，让自己逐步完善。这才是本章传递的思想。

"道"在生活中的外在表现，就是对某个领域极度精通，达到了按照事物本质的客观规律去做事的境界，阐述了"技到精处即为禅"的道理。本章老子举了几个例子，"善行，无辙迹；善言，无瑕谪；善数，不用筹策；善闭，无关楗而不可开；善结，无绳约而不可解"。善于走路的人，你就看不到他走路留下的痕迹；善于表达的人，说话就不会留下把柄；善于计数的人计数不用工具帮忙；善于锁闭的人，不用栓，一样让人打不开；善于打结的人，不用绳索，一样能让人解不开。这几个例子都是在各个领域的极度精通的人，对于一个领域最大的精通，就是认知到该领域所有事物的内在规律，掌握其本质，不管外在表现怎样千变万化，万变不离其宗，做任何事的时候遵照其内在的"道"的规律做事，总能做出最正确的选择。掌握了事物的内在规律，就是掌握了"道"。精通事物的内在规律，就能将一件事做到极致，做事的时候就能遵循"道"的要求，这就是"善"，善就是禅。这里解释一下什么是

今译今解《道德经》

"禅"，禅就是悟到事物的本质规律，知道事物的内在本质规律叫作"悟道"，能让自己按照"道"的要求去做事，就是"得道"，"得道者"即圣人。在某一领域"得道"，就是某一领域的圣人。所以，"技到精处即为禅"也就是说技艺能够达到符合"道"的要求，这个人在这个领域就"得道"了，所以在这个领域他就能做到最好，做到不可超越的地步。

"是以圣人常善救人，故无弃人；常善救物，故无弃物。是谓袭明。"圣人就是善于挽救人，善于挽救物，所以才会做到"人尽其才，物尽其用"。这里的挽救，主要是指圣人善于教导人，善于用人，让人明白万事万物的"道"理，做事的时候能遵循"道"的规律，顺势而为。圣人善于使用物，能把物放在它最应该在的地方，也是最能发挥其作用的地方，做到"物尽其用"。这就是承袭了"明道"的智慧，老子说"是谓袭明"。圣人从外表来看，也许与常人无异，圣人与常人最大的区别是他看事物的时候能看到本质，做事的时候能遵循事物本质的规律，也就是他的行为符合"道"的要求。

下面这句"故善人者，不善人之师；不善人者，善人之资"，其中的"善人"和"不善人"，这里并不是指这个人善良不善良，而是指这个人是不是善"道"，是不是善为。当一个人做事的时候能看到事情的本质规律，并能遵循这种本质规律，就是"善"。观察事物能"悟道"，具体做事能"循道"，这样的人才是真正的"善人""善为之人"；否则，就是"不善之人"。我们普通大众，都是"不善人"。

普通人应该怎么做事呢？老子就告诉世人一个很好的方法。世上没有天生的圣人，不善为的人要向善为之人学习，学习他们观察事物的方式，学习他们的思辨能力，学习他们做事的方法，这样就能积累知识。让我们慢慢地认识"道"，理解"道"，遵循"道"，由不懂"道"的人变成一个懂"道"的人。那些在某些方面"得道"的人，也要注意观察，把不善为之人作为自己的借鉴，看到他们"不合道"的行为，要进行反思和总结，让自己能在更多方面得"道"。善为之人都是在观察、分析、总结中提升自己的。

但是，普通人并不能认知到这样的方法，所以，老子在本章最后说"不贵其师，不爱其资，虽智大迷，是谓要妙"。如果一个人不懂"道"，也不向别人学习，这叫"愚"；如果一个人懂点"道"理，而不再注意观察、学习和借鉴，不会自省，故步自封，这叫"腐"。愚腐之人，虽然自认为聪明，其实这是求"道"最大的障碍，不"求道"，不"循道"这才是最大的迷失。愚人也就是我们常说的小聪明，做事看不清本质，分不清方向，大事糊涂，小事盘算。由于受到自身执见和欲望的驱使，世上愚人多，所以，老子传授世人修"道"的要妙之法：放下自身的执见和欲望，客观真实地观察、分析、总结，这才是"悟道""得道"的根本方法。

第二十八章　知雄守雌

【原文】

知其雄^①，守其雌^②，为天下溪^③。为天下溪，常德不离，复归于婴儿^④。知其白，守其黑，为天下式^⑤，为天下式，常德不忒^⑥，复归于无极^⑦。知其荣^⑧，守其辱^⑨，为天下谷^⑩。为天下谷，常德乃足，复归于朴^⑪。朴散则为器^⑫，圣人用之，则为官长^⑬，故大制不割^⑭。

【译文】

深知什么是雄强，却安守雌柔的地位，甘愿以身为下，做天下的溪涧；甘愿作天下的溪涧，永恒的德行就不会离失，回归到婴儿般纯真自然的状态。深知什么是明亮，却安于暗昧的地位，甘愿隐藏自己，做天下的典范；甘愿做天下的典范，永恒的德行不会有差错，回归到不可穷极的真理。深知什么是荣耀，却安守卑微的地位，甘愿忍辱负重，做天下的川谷；做天下的川谷，永恒的德行才永恒充足，回归到本初自然的质朴状态。质朴本初的"道"分散到万事万物之中，"有道"的人坚守万物的"道"（万物客观自然的规律）就能成为百官之长，所以完善的制度依"道"而成，是不可分割的整体。

【注释】

①雄：比喻刚劲、躁进、强大。

②雌：比喻柔静、软弱、谦下。

③溪：沟溪。

④婴儿：象征纯真、稚气。

⑤式：楷模、范式。

⑥忒：过失、差错。

⑦无极：最终的真理。

⑧荣：荣誉、宠幸。

⑨辱：侮辱、羞辱。

⑩谷：深谷、峡谷，喻胸怀广阔。

⑪朴：朴素。指纯朴的原始状态。

⑫器：器物。指万事万物。

⑬官长：百官的首长，领导者、管理者。

⑭大制不割：制，制作器物，引申为政治；割，割裂。

【义理解析】

本章是站在世人的角度来看待"圣人"，告诉世人什么样的人才是"常德"之人，"常德"就是永恒不变的德，也就是坚守"道"，遵循"道"的行为。文中通过举例说明"得道"之人是如何做事的。首先我们要明白一个道理，"得道"的人也就是圣人，看待世间万物是没有区别的，在他们的眼里看到的都是"道"，各种事物都不过是"道"在世间的一个具体展现而已。"得道"之人的眼中，一切没有高低贵贱之分，没有黑白荣辱之别。所以，圣人居于常人难以忍受的境地，还能自得其乐，常人不可理解，圣人不觉有别。本章中谈及的雌雄、黑白、荣辱等，都是世人看到的情景，这些在圣人的眼里没有分别。我们世人常常或敬佩、或可怜圣人，认为圣人忍受了常人难以忍受的苦难，才能有所成就。当你把那些境遇当成苦难的时候，你也就远离了圣人的境界。在圣人眼里，那些苦难跟欢乐没什么区别。世人眼里的苦难，在圣人的眼里跟渴了喝水、困了睡觉没什么区别，都是一个规律的展现而已。所以，圣人不需要我们去可怜。圣人之所以为圣人，不单单是他们悟道，能按照"道"的规律去做事，更重要的是他们摒弃了自身的欲望和执见。没有了个人的妄念，他们不再执着自己这个"小我"，而会归身于道，他们自己就是"道"的化身，"道"才是真实的自己。所以，圣人所居，"道"之所行，德之所在，圣人的眼里只有"道"，没有世人眼里的荣辱贵贱。功名利禄，不过是世人的个人欲念编制出的虚妄之花，行之非"道"，乐之非德，圣人当然不会追求这些东西。圣人所做的是如何帮助教导世人做事"合道"，如何让万物"循道"而为，而从来不去争取个人荣辱。"眼中有波澜，已离圣人心。"在圣人的眼里，一切荣辱贵贱，都是世人欲望的体现，而不是事物的本质，根本不值得圣人去追求。就像第三章所说的"不尚贤，不贵难得之货"，就是为了不要把客观的事物，用个人的执见和欲望进行区别。所以，荣辱贵贱在圣人的眼里就像虚妄的花，一文不值。圣人远离功名利禄，没有我们世俗人想象的那种压制自己的欲望，因为这样的欲望只有我们俗人才有，圣人的心里是轻松且自然的。

　　明白了上述道理，我们就很容易解读本章的内容了。"知其雄，守其雌，为天下溪。为天下溪，常德不离，复归于婴儿。"圣人知道怎么做才能凸显自己，也知道怎么做会掩盖自己，但是他们仍然甘愿放低姿态，做天下的沟溪，正是因为他们甘愿这样做，他们才具备了永恒不变的"德行"。这里的"常德"就是永恒不变的遵循"道"的规律，在《道德经》中，世间的万物都在时刻不停地变化，唯一不变的是"道"，它主宰着一切，世间万物不过是"道"的各种外在具体体现。为什么只有甘做沟溪才能具备"常德"呢？我们要明白，"甘愿做沟溪"是代指放弃姿态，放低自我，放弃自身的欲望，放弃个人的执见。当一个人没有了个人的欲望，对于世界的认知瞬时就客观真实起来，就能看到事物的本质。所以，只有当一个人放弃了自身的妄念，才能看到"道"，才能"悟道"，才能"得道"。圣人不是教给我们忍辱就能"得道"，而是告诉我们，放下个人欲望，舍弃自身执见，用客观的眼光看世界，才能看到真实的世界，才能看清世上万物运行的基本规律，也就是"道"。我们世俗人看待圣人，认为圣人忍辱负重，做出了重大的个人牺牲，他牺牲了自我，成就了众生。其实这是一种完美的错觉，这只是世俗人的情怀和眼光。圣人的眼里只有"道"和"非道",没有荣辱利益,世人眼中的忍辱负重,在圣人眼中只是"合道"的行为。所以,"得道"之人,无辱可忍,无难可受。一个人"得道"之后的状态是什么样的呢?就像一个"婴儿"一样,因为婴儿还没有受到世俗的影响,还没有任何自身本能之外的欲望,他们看待世间客观且真实。所以,道德经中经常提到婴儿,这是老子非常推崇的一个境界。老子认为当一个人"得道"之后,其心理状态就应该像"婴儿"一样,不受任何的外界影响,看待事物没有任何自身的执见和欲望,客观而真实。关于婴儿的状态,我们可以举个例子。比如,一个婴儿他不会为自己是王子而高兴,也不会为自己是贱民而悲伤,因为在他脑子里没有概念,眼中也没有分别。等到他长大了,有了俗人的欲望和执见,就知道当王子会有诸多权力和荣耀,当贱民会有诸多苦难和心酸,有了高低贵贱的分别,世俗的欲望影响了他,污染了他,改变了他自然的状态,所以他就变成俗人了。

圣人还能"知其白,守其黑,为天下式,为天下式,常德不忒,复归于无极。知其荣,守其辱,为天下谷。为天下谷,常德乃足,复归于朴。"因为黑白荣辱只是世俗人根据自身的执见和欲望对客观世界做的区分,圣人只是循其道,守其德,圣人的眼中只有"合道"和"非道"。为什么圣人要"守其黑""守其辱"呢?我们要了解"白"是指代世人眼中的有权有势,地位显耀,对应的"黑"也就是去掉世人用欲望和执见虚构的"荣耀、地位、权利"之类的东西,就剩下客观真实的世界,这也是"道"之所在,在世俗人眼中这是"黑",在圣人眼里这是"道"。因为"荣",在世人的眼里是荣耀和尊贵,这也是世人的欲望和执见形成的虚妄的东西,这个东西本身跟"道"没有关系;对应的"辱",也就是去掉了虚有的繁华,世人不屑的地方,没有了世俗人的欲望,当人心没有个人欲望的牵绊,自然就能看到真实的世界,就能"得道"。圣人知道所谓的荣耀(白和荣)只是虚假的外表,是短暂的;自己坚守的客观真实(黑和辱)才是本质规律,是永恒的。这也是圣人为什么"能知其荣,守其辱","道"之所在也。圣人最终达到的状态,就是"无极"和"朴"，这也是"道"的状态。"无极"的状态，就是其大无外，其小无内，其刚无敌，其柔无比。你看不到它，它又无处不在，你感受不到它，它又主宰着一切。我们可以把"道"视为一种客观规律，规律这东西无形无相，无色无味，但是它会通过物质的世界表现出来，千变万化，万变不离其宗。"朴"的状态，也就是道没有华丽的外表，也没有芳香的气味，它就在那里，客观而自然，不增不减，不垢不净，不偏不倚，不会受世人的欲望和执见所影响，但是它主宰着一切，不会因为任何人而改变。我们可以想象，万有引力是规律，也是"道"的一种形式，它会随着人们的喜好而改变吗？苹果会因为你不喜欢它落地，它就往天上飞吗？当然不会，我们都觉得相当荒唐，但是世人做事，总是让各种欲望和执见控制着自己的头脑，凭个人的好恶去做事和评判得失。因此，很多时候都会因为外界没有满足个人的欲望和执着，徒增烦恼，成为自身欲望的奴隶。我们改变不了规律，也创造或消灭不了规律，我们只能认识规律，遵循规律，利用规律。这才是我们正确的对待"道"的态度。

"朴散则为器"这里的"朴"就是事物的本质和本源，就是"道"。这句话说出了一个道理："道"虽然是无形的，但是它会通过物质的形态表现出来，宇宙万物无不在遵循"道"的规律运转，"道"就在万物之中，物以载"道"。"道"通过物质的形式表现就是"器"，也就是万事万物。文中强调"圣人用之，则为官长"，为什么要圣人用之，而不是众人皆可用之？因为圣人"得道"，对待事物能看到事物的本质，能观察到"朴散为器"，知"道之所在"，故圣人能把握事物的内在根本规律，遵循这种规律做事。所以圣人用物，其实质是在用"道"，"循道而为"，功成自然。所以，圣人能用"道"的理念去管理万物，当然就能把事情做好。这里的"官长"，就是管理万物，掌控万物的意思。

这里解释一下为什么说"大制不割"。这里的"大制"就是最完善、最完美的制度，也代指"道"："不割"就是相互联系，不可分割的一个整体。我们知道世间万物，千变万化，如果只是管理表象，永远也制定不出完备的管理制度；但是，世间万物虽然千姿百态，但万变不离其宗，都在遵循一定的规律，其根源就是"道"。"道"能总摄万物，没有什么事物能离开"道"而独立存在。如果世人能掌握事物的根源，无论它的表象怎么变化，都能尽在掌控之中。所以最好的、最完善的管理不是制定出众多局部的、片面的制度，而是用"道"的理念去整体性、系统化地梳理思路，循道而为，则包罗万象而不疏漏。所以，老子说"大制不割"，也可以理解为"循道而为"才是天下最完美的制度，无所不至，恰如其分，"天网恢恢，疏而不漏"。

第二十九章　天下神器

【原文】

将欲取①天下而为②之，吾见其不得已③。天下神器④，不可为也，不可执⑤也。为者败之，执者失之。（是以圣人无为⑥，故无败，故无失。）故⑦物⑧或行或随⑨；或嘘或吹⑩；或强或羸⑪；或载或隳⑫。是以圣人去甚，去奢，去泰⑬。

【译文】

有的人想通过强力的手段去得到天下，去统治天下，我看他不能够达到目的。天下就像一件神圣的器物，统治者不能凭借自身的意志和欲望强行占有天下，强行统治天下。否则，遵照自身意志强行攫取天下，就一定会失败；强行统治天下，就一定会失去天下。（因此，圣人循道而为，不妄为，所以不会失败；不把自身意志强加于天下，所以不会被抛弃。此句更像是后人的评价。）世上万物，形态各异，有前行有后随，有轻嘘有急吹，有的刚强，有的羸弱；有的安居，有的危殆。因此，圣人行事会除去那种极端、奢侈的、过度的做法。

【注释】

①取：为、治理。

②为：指有为，靠强力去做。

③不得已：达不到、得不到。

④天下神器：天下，指天下人。神器，神圣的物。

⑤执：掌握、执掌。

⑥无为：顺应自然而不强制。

⑦故：一本作"夫"。

⑧物：指人，也指一切事物。

⑨随：跟随、顺从。

⑩觑：轻声和缓地吐气。吹：急吐气。

⑪羸：羸弱、虚弱。

⑫或载或隳：载，安稳。隳，危险。

⑬泰：极、太。

【义理解析】

本章老子站在圣人的立场与君王谈论治国之道。老子在文中提到的圣人其实就是在循"道"治世的统治者，"圣人治世"是老子心目中理想的社会，圣人是"道"的化身，圣人想的、做的都是符合"道"的要求。本章重点在于揭示治理国家也有"道"，统治者应当放下自身的执见和欲望，按照"治国之道"去治理天下，才是真正的圣人之治，无为而治。否则，欲求而不得，欲速则不达。

"将欲取天下而为之，吾见其不得已。天下神器，不可为也，不可执也。为者败之，执者失之。"如果一个人想遵照自身的意志强行夺取天下，统治天下，这样做是不会成功的。天下（国家）就像一个神圣的器物，不可凭借自身的意志和欲望去强行得到它，而是必须要遵循其自身发展的自然规律，才能得到它，持有它，如果要强求，必然会失败，强行夺取，最终也会失去。

"将欲取天下而为之，吾见其不得已"，为什么会强取天下而不得呢？这里承袭了老子一贯的理念：遵循"道"的规律才能无往而不胜，违背"道"的规律必然失败。这里也在强调统治天下的最高境界是"无为"。这里的无为，不是无所作为，而是不以个人意志和欲望去做事，不妄为，不做违背客观规律的事。这里的"为"就是指按照个人的意志和欲望而为，这就会偏离事物的客观规律，当然不能成功。怎么理解这句话的内涵呢？是不是什么都不做？当然不是，这句话在强调"无为而治"的理念，统治者应遵照事物的发展规律去做事；如果事物遵循自身的发展规律，统治者应让事物保持这种状态，这就是"无为而为"；如果事物没有遵循自身的发展规律，统治者应遵照事物的发展规律去作为，消除阻碍事物客观自然发展因素，让事物回归其本身的发展规律，遵循其本身客观、自然的规律去发展，这就是"为而无为"。综上所述，"无为"可分为两个层次：无为而为，为而无为。其总的目的都是达到万物"无为"的目的。无为是一种状态，不违背事物的本质规律，让事物按照其客观规律自然发展的状态。如果要读透《道德经》，这个"为"和"无为"要理解到位。

所以，老子说"天下神器，不可为也"，天下就像神圣之器，不可把自身意志和执见强加于天下万物。"为者败之"，如果逆道而为，依据自身执见和欲望去做事，就违背事物本身的规律，注定会失败。"执者失之"，用违背规律的行为去掌控事物，最终也会失去该事物。总结为一句话：离欲才能循道，循道才能无为，无为才能无不为。

"是以圣人无为，故无败，故无失"，老子接着强调，圣人做事的方式就是"无为"，不是圣人无所作为，而是圣人会让事物处于"无为"的状态。因为圣人是遵照事物本质的规律去做事，所以，他必然会成功。圣人认为事物本来就是那样的，就会遵循事物的客观规律去做事，一切自然，当然他也不会失去什么。圣人不会执着于自身的欲望，圣人的眼里没有得和失的分别，"得失"只是世人眼中的个人欲望是否得到满足，在圣人的眼里只有"道"，一切事物是"合道"还是"非道"。

"夫物或行或随；或觑或吹；或强或羸；或载或隳"，天下的万物，有的前行有的跟随，有的强壮有的羸弱，有的轻缓有的紧急，有的安稳有的危险，具体境况各不相同，不能用一个简单的外在标准去裁定，特别是不能用自身的意志和执见作为标准。所有的事物都应该用"道"（事物的自身客观、自然的规律）的标准去评判，只有遵循"道"的规律的事物才是最合理的、最恰当的存在。做事也是一样，只有遵循"道"的规律的行为，才是最合理、最正确的做法。

"是以圣人去甚，去奢，去泰"，这里的"奢"不能简单的理解为奢侈，主要是指一个人充满执见、追求欲望的状态，这里可理解为一个人充满主观意志。这句话可以解释为：圣人就是用"道"来看待一切，他们不会用极端的、充满主观的、过度的方法去处理事情。因为不管是极端、主观，还是过度，都有个人的欲望和执见在里面。用这种态度做事，当然就会偏离"道"的规律，不会长久。这也不是圣人的做事之道。

本章的重点在于揭示治国之道：统治者应当放下自身执见和欲望，客观真实地看待一切事物，遵循事物的客观规律去做事，让世间万物都能按照自身客观、自然的规律去发展，这才是真正的无为而治，这才是治国之道。

第三十章　以道佐人

【原文】

以道佐人主者，不以兵强天下，其事好还①。师之所处，荆棘生焉。大军之后，必有凶年②。善有果③而已，不敢④以取强⑤。果而勿矜，果而勿伐，果而勿骄，果而不得已，果而勿强。物壮⑥则老，是谓不道⑦，不道早已⑧。

【译文】

依照"道"的原则辅佐君主的人，不以兵力逞强于天下。穷兵黩武这种事必然会得到报应。战争所到的地方，民不聊生，荆棘遍野。大战之后，一定会出现荒年。善于用兵的人，只要达到用兵的目的也就可以了，并不以兵力强大而逞强好斗。达到目的之后不自我矜持、不自我夸耀、不自以为是，达到战争目的只是出于不得已，达到目的却不逞强好胜。事物过于强大（过于执着于自身意志）就会走向衰朽，这就说明它不符合于"道"，不符合于"道"，就会很快灭亡。

【注释】

①其事好还：用兵这件事一定能得到还报。还，还报、报应。

②凶年：荒年、灾年。

③善有果：果，成功之意。指达到获胜的目的。

④不敢：帛书本为"毋以取强"。

⑤取强：逞强、好胜。

⑥物壮：强壮、强硬。

⑦不道：不合乎于“道”。

⑧早已：早死、很快灭亡。

【义理解析】

本章老子站在圣人的立场，谈论的是定国安邦之道：有道者应该如何辅佐君王，应该怎样治国平天下。在老子的眼里，国家和社会也有其自身的规律，按照其自身规律治国就是“治国之道”。本章重点讨论的是“用兵之道”，这也是《道德经》中为数不多的几章谈论用兵战略的，本章主要是在谈用兵理念，非用兵之法。在老子看来，用兵的本身只是手段，更重要的是达到目的，而不是满足某个人的意志或欲望，哪怕这个人是君王。在用兵过程中，君王只是“道”的追随者，而不是“道”的决定者，道属自然，你消灭不了它。也逃避不了它，王侯将相，也只能顺势而为，循道而行。顺道则成，为明君；逆道则败，为昏君。

“以道佐人主者，不以兵强天下，其事好还。”老子认为用道辅佐君王治理天下的人，不会依仗兵力去征服天下。军队的作用就是为了保证国家和社会能按照其本身规律去发展，也可以理解为军队是“治国之道”的护法，它是保障“道”能得到实施的“护道使者”。不能用军队追求个人的意志，如果用兵力去实现自己的个人欲望，滥用兵力，很快就会得到惩罚，也就是老子说的“其事好还”。用道的观点来看，合道则生，逆道则亡。滥用兵力，本来就是不合道的行为，必然会失败，也必然会让用兵逞强者得到惩罚。“师之所处，荆棘生焉。大军之后，必有凶年。”军队打仗一定是迫不得已的行为，因为大战之后，荆棘丛生，尸骨遍野，这不符合上天好生之德；让天下百姓按照自身的需求自在生活，自然的生活，这才是天道。大战之后的民不聊生，荒年连连，即便是征服天下也会失去民心，失民心者失天下，这也是对滥用兵力的一种惩罚。在老子看来，主动发动战争的人，都是个人欲望的扩张，都不符合“道”的规律，所以，依靠军队去征服天下，去强制天下，是不可取的，也不会长久。

军队该不该打仗呢？视情况而定。看军队的打仗是“为”，还是“无为”。可能有人会对军队打仗，也是一种“无为”感到不太理解。如果军队打仗是"为"，那就是为了统治者个人的意志和欲望主动发动战争，就是逆道行为；如果军队打仗是"无为"，就是为"道"而战，为了让"道"得到伸张，消除逆道行为。所谓的"无为"之战，就是为了让百姓的生活处于自然的状态，不受外在的干扰，也就是整个国家处于"无为而治"的状态。比如，国家和百姓面临野蛮的杀戮和征服，失去原有的安定生活，军队当然要去打仗，民生是"道"，让百姓失去正常生活的行为就是"逆道"，军队本来就是"护道使者"，消除"逆道"也是军队的价值所在。这种情况军队打仗是为了让百姓有安定自在的生活，美好的未来。为了民生，此时的打仗就是"护道"，也就是我们常说的正义之师。是不是正义，就看你打仗的目的是什么。正义之师符合老子"顺道而为"的观点，如果遇到不合"道"的行为（也就是"逆道"的行为），应该勇敢的面对，把不合道的情况纠正过来，采用"为"的方式让事物达到"无为"的状态，这就是"为而无为"。

军队该如何打仗呢？在老子看来用兵打仗只要达到目的就可以了。"善有果而已，不敢以取强。果而勿矜，果而勿伐，果而勿骄，果而不得已，果而勿强。"这可能跟我们常人理解的达到目的有所不同。老子说的达到目的，就是消除了"逆道"的行为或状态，让国家和社会达到了"无为"的状态，这就是用兵应该达到的目的。这个目的不是我们常人理解的某个人的欲望或个人目的，也不是统治者的意志。什么是个人欲望？不仅仅是一个人的欲望，也可能是多个人或者多数人的欲望，可以说与人数的多少无关。只要不是站在"道"的立场思考问题，而是站在个人欲望和执见的角度考虑问题，人数再多也是个人欲望。所以，老子主张军队不可为个人欲望而战。军队打仗是为了保护"道"的伸张。从这段话可以看出，老子认为战争只追求达到保护"道"的目的而已，不能依仗军队而逞强，强行追求自身的意志和欲望。不能达到目的之后，就沾沾自喜；不能达到目的之后，就炫耀自夸；也不要达到目的之后，就傲慢不可一世。要知道打仗是不得已而为，不是为了个人而战，自己打仗是为了"道"的伸张，打仗只是为了让事物回到其自然无为的状态，不让"道"受外部影响而已。不管战前还是战后，都不要有个人的欲望在战争里。战前的个人欲望，容易造成滥用兵力，发动不义之战，逆道而为；战后的个人欲望，容易扭曲战果，给正义之战带来不义之果。

我们理解"道"的时候，要有一个概念："道"是不变的，它就是规律，是一种客观的存在；但"势"是在变的，时时在变，"势"就是"道"在不同时间不同空间的具体体现，也就是事物的状态。举个简单的例子，苹果落地是因为万有引力，如果苹果树足够高，我们能观察到苹果下落的速度会越来越快，不是万有引力变了，而是时间增加了。万有引力就是"道"，苹果下落速度就是"势"。

老子在本章最后说到"物壮则老，是谓不道，不道早已"，这里的"不道"是说的"物壮"这种状态，"物壮则老"是符合"道"的发展规律的。任何事物都不能保持长盛不衰，事物发展到极端就会衰败，因为想让事物永恒的强大本身就不符合"道"的规律，不符合"道"的规律就不会长久。这句话里的"物壮"是说事物的一种势。就像我们常说的"物极必反""否极泰来"，都是在说势不断的变化，这些现象都是事物遵照"道"的规律在运转。为什么说"物壮则老""否极泰来""物极必反"都是符合道的行为呢？因为"道"通过"势"在发挥作用，"势"在遵循"道"的规律运转，"势"是"道"的表象，"道"是"势"的本质，周而复始，"道"静而"势"动。如果想让某个势保持某个状态不动，这才是不合"道"的行为。我们世人都有个人的欲望和喜好，都希望对自己有利的东西能保持永久不变，这本身就超出了"道"的本质。比如说，"物壮""物极""否极"，这几个都是事物所处"势"的一个状态，这也是我们世人用世俗的眼光看到的事物的一个状态，只是事物处于这种状态比较符合世俗人自身的利益和欲望，所以世人都希望这种状态永续下去。其实不管是事物好的状态还是不好的状态，都是"道"的一种客观状态的呈现，都是在遵循"道"的规律不停的变化。如果我们希望事物一直处于"物壮"的状态，这本身就是不合"道"的状态，这不过是我们个人的欲望和执着，当然不会长久，必然会变。所以，老子才说"物壮则老，是谓不道，不道早已"。这也是在警告世人不要执着于自身的执念，要循"道"而为。

其实，不仅是"物壮则老"，处于任何状态的事物都会变化，宇宙万物都在不断的变化中，不管是"物弱"还是"物壮"，都是事物一种短暂的状态，都不能保持长久不变。老子提出"物壮则老"的理念，是在告诉世人一个道理：即便是事物处于自己理想的状态，也会发生变化，要会用发展的眼光（"道"的观点）看待问题。同时，老子在告诫我们，做事的时候不能执着于自身的欲望，要认识其中本质的"道"，要循"道"而行，顺势而为，这才是合"道"的行为，这样才能长久。

第三十一章　凶事尚右

【原文】

夫兵者①，不祥之器，物或恶之②，故有道者不处。君子居则贵左③，用兵则贵右。兵者不祥之器，非君子之器，不得已而用之，恬淡④为上。胜而不美，而美之者，是乐杀人。夫乐杀人者，则不可得志于天下矣。吉事尚左，凶事尚右。偏将军居左，上将军居右。言以丧礼处之。杀人之众，以悲哀⑤莅之⑥，战胜以丧礼处之。

【译文】

用兵打仗啊，是不祥的东西，老百姓都厌恶它，所以有"道"的人更不会迷恋它。君子平时居处就以左边为贵，而用兵打仗时就以右边为贵。用兵打仗是不祥的东西，不是君子所推崇的东西，万不得已才会使用它，战争之事最好淡然处之。胜利了也不要自鸣得意，如果自以为了不起，那就是喜欢杀戮。凡是喜欢杀戮的人，就不可能得志于天下。吉庆的事情以左边为上，凶丧的事情以右方为上。偏将军居于左边，上将军居于右边，这就是说要以丧礼仪式来处理用兵打仗的事情。战争中杀戮众多。要用哀痛的心情面对。即使打了胜仗，也要以丧礼的仪式去对待战死的人（以表示有道之人不喜欢用军队杀戮）。

【注释】

①夫兵者：一本作"夫佳兵者"。兵者，指兵器。夫，作为发语词。
②物或恶之：物，指人。意为人所厌恶、憎恶的东西。

③贵左：古人以左为阳以右为阴。阳生而阴杀。尚左、尚右、居左、居右都是古人的礼仪。

④恬淡：安静、沉着。

⑤悲哀：一本作"哀悲"。

⑥莅之：到场，面对。

【义理解析】

本章老子站在圣人的立场，谈论用兵之道。老子用"道"的思想对军队和用兵加以明确的定位，并强调"有道"的统治者应该知道军队的本质使命，清楚如何用兵及何时用兵，应该采用怎么样的心态来看待用兵打仗。《道德经》不是兵法，本章老子不谈论具体的用兵之术，而是在阐述用兵的思想和理念。

"夫兵者，不祥之器，物或恶之，故有道者不处"，军虽然都是国之重器，但打仗就会生灵涂炭，不是吉利的事情，一般的老百姓都不喜欢打仗，得"道"者更不会追求用兵打仗这样的东西。为什么老子说用兵是不祥之器呢？因为用兵是统治者将自身意志强加于外人外物，会造成生灵涂炭，非自然之道，不符合道的规律，所以称为凶。"君子居则贵左，用兵则贵右"，当时的礼仪，一般以左为尊，左意味着上。但是军队里，就是以右边为尊贵，这其实也是通过位置礼仪上的变化，告知世人，军队打仗不是大家追求的东西，更不是得"道"者追求的东西。"兵者不祥之器，非君子之器，不得已而用之，恬淡为上。"用兵打仗是国家的不幸之事，也不是有"德"的统治者追求的东西，这是不得已的情况下才会使用的手段。在得"道"者的眼里军队只是"道"的护法，保护"道"并且让"道"按照自身规律发展，只有当"道"被外部势力扭曲了，军队才会去打仗，以保护"道"的伸张，打仗是不得已而为之。比如，有外族或其他势力影响本国人民的正常生活，国泰民安富足祥和就是"道"，国人安静生活被侵略就是"非道"，军队当然就是要去打仗，消灭"逆道"行为，让社会能遵循"道"的规律去发展。所以，在得"道"者的眼里，虽然打了胜仗，但与个人荣耀无关。因为打仗不是为了自身的意志和欲望，只是刚好合"道"而已，也没有什么好骄傲和炫耀的。

所以统治者不能嗜欲过重，应当淡然处之。

"胜而不美，而美之者，是乐杀人。夫乐杀人者，则不可得志于天下矣。"虽然军队打了胜仗，但是不能以世人的个人意志或者欲望看待打仗结果，不能以此为荣，以此为美，以此为乐。如果有人把打胜仗看作个人的荣耀，他只是在追求自身的意志和欲望，为了满足自身的欲望和企图而去逞强好斗，视生命为儿戏，这样的人是得不到天下的。因为打仗本就不应该为了个人的意志和意图，而是为守护"道"的规律不得已而为之。如果有人把打仗视为追逐自己的意志和欲望的手段，这就没有遵照"道"的规律，不遵循"道"的规律的人怎么能得到天下并治理天下呢？即便得到天下，也会失去。因为社会发展循道而行，不遵循"道"的规律的人必然会被抛弃。

"吉事尚左，凶事尚右。偏将军居左，上将军居右。言以丧礼处之"，当时一般吉庆的事情都是以左为尊，凶恶的事情都以右为尊；用兵打仗以右为尊就是为了区别于吉庆，展现怜悯之情，也显示出战争不是有道的统治者追求的东西，只是为了护"道"的伸张，不得已而为之。"杀人之众，以悲哀莅之，战胜以丧礼处之。"打仗即使赢了，也不要大肆庆祝，因为战争死伤众多，要用丧礼的方式对待胜仗，就是为了告知世人战争非善事，不应因欲求战。本章老子从"道"的高度看待用兵打仗之事，胜不足喜，败不足忧。打仗的本质内涵就是"护道"，其中没有什么个人的荣辱得失，如果打仗是为了追逐自身的意志和欲望，本身就是不合"道"的行为。本章谈论的不是具体的打仗战术，而是战争的本质和本源，为什么要打仗。从思想上给世人指明方向，如何使用军队，如何对待战争。

关于老子用兵的思想，不像有些人批评的那样：消极避世，反对战争。从"道"的观点来看，准确的说法应该是：老子不提倡战争，但也不回避战争。老子认为军队的本质是社会发展之"道"的"护法"，当有外部因素影响了国家和社会的发展规律，违背社会发展之"道"时，军队是应该去战斗，并且要积极作为，消除逆"道"的因素，让国家和社会回归其客观自然的发展之"道"，这也就是老子主张的"为而不为"：通过军队的"有为"，消除影响"道"的因素，让社会回归"无为"的状态。从世俗的观点来看，老子认为打仗确实不是什么好事，也反对统治者为了追逐个人意志和欲望主动挑起战争。但是，如果社会的发展和百姓的生活受到外部势力的干扰，那么这个外部势力就扭曲了社会发展的客观之"道"，军队这个时候就应该为"道"而战。但是，统治者不要将个人的意志强加于军队和战争，胜败是遵循"道"的结果，无关乎个人。关于老子的用兵思想可以简单的总结为"为道而战，不为人而战"。

第三十二章　知止不殆

【原文】

道常无名，朴①。虽小②，天下莫能臣③。侯王若能守之，万物将自宾④。天地相合，以降甘露，民莫之令而自均⑤。始制有名⑥，名亦既有，夫亦将知止，知止可以不殆⑦。譬道之在天下，犹川谷之于江海⑧。

【译文】

真正的"道"无法用意识分辨描述清楚，但它是客观质朴存在的。"道"虽然看起来很微小，无形无相，但是天下没有人能使它臣服。侯王如果能够依照"道"的规律治理天下，天下百姓将会自然的归从于他。天地遵循道的规律，阴阳之气就会相合，降下甘露，不用老百姓提出需求（不用谁下达指令），而会自然均匀。如果想遵循"道"，首先要将"道"具体化、形象化，明确具体"道"的适用条件和范围。具体的适用范围既然有了，人们遵循"道"的时候就会有所依据，适可而止。知道限制条件并能做到适可而止，就是循"道"而为，自然没有什么危险。"道"存在于天下，运行于万物，就像河谷溪水归流于江海，是一种客观自然结果。

【注释】

①无名、朴：这是指"道"的特征。

②小：用以形容"道"是隐而不可见的。

③莫能臣：臣，使之服从。这里是说没有人能臣服它。

④自宾：宾，服从。自将宾服于"道"。

⑤自均：自然均匀。

⑥始制有名：将道具体化，形象化，明确"具体的道"的使用条件和范围。

⑦可以不殆：不殆，没有危险。

⑧犹川谷之于江海：之于，流入；一说正文应为"道之在天下，譬犹江海之与川谷"。

【义理解析】

本章老子站在"得道者"的立场与统治者谈论什么是"道"，并阐述了道在治理国家方面的作用及如何做到"循道而为"。首先，老子阐述"道"是天下万物的本源，循"道"而为方能无为而治。在老子看来，"道"无始无终，无形无相，无处不在，又是不依赖于任何物质而独立存在。这就像我们现在说的"规律"，看不见，摸不着，但它客观真实的存在。"道"不依赖于物质而存在，但是会通过物质表现出来。所以，老子说"道常无名，朴"，这里的"无名"可以理解为：无形无相，不为人类的意识所认知和分别，也无法用精确地语言把它描述出来。这句话可以理解为："道"本身就是无形无相的根本规律，客观存在。它不依赖于物质，也不依赖于意识，人们甚至常常意识不到它的存在。没有人类意识产生分别，道始终处于质朴的、自然的、客观的状态，这就叫"朴"。

"虽小，天下莫能臣。侯王若能守之，万物将自宾。天地相合，以降甘露，民莫之令而自均"，"道"虽然无形无相，看似弱小，但其实质是无极大、无极小，其大无外，其小无内，看起来不起眼，看似很小，但它又无处不在，无边无际。"道"从不臣服于任何人，也不依赖于任何事物。它看似没有强大的外表，但是万事万物无不是按照它的规律在运转，它在主宰着整个世界，乃至整个宇宙。"道"才是世界乃至宇宙的根源。如果王侯将相能够遵循"道"的规律去做事，天下就会自动臣服于他。如果天地遵循"道"的规律，自然就会风调雨顺，不用老百姓求风拜雨。这也阐明了老子的观点："道"是主宰万物的根本规律，它不受制于任何人或者事物，世人只有循"道"而为，一切才是最好的结果。如果不是遵循"道"的规律，只遵照个人的意志和执见去做事，往往只能事与愿违。

下面这几句话很重要："始制有名，名亦既有，夫亦将知止，知止可以不殆。"我们首先要从字面理解，然后再从内涵和逻辑看待这个章节。这里的"制"，不仅仅是指制度；"名"也不仅仅是指名称。很多道德经的解读都用"制度和名称"来解释"制和名"，是不准确的。这里的"制"是指"编制出，识别出"的意思，"名"是指"可认知的形状、形象或定义"。就像第一章"无名，万物之始也；有名，万物之母也"，本章的第一句话"道常无名"，都是这个意思。"有名"和"无名"的本质区别就是其中是否有人类的意识和认知。万物本性自然，浑然一体的状态，也就是没有人类的意识对世界加以区分，没有出现物质和精神的二元对立，这时的道就是"无名状态"；当人类有了自我意识，对外界认知的时候，分化出"物我"二元对立的状态（也就是物质和精神的二元对立），开始从"自我"的角度认知"道"，这时候道就是"有名状态"。"始制有名"与第三十二章"朴散则为器"相近，"道"的本体无形无相，世人无法认知，也无法掌握。但"道"可以通过物质世界表现出来，体现在各个具体的事物中，这就是朴散为器。世人对"道"的认知类似，通过对物质世界的万事万物（朴散为器）进行观察、分析、总结从而得到具体的"道"，但是必须要把这种"道"具体化，形象化，定义化，具备可知可传承性，世人才能认知、掌握、传承这种"道"，这就是始制有名。

"始制有名"就是告诉我们"道"是如何具体化、形象化、可认知化的。"道"本身就是规律，它是一种客观自然的存在。人们可以通过对客观世界的观察、思考、归纳总结，形成对"道"的一种认知。但"道"本身没有具体的形状和形象，人们怎么认知并利用"道"呢？老子提出，通过创建出一种方式或形式（比如，对"道"的描述），使"道"变成普通人可以理解的可以认知的东西，比如，我们知道的一些制度、定理、定律，就是让"道"从抽象到形象，让人们对"道"能理解并认知。所以，老子提出"始制有名"，简单理解就是创建一种方式，让道可以具体化，形象化，人们可以认知并理解"道"。

"名亦既有，夫亦将知止，知止可以不殆。"这里的"止"不仅仅是停止的意思，它是指边界、适用的范围等，超出了界限就不行，就是"止"。这句话可解释为："道"一旦形象化、具体化了，它就有自身的边界、适用条件等，是具体化的"道"，是局部的"道"，是有条件的"道"，是不究竟不彻底的"道"。人们认知了具体化的"道"（可能就是一个规则、制度、定理、定律等），知道它的适用条件和适用范围，就不会过度执着于自身意志，就可以在生活中利用"道"了，就知道什么可以做，什么不可以做，这就是循"道"而为了。如果循"道"而为，当然是无往而不胜，不会有什么危险了。这也是在教世人如何知"道"行"道"。"譬道之在天下，犹川谷之于江海。"宇宙万物无不遵照道的规律运转，"道"主宰着万物，运行于天下，就像万流归海那样，自然而然。

本章具有很强的逻辑性和内在关联性，先是讲"道"无形无相，但是主宰着万物，如果事物能循道而为，就会乘势而上。如果王侯将相循道而为，将会一统天下；天地循道，世间万物也会风调雨顺。如何循道呢？首先要将"道"具体化，形象化，可知化。人们认知了"道"，知道了其适用条件和使用范围，就可以利用"道"，就能做到循道而为，这样就能无往而不胜。就能做到万流归海那么自然。

如果只是把"始制有名，名亦既有，夫亦将知止，知止可以不殆。"理解为：要制定各种制度、确定各种岗位、任命各级官长，名分既然有了，就要有所制约，适可而止，知道制约、适可而止，就没有什么危险了。这句话就跟"道"没什么关系，也跟前面和后面关于"道"的论述没什么关系，不合逻辑，也理解不通。

老子关于"道"的理解，我们可以近似认为它就是一种客观存在的自然规律。这个规律可以是自然科学的规律，比如各类的物理化学定理、定律等；也可以指社会规则，比如法律、制度等。社会也是自然界的一部分，当然要遵循一定客观的规律。老子提出的圣人治国，"道"治社会，不过是一种理想化的社会状态，这种社会制度绝对符合社会发展之"道"的规律。但是，具体绝对真实的"道"是什么样，由于目前人类的认知限制，没有人能彻底的知道，只不过人们根据观察、理解、分析，形成了一些认知，并且形成了一些适应社会发展的制度，随着对社会认知的深入，这些制度就会越接近社会发展的真实之"道",勉强可以认为这些制度是阶段性的、有条件的社会发展之"道"罢了。

很多人都在纠结这个究竟彻底真实的"道"到底是什么？我们可以确定它就是宇宙万物的根本规律。只是目前人类的知识量有限，认知能力有限，认知手段和方法也有限，无法完全掌握这种根本的规律。但是，只要人类有了这个认知，就像行路的人有了方向，朝这个方向努力，迟早会通彻了解这个"道"。随着人类各类知识的积累，认知方法的丰富和完善，再通过对客观事物的观察、分析、总结，会越来越接近客观真实的世界，认知彻底究竟的"道"。但是，在人类认知客观真实的世界的过程中，要避免个人的主观因素（执见和欲望）影响自己的认知，彻底脱离了主观因素，才能看到客观真实。其实，摒弃主观，追求客观，这就是老子在《道德经》中阐述的主要思想。

第三十三章　知人者智

【原文】

知人者智，自知者明。胜人者有力，自胜者强①。知足者富，强行②者有志，不失其所者久，死而不亡③者寿。

【译文】

能认知、了解别人叫作智慧；能认知、了解自己才算明通大道。能战胜别人算是孔武有力，能战胜自己才算真正强大。懂得自身富足，不往外求的人算是富有。坚持不懈追逐梦想的人可算是意志坚定。经历万事万物，不离失自身本性的人，可称为长久。皈依"道"的人，循道而为，身死而道存，这才算真正的永寿。

【注释】

①强：强大、强壮。
②强行：坚持不懈、持之以恒。
③死而不亡：身虽死而"道"犹存。

【义理解析】

本章老子站在"得道者"的立场与世人谈论应该怎么去处世和做事，从不同的行事结果去认知什么样的做事方法才是接近于"道"的规律。老子列出了各种不同的社会表象，教世人辨别什么是"道"和"非道"。

本章老子按照是否接近于"道"为标准，把人分成了几个层次。首先我们看"知人者智，自知者明"。"智和明"有什么不同？一个人如果对别人很了解，可以称为"智"。他了解别人的时候是有自身的执见和欲望，即便能透彻地了解别人，也只能称为"有智慧"。但是，一个人如果要做到自知，就必须要抛弃自身的欲望和执见，站在公正的第三方的角度客观的看待自己，只有做到这点才能真实清楚地了解自己，这样的人才能称为"明通"。一个人如果舍弃了自身的执见和欲望，就能看到事物的本质，这就是"道"。真正自知的人，基本都是得"道"者。所以，我们常说了解别人容易，真正的了解自己很难。因为，我们如果不能彻底放下自身的欲望和执见，我们所谓的反思，不过是自欺欺人而已，我们根本看不到真实的自己。见人曰"智"，见"道"曰"明"。

"胜人者有力，自胜者强"，也是同样的道理。这里要理解何为"胜"？"胜人者"是要把自身的意志强加于别人，改变别人的自然本性；"自胜者"是要超越自身执见和欲望，自身回归的自然本性。如果战胜了别人，让别人屈服于自己，只能说明这个人强壮有力。只有放下自身执见和欲望，跟真实的自己对比，能超越现实的自己，接近真实的自己，这样的人才叫作"强"，也就是强大。这里老子把世人分类的标准就是"道"：是否能放下自身的欲望和执着，符合"道"的要求。符合"道"的要求，才是真的强大；如果不合道的要求，即便是勇武过人，最多也不过是孔武有力，莽夫壮汉而已。

老子接着谈了得道者和一般人的区别："知足者富，强行者有志，不失其所者久，死而不亡者寿。"何为知足者？就是没有个人执见和欲望，心中有"道"，不往外求，只是追求"道"并遵循"道"的人，他们才是真正的富足的人。何谓"强行者"？也就是执着于推行自身意志的人。知足者必不会强行，只会顺其自然。那些为了自己的利益、欲望和执见，苦苦努力，坚持奋斗的人，他们只能称为意志坚定，与"道"无关，不过是追逐自身欲望而已。我们普通人不都是为了个人欲望而奋斗吗？"不失其所者久，死而不亡者寿。"那些意志坚定，始终如一追求自己目标的人，至死也不改变自己立场的人，我们可以称之为"长久"。"不失其所"主要是指坚守自身立场，可以说是得道之人坚守道，不失本性；也可以说是世俗之人追逐欲望，痴心不改。这里主要是指孜孜不倦追逐自身的执见和欲望，在老子看来，一样是不可取的。

身存志在，可谓长久；身亡志消，无法永存。以"道"的观点，会消亡的东西都是虚妄的，不值得追求；只有永恒的东西才是真实的，可为皈依之所。那些真正在追求"道"的人，即便将来他们的肉体会逝去，但是他们追求的"道"是永恒不变的，这样的人才是真的"永寿"，死而不逝。

在老子看来，属于个人执见和欲望的东西都是暂时的，只有"道"才是永恒的。求欲者短寿，求"道"者长存。如果世人被欲望蒙蔽了双眼，变成自身欲望的奴隶，他所追求的执见和欲望也是暂时的，并不符合"道"的发展规律，这是不足取的。只有一个人放下欲望和执见，看清真实的自己，看清了事物本质的规律，认知到真实的"道"，并按照"道"的规律去做事，才能做到人"道"合一：人就是"道"在世间的具体化，"道"是人的本质，这样的人才是真正的明通，强大，无往而不胜，才能死而不亡，永远不灭。就像老子、孔子、庄子等一代圣人，他们的肉体已灭，但是他们的思想留存下来，他们追求的"道"留存下来，他们归身于"道"，这才是永寿。

第三十四章　大道氾兮

【原文】

大道氾兮①，其可左右。万物恃之以生而不辞②，功成而不有③。衣养④万物而不为主⑤，常无欲⑥，可名于小⑦；万物归焉而不为主，可名为大⑧。以其终不自为大，故能成其大。

【译文】

大道广泛流行，上下左右无所不在。万物依赖它生长而不推辞，功成事遂而不把功劳据为己有。它养育万物而不自以为万物的主人。不执着追求自身欲望，可以称它为"小"；万物归附而不自以为万物的主宰，可以称它为"大"。正因为它不自以为伟大，也不追求伟大，所以才能成就它的伟大。

【注释】

①氾：同"泛"，广泛或泛滥。

②辞：言辞，称说。不辞，意为不说三道四，不推辞、不辞让。

③不有：不自以为有功。

④衣养：一本作"衣被"，意为覆盖。

⑤不为主：不自以为主宰。

⑥常无欲：一本无此三字，认为此乃衍文。

⑦小：渺小。

⑧大：伟大。

【义理解析】

本章老子主要在谈论"道"的本体，阐述"道"的特点，展示"道"是如何展现其统治力，并终究成就其强大的。老子认为"道"最大的特点是主宰着一切，但是它没有世人眼里的"自我"属性（无自性），它就是一种客观真实的存在，没有自身的欲望和执见。举个例子：我们都知道万有引力是整个宇宙的一个基本存在，决定了宇宙的整体框架和运行规律。但是，它没有自我性，没有自身的欲望和执见，不会因为你骂它、不尊敬它，而去记恨你、报复你；也不会因为你尊敬它，就会特殊喜欢你、照顾你。不管你认识到还是没有认识到它的存在，它就客观而自然的在那里，发挥着作用，主宰着宇宙的运动，一分不多一分不少。但是，如果你违背它去做事，就注定会失败。看起来它就是一种冷冰冰的客观存在，没有人类的情感，没有好恶，也不会计较得失。其实，万有引力本身就是"道"的一部分。通过这个例子我们更容易理解"道"的无自我性。世人都有太多的欲望和执见，我们考虑问题的时候总是自觉不自觉地加入个人的情感或者欲望。所以，对"道"的模糊认知再加上我们人类的情感，就形成了我们想象出来的神，神性之中有很多人的情感在里面，都有很多人类的情感、欲望、执见等投射到这些各种人格化的神的身上。神就不是一种客观的存在了，只不过是人类主观的意志的投射而已。

老子在《道德经》里谈到的"道"，不仅仅是某一种规律，而是所有客观、自然规律的综合。它包罗万象，无处不在，宇宙万物的运行都在遵循其本质的规律，称为"道"。所以，这章的开始老子就谈到，"大道氾兮，其可左右"。"道"广泛地存在于宇宙的每个角落，包罗万象，无处不在，无始无终，没有例外。

"万物恃之以生而不辞，功成而不有。衣养万物而不为主，常无欲，可名于小；万物归焉而不为主，可名为大"，"道"没有人类的这种自我意识和功利性，它主宰着宇宙万物的出生、成长、衰老、消亡，虽然万物的生存发展都依赖它，但它从来都不推辞，也从不炫耀自己的功绩，不把自己作为万物的主宰。可以看出"道"是一种客观的存在，它无自性，没有人类的欲望和执见。"道"不把自己作为万物的主人，不会出于任何自身的欲望和执见而生养万物，这可以称为"小"。其含义：一是"道"主宰着每个细小的事物，无时不在，无处不在，可谓是其小无内，所以称为"小"；二是"道"没有任何自身意志和欲望强加于万事万物，不把自己视为万物的主宰，自视为"小"，道的客观、自然、无欲的状态可称为"小"。虽然宇宙万物臣服于"道"，万物无不遵循"道"的规律，但"道"从不自视为万物的主人，这可以称为"大"。其含义是：一是"道"包罗万象，无处不在，天网恢恢疏而不漏，可谓是其大无外，所以称他为"大"；二是万物无不遵循道的规律，无始无终，永恒自然，万物将"道"视为主宰，可称为"大"。道恒无欲，自视为小；万物归依，视其为大；大小之辩也。

"以其终不自为大，故能成其大"，"道"大：一是强大；二是永恒。是因为"道"没有自性，没有自身的意志、欲望和执见，它自然而客观的孕生万物，主宰世界，作用强大。它没有功名利禄之心，也无亲疏远近之意；它不把自己当成万物的主宰，不追求自身的伟大，保持万物客观自然本性，自然才会永恒，所以称它为伟大。这里老子将"道"拟人化的讲述，站在世俗人的立场更容易理解。

本章老子主要在描述道的本体："道"是什么，如何才能认知"道"？世人如果想循道而为，首先要认知"道"。其实，"道"本身是一个客观自然的存在，而且是无处不在。由于它的无形无相，无色无味，人们很难认识它、了解它，甚至意识不到它的存在。如果一个人连"道"都不知道是什么，怎么循"道"而为呢？所以，老子在本章重点解释了"道"的特性：无自性，无情感，无亲疏，没有自身的欲望和执见，无处不在，无始无终，客观而自然。

世人怎么才能认知"道"呢？老子在本章也阐述了其观点：世人应该放

下自身的欲望和执见，舍弃自身的感情色彩，看待事物做到真实而客观，只有看到真实的世界，才能认知到真正的"道"，这是真正的"求道者"。只有了解"道"真正的内涵所在，才能做到循"道"而为，知道什么可为，什么不可为。

第三十五章　视不足见

【原文】

执大象①，天下往。往而不害，安平太②。乐与饵③，过客止。道之出口，淡乎其无味，视之不足见，听之不足闻，用之不足既④。

【译文】

谁遵循那至高无上的大"道"，普天下的人们便都会归顺他。前往投靠的人不互相妨害，于是大家就和平相处，生活安泰，自然而宁静。音乐和美好的食物，可诱使过路的人都为之停下脚步。但用言语来表述大道，却显得平淡而无味；用眼睛看它，什么也看不见；用耳朵听它，什么也听不见；而它的作用，却是无穷无尽的，不可估量。

【注释】

①大象：大道之象。
②安平太：安，乃、则、于是的意思。太，同"泰"，平和、安宁的意思。
③乐与饵：音乐和美食。
④既：尽的意思。

今译今解《道德经》

【义理解析】

本章老子与"求道者"谈论"道"的特性和作用。告诫"求道者"应当放下执见，遵照"道"的本性去认知"道"；放下欲望，客观自然的去行"道"。

"执大象，天下往"，意思就是统治者循"道"而为，天下百姓归顺臣服。什么是大象？　"道"的实相就是大象，大象即无形无相，这里是指"道"。老子在"道德经"中的观点始终就是"道"主宰天下，顺道而为，天下归依。"往而不害，安平太。"天下万物归顺"大道"，并遵循道的规律，相互之间都没有妨害，也就达到了天下太平，这也是老子理想中的太平盛世。老子理想的世界有一个前提：圣人治世，统治者一定是个得"道"者，他能循道而为，教化百姓，让事事物物都能保持自然本质，认知"道"，遵循"道"而为，天下自然就太平了。圣人与普通人最大的区别，就是能否放下自身的执见和欲望，公正、客观、自然地看待世界。如果不是圣人治世，统治者不遵循"道"，国之百姓充满自身的执见和欲望，做事的出发点就是自身的利益，相互之间争名夺利，很难和平相处。所以，统治者"执大象"才是天下"安平太"的基础。

　　世人如何对待"道"与"非道"呢？老子提到"乐与饵，过客止"，世人对能满足自身欲望和执见的东西更感兴趣，比如，好听的音乐和可口的食物，都是能满足世人欲望的东西，更能吸引世俗人停下脚步。可见世俗之人更容易被欲望所吸引，被执见所左右。"道之出口，淡乎其无味，视之不足见，听之不足闻。""道"的本体是质朴的，它无形无相，无色无味，无声无息。世人看不到、闻不到、听不到，也摸不到，甚至都意识不到"道"的存在。虽然"道"主宰着万事万物，无处不在，无时不在，但世人对真正的大"道"一无所知。

　　"道"通过物质的世界展现出来（朴散则为器）的时候，人们都看到了，习以为常了，习惯于根据自己的执见和欲望思考问题，根本没有思考过"道"之所在。只见"道"之用，不见"道"之本。比如，世人都能看到苹果落地，也都知道苹果会落地，但没人想过苹果为什么落地，这背后的本质原因是什么？恐怕在牛顿的那颗苹果落地之前，全世界也没人思考过苹果为什么落地。大家都知道苹果会落地，也知道橘子、葡萄等都会落地，还是习以为常，从来也不觉得这有什么稀奇，从来没有意识到"道"的存在，也从来没思考过苹果落地背后的根源。正是因为世人有太多自身的欲望和执见，习惯性思考的是苹果好不好吃、够不够甜等，都是用自身的欲望和执见去认知世界，去考虑问题。从没思考过"苹果为什么落地"这一客观真实地规律。世人对真实之"道"视而不见，听而不闻，天天见"道"不知"道"。可见，欲望遮住了世人的双眼，无法认知真实的大道。

"用之不足既"，"道"的本体虽然无形无相，但它无却处不在，无始无终，取之不尽，用之不竭。我们可以理解："道"就是一种规律，一种客观自然的存在，不管它作用在多少物质上，不管它作用了多长时间，"道"（这种客观自然的规律）依然是客观自然的存在，不好不坏，不增不减，毫无变化。就像是取之不尽，用之不竭的宝藏。

老子在本章主要是告诉人们："道"无处不在，甚至我们每天的生活都在遵循"道"的规律，但是人们对身边的事物司空见惯，总是依照自身的意志和执见去看待周围的一切，即便身边的一切都是"道"的物质展现（朴散则为器），但还是看不到"道"的存在，就是因为欲望和执见遮住了思想。统治者更应该放下自身的执见和欲望，通过客观真实的观察、分析、归纳总结，认知真正的治国之"道"，"循道"而为，方能国泰民安。

世人应该如何做才能放下自身执见和欲望呢？老子在本章也给出了具体做法："往而不害，安平太。"随"道"而往，循"道"而为，克制自身的执见和欲望，不以自身的执见和欲望而影响、妨害他人，或者影响、妨害客观事物的发展。如何才能做到"往而不害"呢？作为衡量是否放下自身欲望的标准，具体可分为三个阶段：一是准备做事的时候，起心动念就是为了事物的客观发展，不以自身利益为考量；二是做事的过程中，确保不会因为自身的作为而损害他人利益或者影响其他事物的发展；三是事成之后，要明白这是"道"的成就，自己不过是遵循"道"而已，不要居功自傲，眷恋名利。

放下欲望的方法，可总结为两个层次：一是思考问题、观照万物的时候，做到"无我"，不执着于自身的执见和欲望；二是做事的时候，做到"往而无害"，不以自身的欲望或作为而影响其他事物的发展。

第三十六章　将欲歙之

将欲歙^①之，必固^②张之；将欲弱之，必固强之；将欲废之，必固兴之；将欲取^③之，必固与^④之。是谓微明^⑤，柔弱胜刚强。鱼不可脱^⑥于渊，国之利器不可以示人^⑦。

【译文】

想要收敛它，必先扩张它；想要削弱它，必先加强它；想要废弃它，必先抬举它；想要夺取它，必先给予它，这就是微妙而又深远的道理。柔弱战胜刚强，鱼的生存不可以脱离池渊。国家的治国之道，不能仅仅拿来向别人炫耀。

【注释】

①歙：敛，合。

②固：暂且。

③取：一本作"夺"。

④与：给，同"予"。

⑤微明：微妙而又深远的道理。

⑥脱：离开、脱离。

⑦国之利器不可以示人：利器，指治国之道，安邦之道。示人，给人看，向人炫耀。

149

第一部分　道经

【义理解析】

本章老子从世俗人的立场讲述"道"的特点，这里谈的观点都是从世人（有自身执见和欲望）的角度看问题（比如，废兴、强弱、取与等都是世人看待问题的方式）。通过对比告诫世人要运用辩证的观点看待事物的发展，想要得到预想的结果，必须要遵循"道"的规律，让事物充分发展，最后自然而然的就能得到相应的结果，而不是仅仅遵照个人的欲望去做事。老子这里用辩证的观点，告诉世人如何才能利用"道"的规律，做到循"道"而为。

老子在本章开始列举了四种情况："将欲歙之，必固张之；将欲弱之，必固强之；将欲废之，必固兴之；将欲取之，必固与之。"通过这几个例子，充分说明了如何做，才能做到循道而为。这几句话不难理解，但是这几句话背后的逻辑，必然是需要深入了解老子的理论基础。老子的基本理论思想是：宇宙中有一个永恒的"道"，它包含各种客观自然的规律，宇宙万物都在遵循"道"的规律运转。"道"可以通过物质或者其他方式表现出来，这就是万事万物生灭流转。但任何事物都有其正反两面，在老子看来就是阴阳两面，不同时间，不同地点，不同环境，事物的阴阳两面因素是会变化的，阴阳对立的状态就是"道"之"势"，也是循"道"的时机。"道"正是通过事物的阴阳因素的变化过程（也是势的转换过程），让万事万物自然符合"道"的规律，主宰着万物。阴阳两面是任何事物与外界联系的时候，体现出来的对立统一的矛盾体。对于"道"来说，无所谓好坏，只有是不是符合"道"的要求。符合"道"的一面，开始固然柔弱，但是它会随着时间的发展，逐渐增强；不符合"道"的一面，开始可能刚强，随着时间的发展，逐渐减弱。这样事物的两面就发生了变化，也就是阴阳两面发生了变化，"弱"的事物会战胜"强"的事物。这就是文中那几句话背后的理论基础。老子的观点：战胜刚强的一定是合道的行为，不会是个人的欲望和执见。也可以理解为客观事物的发展只会遵循客观的规律（道），无关乎个人的欲望和执见。

如果没有老子的理论基础，单纯这几句话是不符合人们的经验常识的。对于一个事物，如果想要收敛它，就要先扩张它；如果想要削弱它，就先加强它；如果想要废弃它，就要先兴盛它；如果想夺取它，就要先给予它。为什么会这样？想削弱一个事物，直接想办法削弱它不就行了吗？为什么要加强它，加强它之后，还怎么让它变弱呢？老子这几句话是有前提的："欲将"之事必是合"道"的趋势，"必固"之事必是不合道的趋势。这个对立统一的矛盾体有一个发展过程，并不是为了要削弱它，今天先加强它，明天就能削弱它。这几句话深层的含义就是：一个事物总有自身的发展规律——产生、成长、成熟、衰老、消亡。这个过程对有些事物会长些，有些事物会短些。不管过程的长短，其过程中的环节都是一样的。我们世人应该做的就是遵循事物的发展规律，促使事物的成长，事物在成长的过程中，它的对立面的因素也开始成长，等到其对立面的因素成长起来，原来的事物就会变得衰败，甚至消亡。这也在阐述一个道理："道"的本体无形无相，安静自然，但"势"时时在变，"势"就是"道"在不同时间、不同空间、不同环境的具体体现，也是事物的阴阳两面因素的对立状态。"道"的实相是通过一系列的"势"来体现，适合的时机做适合的事，顺势而为才是循道；时机就是"道"之势。我们常说时机不成熟，也是在说"道"之势不适合，符合"道"的因素还没成熟。比如，一些事物的兴起，如果它符合社会的发展规律，个人很难阻止它发展。如果给予它充分的支持，让它充分发展，促使其内部和外部的新兴的对立面因素就会出现，然后经过一段时间的发展，事物的阴阳两面就会此消彼长，新兴的事物就会打败、代替原来的事物，这中间没有感情色彩，就是一种客观规律的必然结果。这也是为什么说要削弱一个事物，就先让它强大，等新的对手出现，然后新的事物就会击败它、代替它。老子的观点就是利用矛盾发展的规律，让事物顺着自然发展，以达到人们的预期，也是利用"道"的一种方法，循"道"而为，也是一种无为而治。比如，一个国家的灭亡也是一样，如果一个国家刚开始出现问题，很难推翻它或者消灭它，因为维护它存在的因素还在。只有等这个国家的问题充分发酵，等到反对它的因素超过了维护它的因素，这个国家就不可避免的走向灭亡。也许有人会用个案反击这个客观规律，个案的结果并不能改变客观规律的通用性。偶发事件只不过是叠加了其他规律，看似偏离了事物的发展规律，其实也在遵循事物的发展规律，偶发事件不可能改变事物发展的规律。就像牛顿那个苹果，我们可以不让它落地，直接摘掉吃了，但是并不能改变"苹果会落地"这个客观规律，即使没有苹果落地，万有引力也不受任何影响，万有引力就是"道"的体现。这种利用事物发展的客观规律，利用"道"来促使事物内部及外部因素的此消彼长，达到世人所追求的事物状态，就是老子说的"微明"，微妙而深远的道理。

老子说"柔弱胜刚强"也是这个道理，这里有两层意思。第一，这里的柔弱并不是单纯的外观柔弱，而是指事物本身符合"道"的发展规律，但在刚开始的阶段还不成熟，展现为柔弱。它的对手也许很强大，但是其已不符合事物的发展规律，随着时间的推移，新的事物就会越来越强大，旧的事物就会日趋削弱，最终促使两个事物此消彼长，新的事物战胜并代替旧的事物。这也就是所谓的"柔弱胜刚强"，这句话的前提是：符合"道"的柔弱的新事物，随着时间的推移，会战胜不合"道"的刚强的旧事物。这是一种必然。第二，我们不能离开"道"，单纯地说柔弱的事物一定胜刚强的事物，那是不对的，也不符合人们认知。以道的观点来看，"柔弱"更接近"道"的本质，就像《道德经》里说的"上善若水，水善利万物而不争，处众人之所恶，故几于道"，所谓的柔软就是舍弃个人的执见和欲望，不执着于自我意志叫作"柔"，不把自身意志强加于外物叫作"弱"。而所谓的刚强刚好相反，过度执着于自身的意志和欲望叫作"刚"，把自身欲望强加于外物叫作"强"，执着于自我意志并强加于外物就是"刚强"。所以，柔弱的事物更接近"道"，"柔弱胜刚强"也是一种必然。

"鱼不可脱于渊，国之利器不可以示人"，很多人解读为：鱼的生存离不开池渊，国家的重要法典不可以向别人炫耀。如果这么解释，与前部分的论述没有任何关联，讲道理也没有任何逻辑性，其思维极为混乱。这句话的逻辑思路是：老子告诉人们如何利用"道"。我们首先理解"国之利器"是什么？这里决不能仅仅理解为国家的重要武器，礼仪或者法典等，而是治国之道，安邦之策；"不可以示人"也不能理解为不让别人看，而是说治国之道不能仅仅用来让人看，向人炫耀，这就变成了一种摆设。要让国之利器归于"道"，维护"道"的运转，运用于国家的治理，而不能用来维护个人意志和欲望。

就像鱼不能离开水池一样，治国之道也不能脱离实际，变成空中楼阁，仅仅用来展示给别人。也不能曲解治国之道，把它变成维护个人欲望的工具。治国之道要发挥作用，就要利用"道"的规律去教化和引导事物的发展。利用事物内在的对立统一的矛盾（也就是所有事物的阴阳两面性），让社会的发展符合"道"的要求，国家的治理也就符合"道"的要求，这就是治国之道。

第三十七章　道常无为

【原文】

道常无为而无不为①。侯王若能守之②，万物将自化③。化而欲④作，吾将镇之以无名之朴⑤，无名之朴，夫亦将不欲⑥。不欲以静，天下将自定⑦。

【译文】

"道"永远是顺其自然看似无所作为的，但又没有什么事物不遵循"道"的客观规律而运行。王侯等统治者如果能按照"道"的原则治理国家，天下百姓及万物就会自我化育，循道而为，而得以充分发展。当百姓产生贪欲时，就要用万物的客观、自然、根本的规律——"道"来镇住（教化）他们。用客观自然的"道"来镇服他们，就不会产生贪欲之心了；天下百姓没有贪欲之心，就会沉静下来，自觉去遵循"道"的规律，天下便自然而然达到稳定、安宁。

【注释】

①无为而无不为："无为"是指顺其自然，不妄为。"无不为"是说天下万事万物无不遵循道的规律。

②守之：守道。之，指道。

③自化：自我化育、自生自长。

④欲：指贪欲。

⑤无名之朴：无名指"道"。朴形容"道"的质朴、客观、自然。

⑥不欲：一本作"无欲"。

⑦自定：一本作"自正"。

【义理解析】

本章是老子站在"得道者"的立场阐述"道"的作用，揭示"道"是宇宙万物的根源，也是治理国家的根本。劝诫王侯等统治者能以"道"治理天下，用"道"教化芸芸众生。万物循"道"而为，天下才真正的太平，长治久安。

本章第一句老子就提出如何做才能符合"道"的要求，"道常无为而无不为"这是本章的核心，也是整部"道德经"的基本观点。"道"的本质就是一种客观、自然存在的规律，无形无相，不依赖于任何事物，它无自性，没有自身的意志和执见，不会将自己的意志和执见强加于外物，所以说"道"本性是无为。如何做到"无为而无不为"呢？所谓的"无为"在前面多处作了详细介绍：就是不做违背"道"的事，不妄为，不乱为，不把自身的执见和妄念强加于万事万物。可见，道的自然状态就是无为。但"道"是宇宙万物的本源规律，是一种客观自然的存在，"道"无须作为，宇宙万物无不遵循"道"的规律生灭运转；"道"虽无为，但它是万物的根源，以万物的观点来看，"道"无所不能，包罗万象，主宰万物，所以，老子说"道无为而无不为"。可以概括为："道"的本质是"无为"，但是道的实际作用是"无不为"，循"道"的基本准则就是无为而为。

"侯王若能守之，万物将自化"，这句话也是老子"循道以治世"的理念。这里的"自化"是指万物回归大道，回归自身的自然本性。这句话重点在强调：统治者要将"道"的思想运用于治国，"道"不是虚无缥缈的精神慰藉，而是世间的万事万物。老子在第三十六章也提到"国之利器不可以示人"，治国的法宝不是用来观赏和炫耀，而是要用来实实在在的治理国家，造福百姓。如果王侯将相能够循道而为，按照"道"的规律去治国，用"道"去教化百姓，天下百姓将会自愿遵循"道"的规律，去思考，去做事，回归人类的自然本性，回归合"道"的状态。整个社会都会处于"无为而为"的状态，天下大和。

"化而欲作"，老子认为人类的欲望是打破万物循"道"的根本原因。如果万物在运行过程中有了自身的欲望，应该如何降服它呢？老子提到"吾将镇之以无名之朴，无名之朴，夫将不欲"。这句话里的"无名之朴"就是指的"道"；"无名"是指没有具体的形状和形象，没有意识分别；"朴"就是道的质朴自然的状态，包罗万象，混同于万物。"朴"和"道"有什么区别呢？我们首先区分"有名和无名"，"有名和无名"的本质区别在于其中是否有人类的意识和认知。万物本性自然，浑然一体的状态，没有人类的意识对万物加以区分，没有出现物质和精神的二元对立，这时的道就是"无名状态"；当人类有了自我意识，对外界认知的时候，分化出"物我"二元对立的状态（也就是物质和精神的二元对立），开始从"自我"的角度认知"道"，这时候道就是"有名状态"。无名为朴，有名为道。这里的"朴"就是自然之"道"。这句话可以理解为：如果天下百姓在日常生活中产生了自身的执见和欲望，就用"道"来教化他们，让百姓的心性回归道的本真、客观、自然的状态，自然就会消灭自身的执见和欲望，进而让百姓做到循"道"而为。"不欲以静，天下将自定。"如果世间万物都能消除自身的欲望和执见，本着"道"的客观自然的规律去做事，万事万物自然就能沉静下来，回归自身的本性，回归大道，不乱为，不妄为，天下自然就太平安定。

本章也是老子"无为而治"思想的一个综述，老子认为"道"是一种客观自然的规律，也是宇宙万物生灭运转的根源。如果一个国家的统治者能够做到循"道"而为，并且能用"道"来教化百姓，能使他们除去自身的欲望和执见，都能回归本真、客观、自然的"道"，遵循"道"的规律去做事，天下才是真正的太平，人间才是真正的幸福。这才是社会本来应该存在的状态。

关于治国之道，老子提出三个概念：一是"朴"，二是"欲"，三是"静"。三者之间有清晰的互为因果的逻辑关系：如果要让国泰民安，天下太平，必须要做到让百姓"静"，回归自然本性，不乱为，不妄为；如果要让百姓"静"，必须要让百姓舍弃"欲"，"欲"是一切祸乱和妄为的根源；如果要让百姓离"欲"，就必须要用"道"来教化，"道"就是文中的"朴"，客观、质朴、自然的规律，百姓只有知"道"，接受"道"，才能远离自身执见和欲望，回归质朴，回归大道，循道而为。可见，"朴"是国泰民安，天下大治的根源。圣人的任务就是教化百姓，传播大"道"，并将身先士卒，带领天下百姓遵循大"道"。

第二部分　德　经

第三十八章　上德不德

【原文】

上德不德^①，是以有德；下德不失德^②，是以无德^③。上德无为而无以为^④；下德无为而有以为^⑤。上仁为之而无以为；上义为之而有以为。上礼为之而莫之应，则攘臂而扔之^⑥。故失道而后德，失德而后仁，失仁而后义，失义而后礼。夫礼者，忠信之薄^⑦，而乱之首^⑧。前识者^⑨，道之华^⑩，而愚之始。是以大丈夫处其厚^⑪，不居其薄；处其实，不居其华。故去彼取此。

【译文】

具备"上德"的人不表现为外在的有德，因此才有真正的"德"；具备"下德"的人表现为形式上的不离失"道"，形式上有德，因此并不是真正的"德"。上德之人，顺应自然之"道"而为，以其无为之理念，而使其具有无所不为之能力，真正的"无为而为"。"下德"之人虽有顺应自然之心，然以心（执见）为规，是谓"有以为"，以其"有为"之心态，追求"无为"之结果，可谓"以有为求无为"。"上仁"之人，要有所作为，以自己信奉的理念推己及人，且无索求回报之心，追求知行合一，毫无有心之为（随心所欲而不逾矩）；"上义"之人要有所作为，只能通过自身的积极行动而影响大众，从而达到自己的目的；"上礼"之人要有所作为，却没有人回应他，于是就把自己的意志强加给别人，从而达到自身的目的。所以，失去了"道"而后才有"德"，失去了"德"而后才有"仁"，失去了"仁"而后才有"义"，失去了"义"而后才有"礼"。"礼"这个东西，是忠信不足的产物，而且是祸乱的开端。所谓"先知"追求的"智巧"，不过是"道"的虚华外表，有心（自身执见和欲望）而为时，由此愚昧开始产生。所以，立志于追求大"道"的人要从接近"道"的本源的地方去了解"道"，去实践"道"，而不要从最浅最末的部分（比如形式上）去了解大"道"德行。追求真实的客观之"道"，不被那些虚华的表象所蒙蔽。舍弃末端虚华，亲近本源真实的大"道"，才是真正的有"德"。

【注释】

①上德不德：不德，不表现为形式上的"德"。此句意为，具备上德的人，顺应自然，不表现为形式上的德。

②下德不失德：下德的人恪守形式上的"德"，不失德即形式上不离开德。

③无德：无法体现真正的德。

④上德无为而无以为：以，心、故意。无以为，即无心作为。此句意为：上德之人顺应自然而无心作为。

⑤下德无为而有以为：此句与上句相对应，即下德之人顺应自然而有意作为。

⑥攘臂而扔之：攘臂，伸出手臂；扔，意为强力牵引。

⑦薄：不足、衰薄。

⑧首：开始、开端。

⑨前识者：先知先觉者，有先见之明者。

⑩华：虚华。

⑪处其厚：立身敦厚、朴实。

【义理解析】

本章是老子站在"得道者"的角度阐述"德"的本质是什么；如何看待当时社会流行的"德""仁""义""礼"之间的关系。老子在本章提出"德"的判别准则："德"的本质在于行为是否符合道的要求，而不在于种种外在的表现。根据遵循道的程度不同，德也有区别。

要理解本章内容，首先要清楚一个概念，什么是"德"？在老子看来，合"道"的行为称为"德"，也就是符合"道"的规律的行为，才能称为"德"。所以，"道"是"德"的本源，"德"是"道"实相化的行为表现，二者实为一体。我们还拿万有引力做比喻，万有引力就是一种具体的"道"，它无形无相，无声无息，就是一种客观自然的规律，但它需要通过外在的物质表现出来，才能让人认识到，这就需要"德"来体现"道"。"德"就是那个苹果落地，这是符合"道"的行为，可以称为"德"，正是通过苹果落地这个"德"，人们才能认识到万有引力这个"道"。"德"就是"道"在某一方面的具体体现。

"上德不德，是以有德；下德不失德，是以无德"，上"德"不拘于形式，行"道"之实，是真的大德；下"德"拘泥于"德"之形，追求"道"之实，并不符合"道"性自然的要求。在老子看来，真正的"上德"是"道"的完全体现，就是"道"在物质世界自然的表现，没有掺杂任何的个人欲望、意志和执见。所以，老子认为"上德"是一种合"道"行为，完全符合"道"的规律。就是因为它太符合"道"的要求了，人们都认为自然而然，甚至都意识不到它的存在。这样的合"道"行为没有任何个人执见，却能做到完全符合"道"的要求（道内化于心，外行于事，知行合一），可谓"随心所欲而不逾矩"，这里的"不逾矩"可理解为：以"道"为心，随心所欲而不违背"道"的规律。这才能称为"上德"，这才是真正的"有德"。什么是"下德"呢？在老子看来，"下德"的行为也是符合"道"的规律，它表现为刻意追求不偏离"道"，不失"德"，只不过是多了一些个人的意志和欲求。可以理解为人们在刻意的追求遵循"道"的规律。虽然人们有心去遵循"道"，但是这其中强加了个人的意志和欲求，并非自然。就像人们知道要遵守法律，但未必是自身意愿，为了不犯法，就有意识的要求自己遵守法律。这个过程中人们能做到循"道"，但是人们强加了某种欲望和个人执见，表现为刻意的去遵循"道"，这只能是不失德。虽然没有偏离"道"的规律，但是并非本性自然，只能称为"下德"，这并不是真正的"德"。道法自然，德也自然。无意而为，但无不循道，称为"上德"；有意而为，刻意循道，称为"下德"。

"上德之人"本身就是"道"的化身，也就是圣人，他的思想、行为无不是符合"道"的规律。他能做到循"道"而为，而且丝毫不加入自身的意志和执见，所以不会做出什么违背"道"的规律的事情。因为他不会凭借自身的意志和欲求去做有为之事，达到"无我"的境界，自然能做到"无以为"，无自身意志的作为就是"无以为"。"下德之人"还不能做到"道"的化身，还不能做到随心所欲而不逾矩。他们刻意要做到循"道"而为，但是并不是自身的意愿或者自然而然的想法，而是通过个人的意志或者欲望控制自己，让自己的行为能做到符合"道"的要求。下德之人为了让自己尽量做到符合"道"的要求，在做事过程中已经强加了个人的意志，就是"有以为"。所以，下德之人的"无为"，要通过"有以为"才能做到。所以，老子说"上德无为而无以为；下德无为而有以为"。

"上仁为之而无以为；上义为之而有以为。"这句话中提到"仁"和"义"，首先必须要理解什么是"仁"，什么是"义"，才能理解这句话。以老子的观点，不管是"上德"还是"下德"，都还属于"德"的范畴，有"德"之人都是在循道而为，其行为都是符合"道"的规律。"仁"已经脱离"道"的范畴了，如果说"德"是以"道"为尊，仁就是以人为尊，以人道为大道。这里的仁是指仁爱，仁慈，以"人"为中心，以"利人"为原则，以"推己及人"为逻辑，把自己认为对的或者好的东西，无私的给别人。这种"仁"主要是个人的意志和欲望的体现，并不是客观的存在。虽然有循"道"之心，但其行为未必是符合"道"的要求。比如，庄子在《至乐》中讲的一个故事，鲁侯得到了一只漂亮的大鸟，为了能让大鸟安居在鲁国，就把大鸟当作贵宾，就让大鸟住进豪华的宫殿，给它吃最好的山珍海味，给它演奏最好的音乐。结果，大鸟不吃不喝，三天后死了。庄子说他"以己养养鸟也，非以鸟养养鸟"，这就是鲁侯的仁者之心，把自己的仁慈推己及人。所以，仁者之心未必符合"道"的要求，只是个人意志和愿望的展现。可以概括为："德"者循"道"，是把真正好的东西（符合道的规律）给别人；仁者循己，是把自己认为好的东西给别人。所以，"仁"和"德"有本质的差别。我们看到老子这里提到"上仁为之而无以为"，而不是"上仁无为而无以为"，"无为"是"道"，"为之"非"道"。"上仁"也就是真正的仁。上仁之人需要展现他仁爱的过程就是"为之"，因为仁爱是个人意志的展现，而并不符合"道"的要求，所以其所作为一定是"为之"，而不是"无为"。仁者对一切都充满了仁爱，不求任何回报，只是推行"仁爱"理念。仁爱的最高境界就是"随心所欲而不逾矩"，以仁为心，随心所欲而不违背"仁"的要求，做到知行合一，无须刻意为之而自然作为，也算是仁爱层次的"无以为"。所以，仁者又能做到"无以为而为之"。

那什么是"义"呢？以"仁"为理念和原则，坚守奉行，以自身有为的行动守护"仁"的精神（以行求仁）称为义。"义"是脱离了"道"的范畴，也是个人意志和欲望的体现，相对于"仁"而言，"义"更低了一个层次。仁者以"仁"为心，推己及人，公而无私，知行合一，无须刻意为之而自然作为（随心所欲而不逾矩），仁者可以做到"无以为而为之"。义者以"仁"为内在的精神实质，以坚守"仁"为自身的行为准则，以推行"仁"为自己的责任和义务，义者是通过"有以为"的方式来守护"仁"。他们做事的出发点就是"仁"，遇到不仁的事情，他们就会坚守信念，勇于站出来，维护"仁"的伸张，这就是儒家提倡的"正义"。比如，我们常说的"大义凛然""义薄云天"，其中透漏的信息都是：哪怕牺牲自身利益，也要守护"仁"的精神，成就"仁"的伸张。如果给"义"一个简单的概括，就是"牺牲自己，成就仁道"，就是儒家所说的舍生取义。所以，义者一定是通过自身的行动，去影响别人，守护自身的理念，从而让别人认可"仁"的思想，遵从"仁"的理念。义者是通过"有以为"的方式维护"仁"的存在。所以，老子说"上义为之而有以为"。

"上礼为之而莫之应，则攘臂而扔之"，什么是"礼"呢？以"仁"为心，以"制度（形式）"为手段，强行推广，以外在形式守护"仁"（以形求仁）称为礼。在老子看来，礼更是一种脱离"道"的行为，比起"仁"和"义"，还差了一个层级。"礼"不但是个人意志和欲望的具体体现，它还作为一种强制性的要求，让别人遵从。"礼"本来是圣贤之人处事的一种形式，但因事、因时、因地不同，而应当有所改变。后来，世人把圣人用过的礼作为一种固定形式，形成礼制，机械模仿照搬（不懂得"道"不动，而"势"在不停变化的道理），它既不一定符合道的规律，也不一定符合众人的期望，并且它还具有思想上的强制性，这种僵化、机械化、形式化的东西，对比于老子推崇的循"道"而为相去甚远。所以，老子认为"礼"是一种不合道，且不人性的东西，是对思想和行为的一种钳制行为，是治理国家更低一级的手段。

"故失道而后德，失德而后仁，失仁而后义，失义而后礼。"根据距离"道"这个本质的远近，德、仁、义、礼可以这么概括："德"者，循"'道'之本"而为；仁者，循"人之'道'"而为；义者，循"仁之实"而为；礼者，循"仁之形"而为。有"德"之人，没有自身的欲望和执见，公正客观，遵循"道"的规律去做事，达到无为的状态；仁爱之人，有"循'道'而为"的想法，但是并没有认知"道"，可称为"寻'道'者"，以"人道"为中心，以"利人"为原则，推己及人，去循自己认为的"道"；有义之人，坚守奉行"仁"的理念，用有为的行动来守护"仁"的伸张，不能认知"道"的存在，也无循'道'之心；有礼之人，以外在形式来守护"仁"的伸张，强调机械的遵从一种形式，不识"道"，不循"道"，相较于"义"，还多了一层机械强制。所以，老子认为理想的人物是"德者"，也是圣人，既能认识到"道"，也能遵从于"道"，做到无为而为的状态；当做不到"德者"的时候，人们虽不能认识"道"，但有循道而为之心，以"利人"为道，做无明的求"道"者，就是"仁者"；当做不到"仁者"的时候，人们既不识"道"，也无"循道而为"的发心，只是追求遵从"仁"的精神，舍生取义，也就是"义者"；当做不到"义者"的时候，人们不识道，不循道，想

166

今译今解《道德经》

通过一种众人约定俗成形式化的东西，让大众自我约束，达到自己理想化的社会，这就是"礼者"。老子用"道"作为标准，判定德、仁、义、礼，清晰明了。中国的古圣先贤基本上都是"上仁"。

"夫礼者，忠信之薄，而乱之首。"老子认为"礼"是不符合"道"的要求的，当人们追求"礼"的时候，已经脱离"道"很远了。当人们连"义"都做不到，忠信遗失，才会用"礼"来教育大众，来约束大众。但是，当人们偏离"道"的根本，追求"礼"的形式，距离"道"越来越远，这才是祸乱的根源。我们读过历史，都知道历代王朝的兴衰，都是"循礼离道"造成的结果。多数朝代的开国之君，其所作为都是符合当时社会发展的规律，符合社会发展之"道"，可称为是循"道"而为，当然会有所成就。其后代各位君王，所谓的遵从礼制，也就是遵从先王的思想和各种作为，形成固定的形式化礼制，然后机械模仿着去做，而忽视了"礼"和"道"的区别，不顾时过境迁，势随境转，最后造成社会的崩溃，王权的更迭。"道"是本源，是根本；"礼"不过是"道"在某种特殊情况下的一种外在表现形式。如果人们想循"道"而为，就要认知唯一不变的"道"，并且遵从"道"的规律，在不同时间、不同地点、不同环境下，不断变化思想和外在形式。当统治者盲目循礼，机械模仿，失去对"道"的认知和把握，偏离"道"越来越远，也就是各种作为越来越不符合社会发展规律的要求，其最后必然被淘汰。所以，老子才说"循礼而离道"，这才是祸乱的根源所在。

"前识者，道之华，而愚之始"，这里的"前识者"就是先知先觉的圣人。如果一个人能认知"道"，能循道而为，他当然很容易判断未来会发生什么事情。因为不管是社会，还是任何事物，其发展都是在遵循各种客观规律，老子称为"道"。所谓的先知先觉，无非是利用"道"的规律做出的一个判断而已，"道"的具体的外在表现，也就是"道之华"。如果一个人把这种浮华的东西看成聪明智慧，去追求"先知先觉"，其中有了个人的意志和执见，追求个人执见和欲望，这就是偏离"道"的开始，也是愚昧的开始。

"是以大丈夫处其厚，不居其薄；处其实，不居其华"，在老子看来，真正有志于追求"道"的人（也就是文中的"大丈夫"），如果想循"道"而为，就要深度的认知"道"的本质，了解"道"的内涵，遵从"道"的规律。要从接近道的本源的地方，去了解"道"，去实践道，而不要从最浅最末（"道"的形式和表象）的部分去了解大"道"德行；追求真实的客观之道，不被那些虚华的外表所蒙蔽。

"故去彼取此"，老子教导世人应当追求"道"的本源，遵循真正的"道"，不执着于个人的意志和执见，不能非常浅薄的认知"道"，不要追求虚无缥缈的表象和外在形式。那样的话会让自己迷失本性，误入歧途，偏离对"道"的把握。

上德：以无为求无为；下德：以有为求无为；上仁：以无为求有为；上义：以有为求有为；上礼：以强为求有为。

第三十九章　得一为贞

【原文】

昔之得一①者，天得一以清；地得一以宁；神得一以灵②；谷得一以盈，万物得一以生；侯王得一以为天下正③。其致之也④，谓⑤天无以清⑥，将恐裂；地无以宁，将恐废⑦；神无以灵，将恐歇⑧；谷无以盈，将恐竭⑨；万物无以生，将恐灭；侯王无以正⑩，将恐蹶⑪。故贵以贱为本，高以下为基。是以侯王自称⑫孤、寡、不谷⑬。此非以贱为本邪？非乎？故至誉无誉⑭。是故不欲琭琭如玉，珞珞如石。

【译文】

往昔曾得到过"道"的事物：天得到"道"而清明；地得到"道"而安宁；神（人）得到"道"而英灵；河谷得到"道"而充盈；万物得到"道"而生长；侯王得到"道"而成为天下的首领。推而言之，天不得清明，恐怕要崩裂；地不得安宁，恐怕要荒废；神不能保持灵性，恐怕要消失；河谷不能保持充盈，恐怕要干涸；万物不能保持生长，恐怕要灭绝；侯王不能保持天下首领的地位，恐怕要倾覆。所以贵以贱为根本，高以下为基础，这是治世之道。因此侯王们自称为"孤""寡""不谷"，不正是把自己放在下贱的位置，以贱为本吗？不是吗？所以最高的荣誉是无须赞美称誉。不要求琭琭晶莹像宝玉，而宁愿珞珞坚硬像山石般真实。

【注释】

①得一：即得道。

②神得一以灵：神或指人。灵，灵性或灵妙。

③正：一本作"贞"，意为首领。

④其致之也：推而言之。

⑤谓：假如说。帛书作"胃"。

⑥天无以清：天离开道，就得不到清明。

⑦废：荒废。

⑧歇：消失、绝灭、停止。

⑨竭：干涸、枯竭。

⑩正：一本作"高贵"，一本作"贞"。

⑪蹶：跌倒、失败、挫折。

⑫自称：一本作"自谓"。

⑬孤、寡、不谷：古代帝王自称为"孤""寡人""不谷"。不谷即不善的意思。

⑭至誉无誉：最高的荣誉是无须称誉赞美的。

【义理解析】

本章是老子站在"得道者"的角度阐述"道乃万物之本"，万物循道而为，才能天下太平；如果世间万物脱离"道"的要求，将不可长久。本章中老子多次提到"得一"，这里要准确理解什么是"一"，"一"就是"道"的具体化。"道"是一个抽象的概念，可以说是宇宙所有客观规律的总称，"一"就是指某个具体的规律。比如，"天得一以清，地得一以宁"，这里"一"是对应万物的各种不同的"道"："天得一"即为天"道"，"地得一"即为地"道"，"神得一"即为神"道"，"人得一"即为人"道"，如此等等。世间万物都在遵循它们各自不同的"道"，所以老子才提出"道生一，一生二，二生三，三生万物"，大"道"无形，具体不同的事物都有不同的"道"，每个事物具体的"道"就是"一"。比如，万有引力是"一"，万物生灭也是"一"，它们都是"道"的一部分，但在具体的事物中体现出的作用不一样；任何事物遵循"道"的时候都有正反两面因素，也就是阴阳（维持事物原有状态的因素称为阴，突破原状态的新因素称为阳），也就是"二"；

阴阳因素此消彼长的变化，随着时空改变，环境改变，就形成了事物不同的状态（阴阳因素的比例不同），这就是道的势。道静而势动，随着时间的变化，"道"呈现出无穷无尽的不同状态，这就是"三"。三泛指很多，就是特定时间，特定环境下的"道"的具体状态（也就是势），它有一定的局限性；我们日常接触的各种事物都是"道"的具体状态的物质呈现，就是因为"道"有数不清的势，才会生化出万事万物。势在不停的按照"道"的规律变动，万事万物也表现为流转不息。

老子在本章首先提出万物只有遵循其本身的客观规律，才能到达本性自然状态。"昔之得一者，天得一以清；地得一以宁；神得一以灵；谷得一以盈，万物得一以生；侯王得一以为天下正。"天遵循"天道"也就是天有德，就会清明；地遵循"地道"也就是地有德，就会安宁；神遵循"神道"就是神有德，就会灵妙；河谷遵循"谷道"就是河谷有德，就会充盈；万物遵循"物道"就是万物有德，才能生生不息；王侯遵循"王道"就是王侯有德，才能统领天下。上述的情形，就是老子认为万物遵循其道，才能算是有德，有德才能处于自然状态。

如果万物不遵循"道"的规律会有什么样的后果？老子接着从反面论述："其致之也，谓天无以清，将恐裂；地无以宁，将恐废；神无以灵，将恐歇；谷无以盈，将恐竭；万物无以生，将恐灭；侯王无以正，将恐蹶。"同理可以推断，如果天不遵循天"道"即为天无德，就会崩裂；地不遵循"地道"即为地无德，就会荒废；神不遵循"神道"即为神无德，就会灭；河谷不遵循"谷道"即为河谷无德，会枯竭；万物不遵循物道即为物无德，就会灭绝；王侯不遵循"王道"即为王无德，将会倾覆。所以，在老子看来，循"道"者有"德"，有"德"者自然，自然者长久。如果万物不循"道"即为无"德"，无"德"者必然不能长久。

万物循"道"方能有"德"，有"德"方能生生不息，这是万物运行之道。什么是治世之"道"呢？老子提出治世之"道"："故贵以贱为本，高以下为基。"如何理解这两句话背后的逻辑呢？首先要理解清楚"道""德""贵""贱"有什么关系。什么是"贵"？字表意思就是地位高，受尊重。这是世俗人眼中的"贵"（欲望所向往之处为贵）：天以清为贵，因为天得一而有"德"，故能做到清；地以宁为贵，因为地得一而有"德"，故能做到宁；世俗之人以"德"为贵（这里是指德符合世人欲望的一面，非究竟之德）。什么是"贱"？字表意思就是地位低，不被看重。这是世俗人眼中的"贱"（欲望所不屑之处为贱）：简单质朴，不能满足世人的欲望，且为世人所不屑的状态；这里就是指文中所说的"一"，即"道"，世俗之人以"道"为贱。"德"是贵的根源，"道"是德的根源；那为什么世人还以"道"为"贱"呢？这里要理解：把"道"看为"下贱"，不过是世俗人的眼光，老子以世俗人的角度为切入点，讲解其中的道理。世俗之人被自身执见和欲望左右，以自身利益为出发点考量一切，世人当然不识"道"的可贵。"道"无自性，无形无相，客观自然，自敛卑下，利生万物而不争，甘愿处世人之所恶。这不是世人所欲求的状态，在世人的眼里就是"下贱"。老子的观点："贵"是世人执见和欲望之所在，偏离大"道"；"贱"是世人执见和欲望所不处，靠近大道。或者说：贵是"德"之果，是"道"之华；贱为"德"之因，是"道"之实（世人被欲望遮蔽双眼，只求果，不识因）。所谓的高低贵贱，不过是世俗人的执见区别。在"得道者"的眼里，没有高低贵贱之分，他们没有自身的执见和欲望，只看万物是否合"道"，是一种"无我"的境界，无所谓高低贵贱。"故贵以贱为本，高以下为基。"这句话可以理解为：世人眼中的高贵（有德之相）是以看似低贱的自然本性（合道的状态）为根本，世人眼中的崇高（有德之相）是以卑下的质朴本性（合道的状态）为基础。老子阐述了一个道理：世人只有守住自身的本性，循道而为，才能成就高贵。质朴自然的本性是高贵的根基。

"是以侯王自称孤、寡、不谷。此非以贱为本邪？"那些王侯都自称为"孤""寡""不谷"（这些都是帝王形容自己德行不够的谦称），不正是以贱为本吗？自称"孤""寡""不谷"，也算是自觉处众人之所恶，把自身摆在一种谦卑的位置，勉励自己：我的德行还不足以统治天下（在"孤""寡""不谷"的状态），要提高自我德行（舍弃自身欲望，坚守自然本性），认知真实的"道"，做到循道而为，以贱（利生万物，不逐己欲）为本，而不是追求个人的意志和欲望。以此可见，当初始用这些谦称的人，确实有循"道"而为之心，用谦卑的形式提醒自己不离本性，坚守大"道"。但被后世的君王

今译今解《道德经》

和世人作为"特称"了。

　　"故至誉无誉"，最高的荣誉和赞赏就是没有什么荣誉和赞美，怎么理解这句话呢？世俗之人充满自身执见和欲望，不识"道"，不循"道"，他们追逐自身利益，赞誉那些能满足他们欲望的人。真正的得"道"之人（上"德"之人）无为而为，内心无我，不避人之恶，有时候看起来甚至下贱，他们才是至贵，可以说"至贵似下贱"。只有做到循道而为的人，才是真正的利生万物，是真正的有德，配得上任何的荣誉，他们该得到的是至誉。但真正的得"道"者无执见和欲望，没有分别心；循"道"而为，让万物顺其自然；世人甚至都感受不到他们的存在，皆谓我自然，当然世人不会赞誉得"道"之人。无相之相是大相，无为之为是大为，无誉之誉是大誉，所以老子才说"至誉无誉"。世人的赞誉不过是外在的浮华。真正的圣人是不在意这些虚化的东西的，宁愿像那种坚硬的山石，简单、自然、真实。所以，老子说"是故不欲琭琭如玉，珞珞如石"。圣人不为贵，宁为贱。

　　真正的有"德"者，循"道"而为，质朴自然，世人看到其符合自身欲望的一面，尊为至贵；世人看到其不符合自身欲望的一面，视为下贱。所谓贵贱，欲望而已。老子本章再次提出"道"是万物之根源，天地万物只有遵循"道"的规律才能长久，统治者也应当放下自身的执见和欲望，遵循治国之"道"，才能国泰民安。

第四十章　有生于无

【原文】

反者①道之动，弱者②道之用。天下万物生于有③，有生于无④。

【译文】

宇宙万物都要遵循道的规律，返回其自身的自然本性，以道而动（循道而为）；"道"无形无相，悄无声息，无执见，从不把自身意志强加于万物，看起来微妙、柔弱，但它无处不在，主宰着万事万物的生灭运行。天下的万物产生于看得见的有形物质，有形的物质又在遵循无形无相的"道"而千变万化，生灭运转。

【注释】

①反者：指万物遵循大道，返回自身质朴自然的本性。一说意为相反、对立面；一说循环往复。

②弱者：柔弱、渺小，不把自身意志强加于外物。

③有：这里指道的有形质，与第一章中"有名万物之母的"的"有"相似。

④无：这是指道的无形无相，与第一章中的"无名天地之始"的"无"相似。

【义理解析】

本章是老子站在"圣人"的角度告诉世人宇宙万物遵循"道"的规律运

动变化的道理。这里我们要正确理解什么是"道"？"道"的本体就是客观规律，自然的存在，无形无相，无始无终，永恒不变。宇宙中的万事万物不过是"道"通过物质表现出来的具体形式而已，这是"道"的实相。"道"的本体是根本，"道"的实相是表象。我们看到宇宙万物的千变万化，其实并不是"道"有什么变化，只是道的实相（物质世界）遵循道的"势"不断变化而已（"势"见第三十九章）。其实，这个也比较容易理解。这里再拿万有引力作为例子，万有引力也是一种具体的"道"，任何两个物体之间都有万有引力，这个力的大小跟两个物体的距离的平方成反比。当两个物体距离比较近的时候，两个物体之间的引力就大；当两个物体距离比较远的时候，两个物体之间的引力就小。这不能说是万有引力这个规律变化了，而是两个物体之间的距离变化了，也就是环境条件变了，力的大小也会随之变化。所以，"道"没变，它就在那里，只不过是事物在遵循"道"的规律而变化，在不同的环境条件下，展现出不同的具体状态而已，看起来就像不停地变化。

如何理解"反者道之动"？在老子看来，宇宙中的万事万物无不是遵循"道"的规律运转变迁。但是，宇宙万物究竟是怎么样遵循道的规律的呢？老子说万物以"反者道之动"的方式遵循道的规律。首先要正确理解"反"：这里同"返"，遵循道的规律，返还万物的自然本性。自从世间有了执见和欲望，人类的本性被扭曲，万物的本性被改变，偏离了"道"的规律。若万物偏离"道"的规律遵循欲望去发展，长远来看必然失败，这种失败本身就是"道"在发挥作用，这也是"道"自身纠错的一种方式，道必然战胜非道。所谓的失败，就是无法达成欲望之所求。主观上欲望的失败（除去了主观执见和欲望），客观上事物回归其自身的本性，也是返回大"道"的规律。如上所述，"道"一直用"返"的方式让万物返回"道"的规律，返还自身自然本性，遵循"道"的规律而运转不息，这就叫作"反者道之动"。

"反者道之动"也有另一种解读，将"反"理解为：相反相成，循环往复。宇宙中的万事万物都具有正反两方面的因素，事物都遵循物极必反的规律，在阴阳之间往复运转，永不停息。这句话就可以理解为：万事万物无不是在遵循"道"的规律，运转变迁，相反相成，周而复始。这种理解稍显肤浅，因为"道"的本质是让万物回归自然本性，按照客观规律去运行；"道"的本性不是促使万物走向相反的方向，这其中并没有逻辑必然，循"道"而为确实有时候会出现相反相成的现象，但那只是"道"的外在表现，并非必然，也非实质，不能以偏概全。为了方便理解，举个例子：如果一个人运气坏透了，做什么都失败，这种情况坚持下去，会物极必反，自然就能变好吗？以道的观点来看，失败是因为偏离了"道"，要想改变，就需要去除不合"道"的因素，回归大道，才能变好。如果不做调整，不合"道"的因素依然存在，做事依然偏离"道"，这样不但不会变好，还会一败再败。物极必反是现象，其内在逻辑是：事物发展到一定程度，可能会偏离"道"，必须除去不合"道"的因素，让事物回归大道，才会成功。否则，物极未必会反。

"弱者道之用"应该如何理解"弱者"？"道"客观自然的存在，无形无相，无自性，没有任何自身的意志和执见，从不强加于人或物，它的表现就是安静，收敛，柔弱。但是，世间万物无一能离开"道"而存在，无不是在遵循"道"的规律而动。这句话可理解为："道"在发挥作用的时候，从不把自身意志强加于万物，而是在安静自然的状态下客观的主宰万物。"反者道之动，弱者道之用"连起来看，更容易理解：大"道"约束万物终究返回其本性，循"道"而为；但大"道"并不会把自身意志和执见强加给万物，而是自然而为。

"天下万物生于有，有生于无。"其中的"有"应该理解为客观存在的物质或物质遵从"道"而表现出来的"道"的实相，就是世间万物。"生于"应该理解为来源于，遵从于。这里的"无"不是没有，而是指"道"的本体，客观自然，无形无相，无声无息。综上所述，有和无都是"道"，一体两面，"有"是"道"的实相，表现为万事万物；"无"是道的本体，是客观规律，无形无相。无是因，有是果，无是有的根本，有是无的表象。在第一章中，"无名，万物之始也；有名，万物之母也"也是在说明这个道理。这句话可理解为：宇宙中的万事万物都是来源于客观存在的物质，其千变万化不过都是"道"的实相表现而已；宇宙万物的生灭运转，不过是物质的运行状态（也就是物质世界表现出的"道"的实相），都是遵从于无形无相、客观自然的"道"。

第四十一章 道隐无名

【原文】

上士闻道，勤而行之；中士闻道，若存若亡；下士闻道，大笑之。不笑不足以为道。故建言①有之：明道若昧，进道若退，夷道若纇②。上德若谷，大白若辱③，广德若不足，建德若偷④，质真若渝⑤，大方无隅⑥，大器晚成，大音希声，大象无形，道隐无名。夫唯道，善贷且成⑦。

【译文】

上士听了道的理论，努力去实行；中士听了道的理论，将信将疑；下士听了道的理论，哈哈大笑。不被嘲笑，那就不足以称为道了。因此古时立言的人说过这样的话：光明的道好似暗昧；前进的道好似后退；平坦的道好似崎岖；崇高的德行好像峡谷；最洁白的东西，反而看起来有污垢；广大的德行就像不足；刚健的德行好似怠惰；真实质朴好像随时变化。最方正的东西，反而看不出棱角；最珍贵的器物，总是自然天成；最大的声响，反而听来无声无息；最大的形象，反而看起来没有形状。大道幽隐而不为人所知，无形无相，无声无息。只有"道"，才是善利万物，善始善终。

【注释】

①建言：立言。

②夷道若纇：夷，平坦；纇，崎岖不平、坎坷曲折。

③大白若辱：辱，黑垢。一说此句应在"大方无隅"一句之前。

④建德若偷：刚健的德好像怠惰的样子。偷，本意为懒惰，这里指不为

欲望去奔波劳累，表现为无欲和懒散。

⑤质真若渝：渝，改变。质朴而纯真好像随时变化。

⑥大方无隅：隅，角落、墙角。最正的东西却没有角。

⑦善贷且成：贷，施予、给予。引申为帮助、辅助之意。此句意为：道使万物善始善终，而万物自始至终也离不开道。

【义理解析】

本章是老子站在"圣人"的立场，列举世俗人对待"道"的不同态度，并用辩证的观点阐述"道"在世间的具体表现，告诫世人不要被事物的外在形象所蒙蔽。道是一种客观、自然的规律，它无形无相，无声无息，世人只能放下自身的执见和欲望才能看到真实的"道"，只有循"道"而为才能成就一切。

"上士闻道，勤而行之；中士闻道，若存若亡；下士闻道，大笑之。不笑不足以为道"，本章老子根据人们认识"道"和对待"道"的不同深度，把人分成三个层次。上士，不执着于自身的意志和执见，一般比较坚信"道"的存在，听到"道"的理论，就会努力去实践，这就是所谓的"求道者"；中士，存在个人的执见和意志，一般对"道"没有特殊概念，听到"道"的理论之后，将信将疑，有时也会尝试着实践，用实践去证实自己的疑惑；下士，一般过度执着于自身的意志和执见，根本不相信"道"，听到"道"的理论，就会嗤之以鼻，也就是一般世俗人。在老子看来，正是因为下士对"道"嗤之以鼻，才说明"道"的可贵，知"道"者稀。为什么"求道"那么难能可贵？"道"的本性就是客观、自然、无自性。不会因为某些人的个人意志、执见和欲望而有任何改变。求"道"者必须放下自身的执见和欲望，才能看清真实的世界，循"道"而为。而世俗之人恰恰执着于自身的执见和欲望，难以放下"自我"，无法循道，可谓"欲难舍，道难求"。

在老子看来，"道"虽然主宰着一切，但是它的外在表现非常的内敛，低调。"明道若昧，进道若退，夷道若颣。上德若谷，广德若不足，建德若偷，质真若渝，大白若辱，大方无隅，大器晚成，大音希声，大象无形，道隐无名。"老子举了几个例子：能给人们带来光明的"道"，看起来却是阴暗的；

能带给人们前进的"道"，看起来却是后退的；能促使世间平坦的大"道"，看来却是崎岖不平的。老子这里的举例主要是说明一个道理，并不是说实指具体哪个道，这段话是圣人和世人的视角交替对比，"明道"是圣人的视角，"道"的真实状态；"若昧"世人的视角，透过执见和欲望所看见的表象；欲望扭曲了真实。以下各句同理类推。世俗之人以自我利益为中心，只是追求符合自身利益的"道"，而忽视了真实的"道"本来的面目。人们追求自认为光明（欲望所致）的"道"，但实则真正的"道"客观自然，它本身并没有因为世俗之人的渴望而表现的光鲜亮丽，不符合世人的预期，所以在世人看来是暗淡；同样的道理：前进的"道"，反而看起来像后退，并不是真的后退，而是不符合人们的预期；平坦的"道"，反而看起来崎岖，这也不是真正的崎岖，也只是不符合人们的预期而已；真正有德行的人，没有自身的执见和欲望，就会像山谷一样置身于万物之下（无欲方能处下）；最大的形象就是无形无相，无处不在，我们都身在其中，不见其相。真实的"道"正是大音大相，无处不在，但又像隐身一样，无处可寻；世人若循"道"，应当遵循"道"的精神实质，而不是执着于"道"的音形等表象。世人循"道"的障碍在于执见和欲望。一是见而不信。凡是符合"道"的事物，都表现为客观、自然、内敛且沉静，"道"不会强加于人，也不会因世人的个人意志而改变；但这样的"道"看起来并不符合人们的预期，不能满足世人的欲望，所以多为世人所不屑。二是视而不见。虽然"道"客观存在，自然运行；但世人受执见和欲望的影响，甚至都意识不到"道"的存在，视而不见，听而不闻，错过真实的"道"。欲望养育了愚昧。综上可知，"道"是客观自然的存在，永恒不变，不会迎合世人的执见，世人一定要放下自身的执见和欲望，才能看到真实客观之"道"。

"夫唯道，善贷且成。"老子最后告诫世人：真实的"道"是客观、自然、无我，宇宙万物无一能离开"道"而独立存在，但"道"利养万物而不争。世上只有"道"在自始至终成就万物，而且无半点私心。"道"大且广，但并没有世人追求的那种功名利禄（执见和欲望），不为世人所认知，更不为世人所推崇。

老子在本章主要强调："道"的运转客观自然，不随世俗人的眼光而改变；知"道"者稀，行"道"者难。遵循"道"的人或物（也就是有德之人或物），他们做事客观且自然，不执着于自身的意志和执见，更不会为了满足世俗人的观点而改变自己。其外在表现为：客观、自然、低调、内敛，不追求自身利益。所以，有德之人的处世价值不符合世人以自我为中心的预期价值，不是世人追求的方向和目标，多为世人所不屑。这是执见和欲望对客观自然的扭曲。以此可知：由于世俗人的执见，用自身的利益去衡量一切，偏离了"道"的客观规律，真正好的东西在世俗人看起来未必是好，真正对的东西看起来未必是对。所以，以世俗之心求"道"，难矣！

第四十二章 三生万物

【原文】

道生一①，一生二②，二生三③，三生万物。万物负阴而抱阳④，冲气以为和⑤。人之所恶，唯孤、寡、不谷⑥，而王公以为称。故物或损之而益，或益之而损。人之所教，我亦教之。强梁者不得其死，吾将以为教父⑦。

【译文】

道是宇宙万物的本源（一），也是客观规律总称；任何具体的道都包含阴阳两种因素（二），阴阳两种因素相互影响而形成各种不同的状态（三），万物就依赖道的各种具体状态生灭运转。万物背阴而向阳，并且在阴阳两种因素的互相交融之中而生成新的和谐体。人们最厌恶的品行就是"孤""寡""不谷"，但王公却用这些字来称呼自己。所以一切事物循道而行，或者因为它不满足道的要求而得到增加；或者它超出道的要求而得到减损。别人这样教导我，我也这样去教导别人。强行把自身意志强加于万事万物的人往往死无其所，不能得逞，我把这句话当作施教的宗旨。

【注释】

①一：这是老子用以代替道这一概念的数字表示，即道是绝对无偶的。

②二：指阴气、阳气。"道"的本身包含着对立的两方面。阴阳二气所含育的统一体即"道"。因此，对立着的双方都包含在"一"中。

③三：即由两个对立的方面相互矛盾冲突所产生的第三者，进而生成万物。

④负阴而抱阳：逃离阴而追求阳。

⑤冲气以为和：冲，冲突、交融。此句意为阴阳二气互相冲突交和而成为新的和谐状态，从而形成新的统一体。

⑥孤、寡、不谷：这些都是古时候君主用以自称的谦词。

⑦教父：父，有的学者解释为"始"，有的解释为"本"，有的解释为"规矩"。这里是根本和指导思想的意思。

【义理解析】

本章老子阐述了"道"的运行规律，揭示"道"是如何作用于万物，并能主宰万物。告诫世人：负阴而抱阳才能符合道的要求。

"道生一，一生二，二生三，三生万物。"这也是《道德经》中的点睛之笔，该如何理解这句话？关键是要把"一、二、三"理解清楚。"道"本身是一个抽象的概念，它就是宇宙中所有客观规律的集合和统称，就像佛教中的"如来藏"，世人无法直接认知。这句话中的"生"是产生、包含的意思。这里的"一"也就是"道"，是"道"在世间的实相（物质相），是具体的道，也是不完全不究竟的道。是"道"通过物质的世界表现出来的具体的规律，比如，天道、地道、人道、万物之道等；人们可通过观察、分析、归纳、总结等认知"道"。这里的"二"是指任何事物都包含的正反（阴阳）两种因素或状态，这是"自然之道"向"世间之道"的质变的开始，自然之"道"就是"一"，它无自性，客观、自然的存在，没有自身的意志和执见；世间之"道"就是"二"，也就是世人以自身的角度认知的道，这其中包含有人类的意识、意志和执见。为什么会"一生二"呢？也就是"道"为什么会产生阴阳呢？就是因为世人有了分别心，有了自身的意志、意识和执见等因素的影响，事物才分出"阴阳"；符合人们需求的和预期的因素或状态，从人类自我利益角度看是积极的因素，称为"阳"；不符合人们需求的和预期的因素或状态，从人类自我利益的角度看是消极的因素，就称为"阴"。事物分阴、阳因素，是以人类的自身利益为中心看待世界的结果。"道"就是一种客观存在的天然的规律，它无所谓阴阳。世人以自身的执见和欲望把"道"分出阴阳，所以说"一生二"。可以简单概括为：人类自身的执见和欲望产生一和二的分界线，无欲状态下认知的"道"为"一"，有欲状态下认知的"道"为"二"，这就是"一生二"。阴阳因素此消彼长的变化，随着时空改变，环境改变，就形成了事物不同的状态（阴阳因素的比例不同），这就是"道"的势。"道"静而势动，随着时间的变化，"道"呈现出无穷无尽的不同势态，这就是"三"。三泛指很多，就是特定时间，特定环境下的"道"的具体状态（也就是势），它有一定的局限性；我们日常接触的各种事物都是"道"的具体状态的物质呈现，就是因为道有数不清的势，才会生化出万事万物。"势"就是支配着万事万物的各种规律的物质相的瞬态。势在不停的按照"道"的规律变动，万事万物也表现为流转不息。

为了更透彻的理解"道生一，一生二，二生三，三生万物"，应结合"人法地，地法天，天法道，道法自然"这句话一起理解。这两句话可谓是《道德经》的理论基础，给"道"建立了一个基础模型，《道德经》阐述的一切理论都是以此为基础模型展开论述。这两句话都在描述道和万物的关系，语言表述不同，内容实质一致。先看"人法地，地法天，天法道，道法自然"，什么是"人""地""天""道""自然"，它们之间又是什么关系？这里的"人"就是指一切人和有情生物，具备学习能力，能认知客观规律；"地"是指世人所生存的物质世界，这个物质世界在遵循客观自然的规律，生灭运转；"天"是指客观自然的规律，可通过物质世界表现出来，可被认知；"道"是指宇宙中一切客观规律的总称，是一个抽象的概念，超越物质和时空，世人无法直接认知；"自然"是指宇宙万物的自然状态，超越有无，超越物质和精神，浑然一体，没有意识和分别。

"人""地""天""道""自然"之间是什么关系？在没有人类的意识分别，没有出现"物我"（物质和精神）的二元对立时，宇宙万物及规律浑然一体，处于无名状态，这就是"自然"；当人类有了自我意识，对外界认知的时候，分化出"物我"二元对立的状态（也就是物质和精神的二元对立），开始从"自我"的角度认知"道"，这时候道就是"有名状态"，以人类的角度认知的"自然"就叫作"道"，"道"是人类对自然的认知，这就是"道法自然"；"道"无穷无尽，无始无终，我们生存的物质世界并不能涵盖所有的"道"，作用于我们物质世界的客观规律只是"道"的一部分，我们把这部分客观规律叫作"天"，天包含于道，这就是"天法道"；宇宙万物组成的物质世界叫作"地"，物质世界遵循着"道"的客观规律变化运转，这就是"地法天"；人有学习能力，可通过观察身边的物质世界，然后分析、总结从而认知"道"，这就是"人法地"。

　　上述的概念中有几个关键区分点要讲清楚，"自然"与"道"之间的区别，因为有了人类的意识，出现了"物我"的二元对立。"人""地""天""道"都是有了人类意识区别的产物，只是人类对"道"理解深度的不同而已。"一"和"二"有什么区别呢？"一"是客观的具体的"道"；"二"是指"道"的正反两个方面（就是阴阳），人类有了自身的意识、执见和欲望，以自身利益区分出"有利"和"不利"，有利就是阳，不利就是阴。可见"一"与"二"之间的区别是因为有了世人的执见和欲望。以无欲去认知"道"，那就是"一"；以有欲去认知"道"，那就是"二"。"道生一，一生二，二生三，三生万物。"这也是人类有了意识区别之后，对"道"是如何作用于万物的过程深度的认知。"人""地""天"与"一""二""三""万物"之间是什么关系？以人类认知的角度，自下而上把道分为："人""地""天""道""自然"；以道的阐述角度，自上而下把道分为："道""一""二""三""万物"。道和自然已经做了详细的论述，这里分析"道"以下的这些概念关系。"天"是指作用于物质世界的客观自然规律，它是可认知的、具体的"道"，"天"包含"一""二""三"，只是从不同的角度来阐述道，都是客观自然的道，都属于无，"一""二""三"不过是具体的"道"的运行机制进行了深入阐述而已。"万物"则包含"人"和"地"：万物是"道"在物质世界的具体体现，都属于有，"朴散则为器"，万物是"道"通过物质展现出来的实相（物质相）。"人"和"地"也是道的物质相，人正是通过对人和地的观察，分析，总结而认知客观规律。"人""地""天""道""一""二""三""万物"具体逻辑关系，可以参照最后的"道法自然逻辑关系图"。

　　"万物负阴而抱阳，冲气以为和"从人类的角度来看，万事万物都会朝着有利于自己的方向去发展，都会躲避对自己不利的因素，所以说"万物负阴而抱阳"。这里需要说明一下，并不是说任何一个事物都是由"阳"的元素和"阴"的元素机械组合而成，事物本身是浑然一体，客观自然的，它没有什么阴阳。只不过是人们有了自我的意识和执见，以自身认知的角度看待事物的时候，分出了有利的一面和不利的一面，也就出现了阴阳（只是从意识上进行区分，并非实体上的区分）。比如，万有引力本身是一个具体的"道"，它就是一个客观存在，无所谓阴阳，但是从人类角度而言，地球的万物由于万有引力存在而固定在地球上，人类才能生存，这是万有引力"阳性"的一面，同时，人们在登山、上楼、飞机起飞等都需要克服万有引力作用，这就需要耗费能量，这又是万有引力"阴性"的一面。但是无法说出万有引力的哪一部分是"阴性"的，哪一部分是"阳性"的，这是人类根据自身意志划分的。对同一个事物而言，可以说"阴阳"是事物的一种状态，是人类看待外界事物的时候，以自身意志划分出的阴阳，事物的本身并不能分出"阳的"部分和"阴的"部分。"阴"的一面和"阳"的一面相互融合，同时体现在一个事物上，或者说是同一个事物同时表现出阴阳两个方面，但一个事物的阴性状态和阳性状态各占多少比例？这就是前面讲的道之势（道的一种状态）。在老子看来，任何事物在特定的时间和环境下，其自身的"阴""阳"状态总会处于一种稳定的平衡状态。所以，老子说"冲气以为和"。

"人之所恶，唯孤、寡、不谷，而王公以为称。故物或损之而益，或益之而损"，世人所厌恶的品德无非是"孤、寡、不谷"等，这些连普通人都厌恶的状态，为什么一些王侯将相却拿来自称呢？因为万物负阴而抱阳，"孤、寡、不谷"可以算得上是世人眼中的"阴"了，一些王侯拿这些自称或者让自己处于"孤、寡、不谷"的心态，也算是增加自身的"阴"性元素，因为万事万物都会通过"或损之而益，或益之而损"调和阴阳，让事物处于一种阴阳平衡的状态，王侯增加了自己的"阴"性元素（也就是损之），那么他们更渴望得到的"阳"性因素就会增加（也就是得益）。所以，王侯自称"孤、寡、不谷"，其实也是为了得到更多自己渴求的"阳"性因素，或达到更高的"阳"的状态。这里的"损之而益，益之而损"是有其逻辑内涵的：减损自身的执见和欲望，自然本性才会得益，接近大"道"。如果增加自身的执见和欲望，自然的本性就会受损，偏离大"道"。在老子看来，"孤、寡、不谷"是一种舍弃自身执见和欲望的心态，这样才能看到真实的世界，才能认知到真实的"道"，进而循道而为；王侯更多地是要用"孤、寡、不谷"的心态去看待问题，思考问题，处理问题，循"道"而为，才能让自己得到更好的"阳"性面的结果；而不是仅仅用来自称，徒有虚名，毫无得益！

"强梁者不得其死，吾将以为教父"，这里的"强梁者"可以理解为：强行追求自身欲望、把自身意志强加于外物的人。那些只是从自身利益出发看待外界事物的人，往往死无其所，不能达到自己的目的，主要是因为他们太过执着于自身的执见和欲望，偏离了"道"的规律，所以不能成功。任何事物都有阴阳两面，且会处于一种稳定平衡的状态，人只有站在"阴"面（客观真实自然，人之不欲）的角度去思考问题、去做事，才会得到"阳"面（人之欲望）的结果。这么做才是遵循"道"的规律，才能够长久，老子把这个作为他教人的宗旨。

《道德经》不仅是一部简单的理论哲学著作，老子也给出了具体实践的方法。"道"是一个比较抽象的概念，我们都认同"道"，而且我们都认同做事的时候应该遵循"道"的规律。但是，什么是真正的"道"，我们怎么才能认知真正的"道"？如果我们连真正的"道"都找不到，如何去遵循"道"呢？这是关系到能否把理论付诸实践的基础和前提。

本章老子就给出了实践的方法，"道"是各种规律的集合，客观存在。也许我们无法在短期内认知全部的"道"，但是作为"求道者"我们要清楚，任何事物都有"阴阳"两个方面：也就是我们渴望避开的"阴"和我们渴望得到的"阳"。且任何事物都会处于一种稳定的阴阳平衡的状态，如果事物的阴阳因素不平衡，外界的因素就会干预，让事物的阴阳因素重新达到一种平衡的状态。如果要追求"阳"，我们要把自己放在"阴"的角度去思考问题，解决问题，这样我们才能避开"阴"，避开"阴"其实就是得到"阳"。这就是循"道"的一个实践方法。

举个例子：人们最初都想飞起来，但是由于万有引力的作用，我们被牢牢的束缚在地面上，后来人们认识到这个规律，就想到了利用能源，产生反作用力推动物体的运动，就有了飞机、宇宙飞船、火箭、导弹等事物的产生。这就是站在我们被束缚的角度，也就是"阴"的角度看待世界，当人们克服了"阴"的影响，也就得到了"阳"，也就是人类渴望的飞翔。人们想得到的"阳"是果，其对立面"阴"才是因，只有克服了因，才能得到果。阴阳的对立统一，是用解决"阴"的方式，得到"阳"的结果，这种辩证的思维方法，是老子《道德经》的重要实践理论。

第四十三章　天下至柔

【原文】

天下之至柔，驰骋①天下之至坚，无有入无间②。吾是以知无为之有益。不言③之教，无为之益，天下希④及之。

【译文】

看似天下最柔弱的道，可以自由穿梭于天下最坚硬的东西；无形无相的道可以轻松穿透没有间隙的东西。我因此认识到"无为"的益处。"不言"的教导，"无为"的好处，普天下少有能赶上它的了。

【注释】

①驰骋：形容马自由奔跑的样子；一说征服，攻克，驾驭。

②无有入无间：无形的东西能够穿透看似没有间隙的东西。无有，指不见，无形无相的东西。

③不言：是不乱言，不妄言，不违背"道"的言论，与"无为"相似。

④希：一本作"稀"，稀少。

【义理解析】

本章是老子站在"得道者"的角度阐述"道"的本性，并告诫世人敬畏"道"的作用，其能力之强，能量之大，无所能及，无可阻挡。从而指出"循道而为"才能长久，教人"循道"才是真正的有德，有德之可贵，天下无所能及。

"天下之至柔，驰骋天下之至坚"，如何理解这句话？首先我们要理解什么是"天下之至柔"，就是天下最柔软的东西，其实本章中"至柔"就是"道"。老子在《道德经》中多次提到"道"的本性：可以理解为"道"就是客观存在的规律，无形无相，无自性，无执无欲。它不表现出自性，从不强迫外物遵循"道"的规律，但万物无一能离开它而独立存在。这在世人看来就是"柔"：没有欲望，不执着于自我，天下至柔不过如此。"驰骋"形容非常轻松的自由穿梭，毫无阻碍。这句话可理解为：看上去表现至柔的"道"，它是无可阻挡的，即便是天下最坚硬的东西，它也可以自由穿梭，不受任何影响。我们现代的人就比较容易理解："道"就是客观规律，非物质属性，什么东西能够阻挡规律呢？规律是一种超越物质、超越时空的客观存在，任何物质都无法阻挡，即便没有物质，规律一样存在。就像万有引力，没有牛顿和那颗苹果，万有引力就不存在了吗？没有地球，万有引力就不存在了吗？当然不可能，规律的存在跟有没有物质没关系，这就是规律超越物质的地方。我们能造一个无比坚硬的盒子，让规律进不去，把万有引力隔在外面，在盒子里面就没有万有引力吗？当然不可能，无论什么物质都无法阻挡住规律的存在，也无法阻挡规律发挥作用。所以，老子说"道"是天下至柔，不把自身意志强加于万物，但可以轻松自由的穿梭于世界上最坚硬的物质之间，发挥作用。这句话阐述一个道理："道"，无处不在，无可阻挡，无所不为。

　　"天下之至柔，驰骋天下之至坚"也有另一种解释。"驰骋"理解为：征服，攻克，驾驭。这句话就可以理解为：天下至柔的道，可以攻克天下最坚硬的东西。比如，水是最柔软的东西，但能做到水滴石穿，这就是以柔克刚的典范。这里主要阐述"道"以其柔而成就其无所不能的品质，道具有柔的属性，不会把自身意志和执见强加于万事万物，这是"无为"。但其结果是道能征服天下最坚硬的东西，这是"无不为"；这符合《道德经》的一贯理念：道柔，无为而无不为。从主体思想理解，将上述两种意思结合："道"，无所不在，无为，无不为。

　　"无有入无间"也是在谈"道"的威力之大。这里的"无有"不是没有，而是指其无形无相，虽然看不见，摸不着，但它却是一种客观自然的存在，这里就是指的"道"。因为"道"的本体就是无形无相，无处不在的客观存在的规律。把"道"视为一种客观存在的自然规律，我们可以理解这句话：客观规律可以轻松的进入、穿越任何物质，不管这个物质有没有空隙，是不是坚硬。因为规律的存在本来就跟物质是否存在无关，任何物质都不能阻挡也不能影响规律的存在。这句话也是在强调"道"的客观性，非物质性，无可阻挡。

通过上述分析，我们可以理解老子的结论："道"是一种客观存在的规律，虽然是天下至柔，无形无相，但它无处不在，无可阻挡，万物都必须遵循"道"的规律运转。所以，万事万物只能也只有"循道而为"，才能真正的长久，才是万事万物最合理、最应该存在的状态。正是因为"道"的客观自然性，无处不在，无可阻挡，且主宰着万事万物。所以，老子才主张循道而为，无为而为，这是人类最佳的选择，也就是"吾是以知无为之有益"。这里的"无为"就是不乱为，不妄为，不依据自身的意志和欲望而为。世人应当认知真实的"道"的规律，按照"道"的规律去做事，也就是循道而为，这就是对万物最大的利益。

"不言之教，无为之益，天下希及之"，"道"控制着整个宇宙的运转，万事万物一刻都不能离开"道"，面对这个客观情况，我们人类应该如何去做呢？老子主张"无为而为""不言之教"。这里的"不言之教"，不是不说话的方式教别人，这里有两层意思：一是不妄言，不乱说，不根据自身意志和意图去说话，不说违背"道"的规律的话；二是通过客观的观察、总结，而得到"道"的本质，自己身先垂范，循道而为，用自身行为示教，而不是根据自身执见胡言乱语的对别人说教。只有这样做，才不会误导别人，让别人真正的理解"道"，这样做才是真正的有德。有德之人，行有德之教，这是极其难能可贵的，在老子看来，天下没有什么东西能比"有德"还要珍贵。所以，老子说"天下希及之"。

第四十四章　知止不殆

【原文】

名与身孰亲？身与货孰多①？得与亡孰病②？甚爱必大费③，多藏必厚亡④。故知足不辱⑤，知止不殆，可以长久。

【译文】

名声和生命相比哪一样更为重要？生命和钱财比起来哪一样更为贵重？得利和死亡相比，哪一个更有害？过分的爱名利就必定要付出更多的代价；过于积敛财富，必定会遭致更为惨重的损失。所以说，懂得满足，就不会受到屈辱；懂得适可而止，就不会遇见危险；这样才可以保持长久的平安。

【注释】

①多：轻重的意思；货，财富。

②得与亡孰病：指名利；亡，指丧失性命；病，有害。

③甚爱必大费：过于爱名就必定要付出很大的代价。

④多藏必厚亡：丰厚的藏货就必定会招致惨重的损失。

⑤故知足不辱：今本没有"故"字，据帛书补之。

【义理解析】

本章是老子站在"世俗人"的角度阐述世人在处理自己的功名利禄的时候，应该如何看待问题，应当如何思考和选择。

本章开头老子用了三个反问"名与身孰亲？身与货孰多？得与亡孰病？"，

性命与名利哪个更重要，性命与财富哪个更重要，名利与灭亡哪个更有害？这里的"名"就是指名誉，"货"就是指财物，"得"就是指名利。通过这三组反问对比让人们反思：自身与身外之物那个更重要？答案不言而喻，肯定是自身更重要。老子只是通过这些反问引导世人去思考而已。老子很清楚世人都很在意功名利禄这些身外之物，但这些东西不过是人类自身执见和欲望的体现。世人执着于自身的欲望，以自身的利益去看待问题和思考问题，才把功名利禄看的很重，其实功名利禄跟"道"没有什么关系。世人被欲望迷住了双眼，看不到真正的"道"，做事偏离"道"的规律，背道而驰，徒劳而无功。通过反问让世人去思考，欲望与自身什么是本质，什么是表象，哪个更重要？促使世人回归自然本性。

"甚爱必大费，多藏必厚亡。"这句在强调当一个人过于执着于自我，追求自身的欲求，必然会带来更多的损失。"甚爱"也就是过度的喜爱，过度的执着。"爱"本身就是人类自身的情感及对待外界事物的态度，这是追逐自身欲望的外在表现，"甚爱"就是过度的执着于自身的意志和欲望，偏离了自身的自然本性，也就偏离了"道"的规律，必然注定要失败。"多藏"也是这个道理，只有过度的执着于自身的执见和欲望的人才会有"多藏"的行为，"多藏"的背后是减损自身的本性，偏离"道"的规律，这样的行为也是注定要失败的。这种失败站在世俗人的角度来看，没满足世人自身的欲望需求，不符合世人预期的结果，也就是"大费"和"厚亡"。所以，老子说"甚爱必大费，多藏必厚亡"。如果站在"得道者"的角度来看，"甚爱"和"多藏"都是过度的执着于自身的执见和欲望，减损了自身的自然本性，偏离了"道"的规律，必然会带来失败，这就是"大费"和"厚亡"。万事万物只有符合"道"的规律，才会长久不衰；如果不符合"道"的规律，就不会长久，这是客观规律。这句话也是告诫世人一个道理：执着于自身的执见和欲望，必然会偏离"道"的规律，注定会失败。若循"道"，必先离欲断见。

人们该如何做才能符合"道"的要求呢？老子提出"故知足不辱，知止不殆，可以长久"。在老子看来，如果要做到循道而为，就一定不能执着于自身的执见和欲望，放下自我，甚至达到无我的境界，才能彻底的站在客观的角度去看待问题，才能认知真正的"道"，认知"道"才能循道而为，循

"道"而为才能长久。如何才能认知真正的"道"呢？老子提到两个解决方案：一是知足，二是知止。这两者都是以"道"为标准进行衡量，只求满足"道"自身的需求，就是知足；拒绝"道"之外的欲望，就是知止。以世人角度来看，如果一个人不执着于自身的执见和欲望，不追求超出自身本性的东西，也就是知足。只有知足者才能放下内心的执见和欲望，客观的看待事物，并清楚的认知"道"；也只有知足者，才能循"道"而为，做到有"德"，有"德"之人才能无往而不胜，得到大家的尊重，也就是"不辱"。"知止"也是在强调一个人不要过度执着于自身的意志和欲望，拒绝自身本性之外的需求，做到适可而止，就是知止。只有不执着于自身的意志和执见，客观地看待问题，才能认知"道"，遵循"道"，这就是"有德"，有德之人万众归附，心生敬仰，就不会有什么危险。所以，老子说"知足不辱，知止不殆"。"可以长久"不是说有"德"者长生不老，而是说知足者和知止者都是有"德"之人，都是在循"道"而为，其德行必然会永恒不衰。"道"长久，"德"必长久。

　　老子在本章主要是在告诫世人：只有舍弃自身欲望方能"见道"，只有"见道"方能"循道"，只有"循道"方能"有德"，只有"有德"方能"长久"。我们都知道要循"道"而为，但是"道"在哪里？老子无法把所有的"道"都——列清楚，也没有人知道宇宙中究竟的、彻底的"道"是什么，老子只是通过教人做事（修"道"）的方法，让人能接近"道"，认知"道"，遵循"道"。老子给出的做事方法就是知足，知止。放下自身的执见和欲望，不执着了自身意志，让自己能更客观的看待世界，只有这样才能看到真实的世界，发现客观存在的规律，这就是"道"。世人认知了"道"，并能按照"道"的规律做事，就可以做到循道而为，无为而为，方能长久。本章不但是《道德经》的理论讲述，更是修道的方法论，告知世人如何作为才能不离本性，践行循"道"而为。

第四十五章　大成若缺

【原文】

大成①若缺，其用不弊。大盈若冲②，其用不穷。大直若屈③，大巧若拙，大辩若讷④。静胜躁，寒胜热⑤。清静为天下正⑥。

【译文】

最圆满的东西（合道），好似有残缺一样，但它的作用永远不会衰竭；最充盈的东西（合道），好似空虚一样，但是它的作用是不会穷尽的。最正直的东西，好似有弯曲一样；最灵巧的东西，好似最笨拙的；最卓越的辩才，好似不善言辞一样。以道而言，清静胜过躁动，寒冷胜过暑热。清静无为才能统治天下。

【注释】

①大成：最为完满的东西。
②冲：虚，空虚。
③屈：曲。
④讷：拙嘴笨舌。
⑤静胜躁，寒胜热：无为胜过妄为，寒冷克服暑热。一说躁胜寒，静胜热。这种说法不太符合老子一贯思想：清静无为胜欲望。
⑥正：通"政"。

【义理解析】

本章是老子站在与"世俗人"对话的角度，谈论"道"在世间的种种表现，让世人心里有一把尺子，知道怎么去度量外界的事物是否符合"道"的要求，学会去辨别什么是"道"，什么是"非道"。

本章中多次出现"大"，像"大成""大盈""大直""大巧"等，在《道德经》其他章中也多次出现"大"这个词。如果把"大"简单的理解为：伟大、形体大、范围大，就不能准确反映老子的本意。"大"应该理解为：真正的、真实的、符合"道"的要求的，这样的东西才能称为大。真正的成就是符合"道"的规律所得之成就，"道"成就是"大成"；真正的充盈也就是符合"道"的规律所展现出来的充盈的状态，"道"盈就是"大盈"；真正的直也就是符合"道"的规律所展现出来的直，"道"直就是"大直"；同理，以此类推。真正"大"的东西，都是站在"道"的立场，衡量是否符合"道"的要求，符合"道"之规律的东西，才能称为"大"。但是符合"道"的规律的东西，都是客观自然的状态，其自身的自然本性没有减损，也不会对外物施加自身的意志。但万物的自然状态未必符合世人的执见和欲望。世人以自身利益为出发点衡量外界的万事万物，如果"道"所展现的东西不符合世人自身欲望，在世人看来就是残缺不全。所以，老子说："大成若缺，其用不弊。大盈若冲，其用不穷。大直若屈，大巧若拙，大辩若讷。"若能透彻理解这几句话，了解字面之后的逻辑必然对客观认知"道"很有用途。

"大成若缺，其用不弊"，真实的客观之"道"或者依照"道"的规律所成就的事物，都是其自性客观自然的展现，不可能完全符合世人的欲望，在世人看来就是不完美，甚至是残缺不全；但是在使用它的时候或者它发挥作用的时候，它永远不会衰竭、变弱。就像一年有四季，每季各不同，这是循"道"而为，自然天成，可谓大成，但在世人看来每个季节都有缺憾，可谓是"大成若缺"。这背后的逻辑必然是：依"道"所成就者，循"道"而为，不增不减，不多不少，不会随着世人的欲望而改变；以欲望衡量"道"，"道"必残缺。"大盈若冲，其用不穷"，真正的充盈，是"道"的充盈或者依照"道"的规律所成就的充盈状态，也是其自然本性的展现，也许并不符合世人的执见和欲望，在世人看来就是缺失，就是空虚；但是它的作用取之不尽，用之不竭。就像"道"的本体无形无相，看似虚无（若冲），但又无处不在（大盈），其大无外，其小无内，无始无终，可谓是"大盈若冲"。其背后的逻辑必然是：依照"道"所成就的充盈状态，客观自然，无始无终，不会随着世人所执着的执见而改变；以执见衡量"道"，"道"必空虚。

"大直若屈"，这里的"直"和"屈"不是几何形状上的曲直，而是指事理上的是非曲直。以"道"的观点，万事万物遵循"道"的规律，以其自然本性运行，就是"直"。但世人判断曲直的标准与"道"的标准并不一致，世人以自身欲望为标准，符合欲望的就是直，不符合欲望的就是弯曲；所以，以"道"的观点看来是"直"在世人眼里也许就是弯曲。比如，两个山头之间有一个山谷，从一个山头到另一个山头，需要绕过山谷，以"道"的观点，两个山头之间最短的路程可以称为"直"，这是客观实际。但是世人会认为两个山头之间直线距离最短，那才叫直，这是欲望。所以，真正最短的距离反而变成了曲线。"大巧若拙"，以"道"的观点来看，真正遵循"道"的规律，无为而为才能称为大巧，合道的事物以道为标准，客观自然，不会把自己的意志强加于万物，在世人看来，这就是"笨拙"。"大辩若讷"，以"道"的观点，说话要符合道的要求，不乱言，不妄言，不言之言才是真言，是大辩；符合"道"的语言，传递"道"的信息，客观真实，不强加于人，只言事物之本质，没有外在之浮华，这在世人看来就是"木讷"。

真正的"大"，都是依照"道"的规律所成就的状态，是一种客观实际的状态。但是世人看待外界事物是以自身的执见和欲望为尺度，充满主观性。所以，世人看待事物的时候，往往与事物的真实状态有偏差。老子在整部《道德经》中都在强调：真正的"道"是一种客观存在的规律，无形无相，客观自然，不增不减，不多不少，不随外界而变化。"道"是整个宇宙的起源，也是万事万物的主宰。世人只有保持自身的自然本性，遵循"道"的规律，才能长久。如何才能做到循"道"而为呢？首先必须减少自身的执见和欲望，让心处于清静无我的状态，不把自身意志强加于万物，才能看到真实的世界，才能认知真正的"道"，知"道"才能循"道"。符合"道"的规律才能长久稳定，人类和万事万物才能共存于一个最合理、最稳定、最长久的状态，这也是老子一直追求的"天下大和"的世界。

"静胜躁，寒胜热。清静为天下正"也是在阐述上述的道理，这里的"静和躁""寒和热"都不是实指的事物的状态，"静和寒"泛指事物的清静状态，这代表是清心寡欲，客观自然，没有什么自身执见和欲望的状态；"躁和热"泛指的是事物纷繁复杂的状态，这代表充满欲望和躁动，远离客观自然，充满主观意志的状态。在老子看来，清静的状态下，世人才能摒弃自身执见和欲望，更接近客观，更接近"道"，当然"静胜躁，寒胜热"。清静自然的状态下，万物才能遵循自身本性接近于"道"，循"道"而为，才是天下万物的正确道路。

本章老子的核心观点就是：摒弃主观，接近客观，天下大和。这也是整部《道德经》的核心观点。老子在《道德经》中一直在阐述什么是"道"，"道"的特点、外在表现和作用。因为"道"是无形无相，无声无息，世人无法直接感知。世人只有舍弃自身的执见和欲望，才能看到真实的客观世界，才能认知真正的"道"，也只有这样才能做到循"道"而为。"循道而为"是"天下大和"的前提和基础。在老子看来，修道之路应为：舍欲—知"道"—循"道"—大和。

第四十六章　知足常足

【原文】

天下有道，却①走马以粪②；天下无道，戎马③生于郊④。祸莫大于不知足；咎莫大于欲得。故知足之足，常足矣⑤。

【译文】

治理天下遵循"道"的规律，就可以做到太平安定，把战马退还到田间给农夫用来耕种，休养生息。治理天下不遵循"道"的规律，国无安宁，连怀胎的母马也要送上战场，在战场的郊外生下马驹子。世上最大的祸患是不知足，最大的过错是贪得无厌的欲望。只求满足"道"的要求，不求本性之外的欲望，这就是循道而为，保全自身本性，这才是最大的圆满。

【注释】

①却：摒去，退回。
②走马以粪：粪，耕种，休养。此句意为用战马回归本性，休养生息。
③戎马：战马。
④生于郊：指牝马生驹于战地的郊外。
⑤故知足之足，常足矣：知道满足的这种满足，是永远满足的。

【义理解析】

本章是老子站在圣人的角度与王侯谈论治国之道，告诫统治者"无道，天下不宁；有道，天下和"，并对如何做才能符合道的要求，给出了具体做法。

　　"天下有道，却走马以粪；天下无道，戎马生于郊"，本章开始老子就提出天下有道和天下无道的区别：如果天下有道，也就是统治者遵循道的规律去治理国家，那么就会天下太平，国泰民安，没有战争，一片祥和，老子用了一个形象的比喻，战马都回归田园去了。如果统治者不遵循道的规律治理国家，就会天下大乱，民不聊生，战事频发，老子也用了一个形象的比喻，就是连怀胎的母马都要上战场去打仗，在战场旁边生下小马驹。我们要有一个常识，在中国的古代，马、牛都属于国家的战略物资，非常看重，不能随便的买卖和杀戮，在古代私自杀掉牲口是犯法的行为。所以，母马上战场一定是迫不得已，已经是生灵涂炭的局面。

　　如何理解"祸莫大于不知足；咎莫大于欲得"？字面意思：最大的祸患莫过于不知足的心态，最大的过错莫过于贪得无厌的欲望。我们要理解什么是"祸"和"咎"？以"道"的观点来看，世人偏离自然本性，事物偏离道的规律就是最大的失德，失德就是最大的"祸和咎"。其实，这句话符合老子一贯的观点，"不知足"或者"欲得"都是人类自身执见和欲望的展现，世人受自身执见和欲望的影响，不知足的情况下就会把自身意志强加于外物，以自身执见和欲望改变事物的自然本性，这是违背"道"的规律。在老子看来，不符合"道"的规律的事，必然会带来祸患和灾难。由此可见，祸患来自执见和欲望。

　　在老子看来，最大的祸患莫过于天下无道，最大的福祉莫过于天下有"道"。上至君王，下至百姓，如何做才能"天下有道"呢？具体的"道"太多，老子无法一一列出来，但老子给出了一个"求道"具体的实践方法，那就是知足，老子提出"故知足之足，常足矣"。什么是"知足之足"？是指只求满足自身的本性需求，满足道的规律，没有自身多余的欲望。知足可以让自己清心寡欲，促使世人放下自身的执见和欲望，站在客观的角度看待问题，这样做就能接近"道"，遵循"道"就能保持自然本性不受减损，这就是常足。当今社会，很多人做事就是从自身执见出发，忽略了客观实际，做出错误的选择，造成灾难性的后果。

第四十七章　不为而成

【原文】

不出户，知天下；不窥牖①，见天道②。其出弥远，其知弥少。是以圣人不行而知，不见而明③，不为④而成。

【译文】

不出门户，就能够推知天下的事理；不望窗外，就可以认识日月星辰等上天的运行规律。向外奔走的越远，其所知道的道理就越少。所以，有"道"的圣人不用亲自出行验证，就能够推知宇宙的客观事理；不用亲眼看见，就能知道宇宙万物的运行规律，顺道而为就可以自然而成。

【注释】

①窥牖（yǒu）：窥，从小孔隙里看；牖，窗户。

②天道：日月星辰运行的自然规律。

③不见而明：一本作"不见而名"。此句意为不窥见而明天道。

④不为：无为、不妄为。

【义理解析】

本章老子主要阐述"道之用"，告诉"求道者"真正的得"道"之人（也就是圣人）的思想状态及做事方式，并与世俗人做事的方式进行对比。让世俗人了解："道"是天下万物生灭运转的根源，掌握"道"就能明了一切。圣人之所以为圣，不过是知"道"、循"道"而已。

"不出户，知天下；不窥牖，见天道"这几句话不难理解，但是前面省略了一个前提——得道者。这句话中的"出户"和"窥牖"都是指通过"有为"的方式以获得自身欲望之所求，就是为学；"不出户"和"不窥牖"，是指不往外求，回归自身本性，就是为"道"。这句话与第四十八章的"为道日损"意思相近，圣人认知万事万物的客观规律，不是遵循自身的执见和欲望而获得，而是通过远离自身的执见和欲望，回归自身的自然本性，在此状态下，所见万物皆是道，无须"出户"和"窥牖"。这句话也在阐述"道"之用，说明得道之人的状态：不用走出家门，就能知道天下万物的事理；不用通过窗户往外看，就能知道天下万物运行的规律。这句话背后的逻辑必然是：因为整个宇宙都在遵循"道"的规律在运转，得道者掌握了这个"道"，当然可以轻松预测天下万物的状态，知道天下未来的走向。这句话也有其实践意义，如何在实践层面上做到"不出户，知天下"呢？就如老子在第五十四章所述"以身观身，以乡观乡"和第六十章中所述"治大国，若烹小鲜"，"道"无处不在，真实的道就在我们身边，无须远行，静观万物，推己及人，触类旁通。只要客观仔细地去观察、分析、归纳、推演等，就会得到事物本质的规律，这就是"道"。

　　没有得"道"之人会是什么样的状态呢？老子也说了，"其出弥远，其知弥少"。首先，我们要弄清楚为什么这句话不是说的"得道者"呢？第一，得道者遵循道的规律，不会执着自身执见"其出弥远"，向外索取，而只会回归自身本性；第二，得道者掌握了"道"，天下尽知，这跟他出走的远近没有任何关系。只有世俗人是跟着自身的执见和欲望在走，只追求符合我们欲望的东西。世人跟着自身的欲望走，就会失去自身本性，偏离客观的"道"。所以老子才说，走的越远知道的越少。老子这里提出了一个朴素的认识世界的方法：不能根据自身的执见和欲望去认知世界，要回归自身本性，客观看待一切，学会去观察、分析其中的客观规律，也就是"道"。只有掌握了规律才能认知真正的世界，做事的时候才能无往而不胜。用主观追求客观，就是"求道"；用客观指导主观，就是"循道"。

　　"是以圣人不行而知，不见而明，不为而成"，圣人的作为就是不用亲自验证就明了天下事理，不用亲眼所见就知道天下的规律。这是因为圣人客观自然，懂得推己及人，触类旁通的道理，所见万物皆是"道"，所以可以做到不行而知，不见而明。掌握"道"之后，圣人就是"道"在世间的化身，循"道"而为，没有自身的执见和欲望，看待事物客观而自然，他们看到的才是客观真实的世界和万物的本质。正是因为他们认知到"道"的客观性，所以圣人在做事的时候从来不违背"道"的规律，他们做事的原则就是"无为"，通过"无为"而"无不为"。这就是"不为而成"，这才是最高的做事境界。

我们现代很多人误解老子的思想，认为老子是消极避世，其实大错特错，老子的观点不但积极，而且客观，符合人类对客观世界的认知规律。人做事的时候，应当放下自身的执见和欲望，让自己看到客观真实的世界，认知到真实的客观规律，做出最佳选择。这不正是认识世界最理想的方法吗？很大程度上也符合我们现在提倡的科学精神，求是精神。

第四十八章　为道日损

【原文】

为学日益①，为道日损②，损之又损，以至于无为。无为而无不为③，取④天下常以无事⑤；及其有事⑥，不足以取天下。

【译文】

求学（探求世间追逐欲望的学派和学识）的人，其执见和欲望一天比一天增加；求道（探求事物客观规律）的人，其执见和欲望则一天比一天减少。减少又减少，到最后以至于"无为"的境地。如果能够做到无为，即不妄为，任何事情都可以有所作为。治理国家的人要舍其自身的执见和欲望，以"道"的规律做事，这才是治国之本，天下才能长治久安；如果经常不能按照"道"的规律做事，而是执着于自身的执见和欲望，那就不能很好的治理国家了。

【注释】

①为学日益：为学，是反映探求外物的知识。此处的"学"是指在当时社会，为了追逐世人欲望而兴起的各类学派和学问。日益：指增加人的执见智巧。

②为道日损：为道，是通过冥想或体验的途径，领悟事物未分化状态的"道"。此处的"道"，指自然之道，无为之道。损，指情欲文饰日渐泯损。

③无为而无不为：不妄为，就没有什么事情做不成。

④取：治、摄化之意。

⑤无事：不被自身的执见和欲望所干扰。

⑥有事：依据自身执见和欲望行事。

【义理解析】

本章老子是在与世人谈论修道之法，告诫世人常遇到的求道误区，并提出真正的求道法门。道是万物的本源，统治者治理天下，也应当循道而为。

老子主张"学自然之法，循自然之道"，自然就是天然、本质的模样。很多人认为老子不主张学习，让人保持混沌未开的状态。其实，这是对老子极大的误解。老子当然也提倡学习，他主张人们要放下自身的执见和欲望，让心态达到一种清静无欲的状态，看待外界事物才能客观真实，从而学习一些客观自然的规律。而不是为了追逐个人欲望去学习。老子不提倡学习礼仪之法，纵横之策，驭民之术之类的东西，这些所谓的学识不是根本之道，这都是世人为了追逐自身欲望而衍生的技巧性的东西，不过是用来追逐自身欲望的流程和程序罢了。

本章老子提出"为学日益，为道日损"，这里的"为学"就是指学习当时社会上的各类学派及其学识技巧。以老子看来，这不过是在学习追逐自身执见和欲望的技能，而不是学习客观自然的"道"；"为道"就是减少自身的执见和欲望，回归自身的自然本性，回归大道，认知客观自然的规律。"为学日益"就是指学习一些礼乐仁义之类的外在的东西，会让人越来越在乎事物的外在形式，而远离了事物的本质，也是远离了自身本性，其实这就是增加了个人的执见和欲望。"为道日损"是在讲人们应该用清净无欲之心追求道，按照"道"的规律去学习，去做事，才会让自身的执见和欲望日渐减少。"损之又损，以至于无为。"当人们坚持为"道"日损，逐渐消除自身的欲望和执见，回归质朴本性，认知客观规律，不把自身意志强加于万物，循道而为，也就达到了"无为"的状态。这是老子鼓励人们应该持有的学习方法。也许有人在问，我们怎么才是按照"道"的规律学习？《道德经》多处提到：放下自身的执见和欲望，客观看待万物就是接近道的开始。

老子看似简单的几句话，其实对我们每个人都有影响。我们现在很多人都做不到老子提倡的学习方法。我们在做的都是"为学日益"，比如，现代人的审美观，很多女士以瘦为美，不惜一切代价的减肥。我们仔细想过这正常吗？为什么会有这样的社会现象？是因为我们丧失了对"美"的判别标准，追求的是一种外在的形式。"美"的本质应该在于健康，而不是好看。也许在开始的时候，有些瘦的人很健康，健康本身也彰显了美感，人们也想健康就学习他们，很多人以为瘦就是健康，瘦彰显了美，美就是瘦，要美就要瘦，所以就开始了为美而瘦的节奏。这种为美而瘦的作为，不正是忽略了美的本质，而追求一种外在的形式吗？当"瘦就是美"的观点变成大多数人的共识之后，有些女士更是为了追求获得别人羡慕的眼光，获得自己内心的虚荣，不惜牺牲健康，也要追求瘦，这就是舍本逐末了。为了美的形式而失去了美的本质，这是为学而不是为"道"。

　　当然还有一些社会现象也值得我们深思，比如，有些人为了标新立异，穿奇装异服，以博取别人的眼球。这样的现象是他们个人的无知，还是社会的浮躁？也许兼而有之，这种现象的根源来自世人内心的欲望。我们知道，思想独立的人，不在乎外界的看法，会根据自身的认识，循道而为，在世人看来就是标新立异。他们特立独行的个性，也许博得世人的广泛关注，也赢得世人的认可。有些人也想获得外界的关注，怎么办？盲目模仿，让自己也标新立异，让自己看起来与别人不一样。但是，他们标新立异只是为了获得别人的关注，满足内心的虚荣，他们只能模仿别人的外形或者做法，而无法模仿别人的思想，而让自己看起来像小丑。比如我们熟知的：东施效颦、邯郸学步。这固然是他们个人的浅薄，但也是社会的价值观出现了问题。如果社会都关注事物的本质而不是外表，这种现象就没有生存的土壤，一切都会回归事物的本质。

　　君主应该如何治理天下？在老子看来更需要放下自身的执见和欲望，循道而为，无为而治。"无为而无不为。"这里的"无为"就是不妄为，不乱为，遵循事物客观自然的规律而为。"无不为"应理解为：无所不能为，没有什么事不能做。这句话的意思就是：如果我们遵循"道"的规律去做事，就没有什么事不能做成。"取天下常以无事；及其有事，不足以取天下。"这句话中的"无事"和"有事"如何理解？有些书上"无事"理解为：无繁苛政举滋扰百姓；"有事"理解为：有繁苛政举滋扰百姓。这样理解过于狭隘，不能涵盖其深远的内涵。老子在《道德经》中主要是讨论世人是否放下自身的执见和欲望，遵循"道"的规律；基本不谈具体管理手段，也不会谈什么苛捐杂税这些具体的东西。所以，从"道"的角度理解，"无事"是指：放下自身的执见和欲望，循"道"而为，不做违背规律的事；"有事"是指：根据自身的执见和欲望去做事，偏离"道"的规律。在老子看来，统治者只有放下自身的执见和欲望，遵循道的规律去做事，才能统领天下，而让国泰民安。否则，就不足以治理天下。

第四十九章　圣人无心

【原文】

圣人常无心①，以百姓心为心。善者，吾善之；不善者，吾亦善之，德②善。信者，吾信之；不信者，吾亦信之，德信。圣人在天下，歙歙焉③为天下浑其心④，百姓皆注其耳目⑤，圣人皆孩之⑥。

【译文】

圣人是长久地没有私心的，以百姓的心为自己的心。对于善为（善良）之人，我以道待他；对于不善为（善良）之人，我也以道待他，这才是真正的循道，从而使人人向道（善良）。对于守信的人，我对他守信用；对不守信的人，我也对他守信用，这才是真正的诚信，从而使人人守信。有道的圣人治理天下，收敛自己的执见和欲望，使天下百姓心性回归于质朴。世人都专注于自身的执见和欲望，盘算自身利益；圣人依"道"教化他们，使百姓都回归到婴孩般纯朴自然的状态。

【注释】

①常无心：一本作"无常心"。意为长久保持无私心。

②德：假借为"得"。

③歙（xī）：意为吸气。此处指收敛意欲。

④浑其心：使人心思化归于浑朴。

⑤百姓皆注其耳目：百姓都追逐自己的执着和欲望，盘算自身利益。

⑥圣人皆孩之：圣人使百姓们都回归婴孩般纯真质朴的状态。

【义理解析】

本章老子站在"得道者"的角度，与"求道者"谈论应该用什么样的心态求道，应该用什么样的方式求"道"。圣人是以什么样的方式教导天下百姓，让天下真正的长治久安。

圣人是什么？圣人就是"得道"的人，他们就是"道"在世间的化身。当然，这样的"圣人"是老子理想化的人物，也是老子认为人类应该追求的最高境界，是完全的"得道者"。圣人是如何安身立命，如何定位自己和天下百姓关系的？因为圣人没有自身的执见和欲望，他们做事的时候遵照"道"的规律去做事，他们也按照"道"的规律教化百姓，让每个人都能"得道"，天下所有的人都能循"道"而为，那就是理想的天下太平、长治久安。老子认为"圣人"只有"道心"，也就是循"道"之心，没有任何的私心（自身执着和欲望）。他们考虑老百姓的问题也是站在"道"的立场，看社会的发展是否符合"道"的规律，国家的治理是否符合"道"的要求，他们以老百姓的安居乐业为出发点看待整个国家治理。也就是"圣人常无心，以百姓之心为心"。以天下苍生为出发点，从社会运转的角度看待问题。但是，一般人怎么样才能做到这点呢？求道之人，没有得"道"，有求"道"之心，并而无切实可行之"道"，该如何做呢？老子告诉世人，首先要放下自己的功利心，放下自己内心的执见和欲望，让自己客观真实的看待外界的一切。

老子提出"善者，吾善之；不善者，吾亦善之，德善"。这几句话非常好的阐述了老子的观点："圣人"在处理跟老百姓的关系时，完全是根据"道"的规律，而不是根据个人的喜好。老子认为社会之"道"，善和信是根本规律，圣人应该公正客观的秉持，不受自身执见和欲望的影响，不受外界的影响。什么是"善者"？不仅仅是指善良的人，而是善为之人，行为合"道"之人，善良只是善为的一部分。什么是"德善"？就是符合道的行为，是真正的永恒的善。这句话可以理解为：行为合道之人，我以"道"的方式待他，没得"道"之人，我也以"道"待他，这才是真正的善（循道而为）。以世俗观点来看，与我观点不一致的人，或者是观点错误的人，为什么还要善待他呢？这就是老子说的圣人要有客观的心，而不能有自身的执见和欲望，不能因为别人好，你才好，别人不好，你就翻脸，跟别人较劲，那你的原则是在根据自身的喜好和情绪在变，是个人欲望的体现，而不是客观的心态，你就是一个凡人。圣人眼里不管别人是怎么样，只关注自身的行为准则——符合"道"的规律，不管别人怎么对我，不管他是对是错，我都用一颗善心（符合"道"的心）对他，因为这是"道"的要求。不会因为外界个人的好坏，而改变自己的原则，这才是得道。所以，老子才说：不善者，我亦善之。这样的"善"不受自身执见和欲望的影响，客观、真实、自然，才是符合道的规律展现出的善，才是真正的永恒的善，是"德"善。

"信者，吾信之；不信者，吾亦信之，德信"，什么是"信者"？这里不仅是诚信，以道的观点来看合道不变称为信，可理解为遵守道的规律而不变的人，诚信只是"信"的一个层面。与上句话同样的道理：信守道的原则的人，我以信守道的方式对待他；不信守道的原则的人，我也以信守道的方式对待他，这就是圣人的信守道义，是"德"信。圣人处世的原则就是"信"：信守道的原则而不变，不管是"信者"或"不信者"，圣人的原则不会随着自身的欲望和情绪而变化，也不会随外界事物的变化而变化，这种"信"是对于道的规律的坚守，是无为层面的客观自然，这才是真正的信，是"德"信。

"圣人在天下，歙歙焉为天下浑其心"，如何理解这句话中的"浑其心"？就是指放下自身的执见和欲望，回归纯真质朴的自然本性。如果圣人主导天下，他们会根据自己的处世原则教化百姓，让老百姓都收敛自身的执见和欲望，让自己的心性都回归到纯朴自然的状态，这样的心态看待问题和做事的时候，都会客观自然，做到循"道"而为，而不是被自身的欲望驱使。但普通的老百姓就是不能放下自身的执见，老子说"百姓皆注其耳目"，就是在讲老百姓做事的时候凭借的是自己看到了什么或者听到了什么，盘算自身利益。目所见耳所闻都不过是自身主观执见的显现和判断，并不是客观自然的东西。不相信自己的"耳目"，又应该相信什么呢？老子在《道德经》多次提到，耳目所见不过是事物的表象，并非事物的本质规律，要观其形，究其理，才能得其道。就像佛教讲的，耳目所见，皆是虚幻。这也是为什么普通百姓做事不能专注于"道"。

最后，老子说"圣人皆孩之"。圣人教化百姓，让他们放下自身的执见和欲望，回归自身本性，以客观自然的心态看待外界事物，看清真实的世界，自然就会"得道"并循道而为；百姓的心性不再有自身的执见和欲望，回归婴儿一般质朴自然的状态。为什么老子在很多时候都将圣人的心态比作婴儿？老子看来，婴儿的思想就像不受任何污染的白纸，看待外界没有任何自身的欲望，他们看到的世界才是真实的世界。如果达到圣人的境界，就应该像婴儿一样，看待外界，客观、真实而自然，没有任何自身的执见和欲望。

典故：有段时间苏东坡与佛印隔江而居，经常一起谈禅论道。一日，苏东坡觉得自己有所觉悟，于是作诗一首："稽首天中天，毫光照大千；八风吹不动，端坐紫金莲。"诗完成后，自我陶醉了半天，又派遣书童将诗送给佛印欣赏。佛印拿到诗稿，看了看，随即拿起笔来，写了"放屁"两个字，让书童带回。

苏东坡本以为会得到一番称赞的，接到回函却是这样的评价，不禁大怒。他怒气冲冲地坐船过江找到佛印，当面质问他为何如此出言不逊。佛印呵呵一笑："八风吹不动，一屁过江来。"苏东坡听后惭愧不已。故事意在说明真正的得"道"，不会因为别人的态度而有所变化。这才是"德善"和"德信"。

第五十章　出生入死

【原文】

出生入死①，生之徒②，十有三③；死之徒④，十有三；人之生，动之于死地⑤，亦十有三，夫何故？以其生生之厚⑥。盖闻善摄生⑦者，陆行不遇兕⑧虎，入军不被甲兵⑨。兕无所投其角，虎无所措其爪，兵无所容其刃。夫何故？以其无死地⑩。

【译文】

人始出于世而生，最终入于地而死。属于长寿的人有十分之三；属于短命而亡的人有十分之三；人本来可以活得长久些，却自己走向死亡之路，也占十分之三。为什么会这样呢？因为奉养过度了。据说，善于养护自己生命的人，在陆地上行走，不会遇到凶恶的犀牛和猛虎，在战争中也受不到武器的伤害。犀牛对其身无处投角，老虎对其身无处伸爪，武器对其身无处可以攻击。为什么会这样呢？因为他没有进入死亡的领域。

【注释】

①出生入死：出世为生，入地为死。一说离开了生存必然走向死亡。

②生之徒：徒，应释为类。生之徒即长寿之人。

③十有三：十分之三。

④死之徒：属于夭折的一类。

⑤人之生，动之于死地：此句意为人本来可以长生的，却意外地走向死

亡之路。

⑥生生之厚：由于求生的欲望太强，营养过剩，因而奉养过厚了。

⑦摄生：指养生之道，即保养自己。

⑧兕（sì）：属于犀牛类的动物。

⑨入军不被甲兵：战争中不被杀伤。

⑩无死地：没有进入死亡范围。

【义理解析】

本章老子站在"求道者"的角度谈论生存之道，告诫世人只有按照"道"的规律去做事才能长存。本章并没有给出具体的生存之道，只是阐述"道"的作用。

"出生入死，生之徒，十有三；死之徒，十有三；人之生，动之于死地，亦十有三。夫何故？以其生生之厚"，老子把世上的人分为三类：长寿之人，短寿之人，折寿之人。前两类人皆是天意，容易理解。什么是折寿之人？就是本来应该长寿，由于自己的行为不符合"道"的规律，把自己置于死地。为什么会有这类人？老子认为，有些人过于执着自身的执见和欲望，过于追求自身的生存舒适感，为了追逐自己的欲望，逆道而动，必然会让自己走向灭亡之路，这就是老子说的"以其生生之厚"。这里也折射出老子的生存之道：舍弃自身的执见和欲望，遵循事物的客观规律，这才是真正的生存之道，只有这样才能长久。

"盖闻善摄生者，陆行不遇兕虎，入军不被甲兵。兕无所投其角，虎无所措其爪，兵无所容其刃。夫何故？以其无死地"，老子认为人生活中世上，芸芸众生也有他们生存运转的客观之规律，我们可以称为"世道"，只有按照"世道"去做事的人，才能让自己生存的长久。遵从"世道"的人老子称为"善摄者"，因为这类人远离"生生之厚"，离欲断见，循道而为，掌握了生存之道，总能找到最适合自己生存的方式去做事，自然就成了"善摄生者"。这类人就是老子眼中按照"道"的规律生活的人，也是生存领域的

"圣人"。这类人走在茫茫大陆，也不会让自己遇见猛虎野兽；这类人去参军，也不会受到武器的伤害。并不是这类人有什么神明相助，让他们法力无边，他们只是善于生存的人，了解生存之道，知道生存的规律：万物有"道"，原本相互之间没有干扰，世人受执见和欲望的影响，偏离自己的生存之"道"才会遇到咒虎等危险；摄生之人回归自身本性，遵行"道"的规律，不为欲望向外索求，不以此道强加于彼道，自然不会遇到外物的伤害。摄生之人做事总能防患于未然，不给豺狼虎豹机会，即便参军，也不给对手伤害自己的机会。不把自己置于危险的境地，自然也就不会有伤害。

所以，我们能清楚地看到，老子的主张并没有鬼神。世间最高的主宰者就是"道"，也就是世间万物运行的自然规律。人要掌握生存的规律，按照生存的规律去做事，客观而自然。就不会让自己因为自身的执见和欲望去冒险，也不会让自己因为自身的执见和欲望而懒惰。这样始终能让自己的身体处于自然健康的状态，并让自己处于安全的环境，这样的人当然会长寿。

"世道"究竟是什么，确实难以说清楚，因为世间万物包含有思想、有感情的人类和其他生灵，每个人都有自己的执见和欲望，其本身就不符合"道"。所以，很难用一个具体的规律把这些说清楚。但是，不可否认的是，即便是人类生存的社会也有其自身的发展规律，这便是生存之"道"（世道）。尽管到现在为止人类也没有把世间之"道"探索清楚，但客观的规律依然存在。虽然什么是社会的生存之"道"，老子没有明确的定义，但是老子给出了实践（修炼）生存之"道"的方法：放下自身执见和欲望，让自己回归客观、自然。

虽然老子没有说出"世道"的具体规律和具体模式，但是，从"道"的观点来看，老子还是给出了"世道"的基本原则：不以己欲强加于人，不以己欲强加于物，不以己欲强加于己，克服己欲，循"道"而为。这里要理解何谓"不以己欲强加于己"？在老子看来，世人的本性是清静、自然、客观、真实、质朴。由于受到世俗风气的影响，世人都有了自身的执见和欲望，遮住了其真实自然的本性。世人的欲望对于真实的自己而言，就是外来的，强加在真实的自己身上的负担，扭曲了自身真实本性。所以说"不以己欲强加于己"。正是因为有"己欲"，求名求利求享乐，世人的思想和行为才会偏离客观真实的"道"，让自己处于危险的境地，遭到失败的挫折。"己欲"是一切"离道"行为的根源，克服己欲，才能做到循"道"而为。只有遵循"道"的规律，于己才能做到不入死地，终身不殆。于天下才能做到天下大和，长治久安。善摄生者离欲而循"道"。

第五十一章 为而不恃

【原文】

道生之，德畜①之，物形②之，势③成之。是以万物莫不尊道而贵德④。道之尊，德之贵，夫莫之命而常自然⑤。故道生之，德畜之；长之育之；亭之毒之⑥；养之覆⑦之。生而不有，为而不恃，长而不宰。是谓玄德⑧。

【译文】

道生成了万物，德养育了万物，道作用于物质形成万物并赋予万物自然本性，不同时空环境使万物生长起来并呈现出各种各样的形态。因此，万物没有不尊敬道且重视德的。道之所以受到尊敬，德之所以受到重视，就在于道不对万物强加干涉，而是顺其自然。所以，道生成了万物，德养育了万物；使万物生长发育，使万物成熟结果，使万物得到抚养和保护。（它）产生了万物却不据为己有，养育了万物却不自恃其功，让万物得到生长而不做万物的主宰。这才是极为广大深远的德啊。

【注释】

①畜：畜养。
②物形：物，指万物本身。形，动词，表现。
③势：万物生长的自然环境。
④莫不尊道而贵德：莫，没有。贵，崇尚，重视。
⑤莫之命而常自然：不加以干涉，而让万物顺任自然。之，代指万物。命，支配，干涉。

⑥亭之毒之：使万物长大成形，成熟。

⑦覆：维护，保护。

⑧玄德：深微玄妙的德。

【义理解析】

本章老子是站在"得道者"的角度讲述万物生灭运行的规律。"道"生万物，"德"养万物，离欲者有德，有"德"者循道，循"道"者恒久。老子列举万物的产生、生长、成熟的过程，让世人理解"道"是宇宙万物运行的基本规律，"道"对于世上万物展现出了深远广泛之德。道之德是无为，物之德是自然。

老子眼中宇宙万物的运转是什么样的？"道生之，德畜之，物形之，势成之。"直接理解就是："道"是宇宙万物的本源规律，世界万物都是依据"道"的规律生成，这就是"道生之"；万物依照"道"的规律运转就是有"德"，有"德"才能生存发展，所以说"德"养育了万物，这就是"德畜之"；"道"和"德"，一个是客观规律，一个是遵循规律的行为，这是"道"的基本准则。"道"是"德"之本，"德"是"道"之用，都属于客观形而上的范畴，并没有实指具体事物。"道"和"德"只有通过具体的物质形象才能呈现出来且被世人认知，"道"作用于物质形成了世上的万事万物（"道"和"德"的物质相），且赋予万物自然本质属性（道的属性），这就是"物形之"。"道"形成万物并存的局面，万物又遵循"道"的规律去运行，不同时空、不同环境，就出现了万事万物不同的具体形态，万物循道的瞬时状态就是"势"。这个"势"不仅是事物的一个静止的外观状态，更重要的是事物的内驱动力（物之"道"）的内在状态；假设两个事物外观相似，但内在的驱动力运行方向不同，那么这两个事物就是形同势不同，就处于不同的形势。比如两辆汽车，一个紧急刹车，一个加速启动，某个时刻这两个车子速度相同（形同），但它们的内驱动力不同（势不同），这就是形同势不同。如果把万事万物遵循"道"的行为过程称为"德"，那么每个具体的时刻在道的作用下万物（道的物质相）所呈现的具体状态就是"势"。势是万物循"道"的具体表现，在持续的时间内，各个时刻的"势"连续起来就是万物的生长发展过程，这就是"势成之"。宇宙万物都是通过这个链条组建起来的，这也是《道德经》中万物运转的基本规律。

"是以万物莫不尊道而贵德。道之尊，德之贵，夫莫之命而常自然"，宇宙万物无不遵从道，按照"道"的规律而产生；无不尊崇德，依据"德"的规律而运转。"道"之所以受尊重，"德"之所以受重视，是什么原因呢？就是因为"道"和"德"都是利生万物而不争；它们虽然生养了万物，但是从不把自身的意志和执见强加于万物，而是让万物回归自身本性，自然而然遵循"道"的规律。以"道"的观点来看，"道"和"德"的伟大不是因为其大公无私，而是因为它们客观自然，宇宙万物无一能离开"道"和"德"而独立存在。"道"主宰万物用最柔的方式，甚至让万物都感知不到其存在，用最强的能量，无时无刻，无始无终，无一例外。

"故道生之，德畜之；长之育之；亭之毒之；养之覆之。生而不有，为而不恃，长而不宰，是谓玄德"，长之：生长；育之：培育；亭（成）之：固定成形；毒（熟）之：长大成熟；养之：利养、养大；覆之：保护。"道"和"德"虽然生养了万物，护佑万物的长大、成熟。但是，"道"从来不把万物据为己有，也从来不自恃其功把自己当成万物的主宰。正是因为道和德没有自身的执见和欲望，不把自身的意志强加于万事万物，而是让万物回归本性、自然发展，才让"道"变成了万物真正的主宰。这是完全符合道的规律行为，是万物最合理的存在，是事物本来就应该有的状态，是"道"对万物展现出的极其深远伟大的德性，可称为"玄德"。

本章老子重点强调"道之用"：世上万物从产生、成长、成熟，直至灭亡等全过程，无不是按照"道"的规律生灭，并遵照"德"的规律运转。虽然万物都自然而然的遵从"道"和"德"，但是道和德从不会凸显自己，把自身的执见和意志强加于万物，如文中所述"生而不有，为而不恃，长而不宰"。老子在《道德经》中多个篇章介绍"道"和"德"，都是从客观自然的角度看待二者。"道"不是一个精神实体：无意识，无自性，无自身的意志和执见；"道"是一种客观规律：无形无相，无处不在，无始无终，其大无外，其小无内，且自然化生万物。从客观角度来讲，"道"不会主宰占有万物。"德"是万物循"道"的行为过程；"德"的极致状态就是万物完全回归自身自然本性，自行按照"道"的规律行事。以"道"的观点看待世间万物：只有符合"道"的规律（有德）和不符合"道"的规律（无德），客观自然；合道则生，逆道则亡。由于道无形无相，世人甚至都无法意识到它的存在。如何才能做到遵循"道"的规律呢？老子认为世人应当效法"道"的无为本性，放下自身的执见和欲望，回归质朴本性，客观的看待万事万物，只有这样才能认知真正的"道"，并遵循"道"的规律，做出最合理的选择，循道而为，这才是万物最合理的存在。

第五十二章　天下有始

【原文】

天下有始^①，以为天下母^②。既得其母，以知其子^③；既知其子，复守其母，没身不殆。塞其兑，闭其门^④，终身不勤^⑤。开其兑，济其事^⑥，终身不救。见小曰明^⑦，守柔曰强^⑧。用其光，复归其明^⑨，无遗身殃^⑩；是为袭常^⑪。

【译文】

天地万物本身都有起始（道），这个起始作为天地万物的根源。如果知道根源，就能更清楚认知万物；如果认知了万事万物，又能进一步把握着万物的根本，那么终身都不会有危险。塞住欲念之孔，闭起欲念之门，终身都不会有烦扰之事。如果打开欲念之孔，就会增添纷杂的事件，终身都不可救治。能够察见到细微的东西，叫作"明"；能够持守柔弱的东西，叫作"强"。运用其光芒，返回守住内在的明，不会给自己带来灾难，这就叫作万世不绝的"常道"。

【注释】

①始：本始，此处指"道"。

②母：根源，此处指"道"。

③子：派生物，指由"母"所产生的万物。

④塞其兑，闭其门：兑，指口，引申为孔穴。门，指门径。此句意为：塞住嗜欲的孔穴，闭上欲念的门径。

⑤勤：劳作。

⑥开其兑，济其事：打开嗜欲的孔穴，增加纷杂的事件。

⑦见小曰明：小，细微。能察见细微，才叫作"明"。

⑧强：强健，自强不息。

⑨用其光，复归其明：光向外照射，明向内透亮。发光体本身为"明"，照向外物为光。

⑩无遗身殃：不给自己带来麻烦和灾祸。

⑪袭常：袭承常道。

【义理解析】

本章老子站在"得道者"的角度谈论如何认识"道"：一是"道"生万物，随着世人对道的认知越来越深入，"道"对世人在认识事物的时候的指导作用也会越来越精确；二是随着世人对万物的认知深度增加，又能通过对万物的观察、分析、总结而得到更精妙的"道"，这样的反复作用，就能让世人对道的认识循环加深，最终认知客观真实之道。这一章可以说是老子提出的"认识论"。

老子说"天下有始，以为天下母。既得其母，以知其子；既知其子，复守其母，没身不殆"，这句话中的"没身不殆"不能简单的理解为：终身没有什么危险。老子这里说的"不殆"，不仅是人身不会有危险，而且包含自己的理念不会有危险，不会犯错。"道"虽然是客观存在的，但是一个笼统抽象的概念，无形无相，无法触闻，作为普通人如何才能认知"道"呢？老子首先提出天地有其本源，这个本源就是"道"，道生万物，可以说道是万物之母。我们既然清楚了"道"是天下万物的根源，宇宙万物也遵循着"道"规律而运转，万物就是"道"通过物质在宇宙中的具体展现，也就是"道"的实相，物质相。我们就可以通过观察宇宙万物，观察"道"的物质相，然后经过分析、归纳、总结，就能更清楚、更全面、更准确地了解"道"。在"道"的指引下，更加准确地去认知宇宙万物，再通过观察、分析、总结和归纳，让"道"更加完善、全面、准确。就是通过这么往复循环，让我们对"道"的认知越来越准确，这就是老子关于"道"的认知论。这句话意思是：如果通过反复的理论联系实践的方法，让自己逐步掌握客观的规律，也就是掌握了"道"，就终身不会犯错。用我们现在的话讲，就是理论指导实践，通过实践完善理论。这也是现代人认识规律的基本方法。

"塞其兑，闭其门，终身不勤"这句话是说：如果在认知"道"的过程中，关闭自己的欲望之门，放下自身的执见，才能让自己看待问题的时候保持客观，认知真实之"道"，这样就能终身不受烦扰。这句话中的"兑"和"门"都是一种比喻，也就是欲望之门。在老子看来，眼、耳、鼻、舌、身、意都属于自身的欲望之门，通过眼、耳、鼻、舌、身、意接触到的信息，都是为了满足我们自身的欲望，包括我们执着于自我的想法，也是欲望。如果要关闭欲望之门，就需要达到"无我"的状态，让自己不执着于自我。看待问题，思考问题的出发点不再是"我"，当一个人达到"无我"的状态，就不会有"喜、怒、忧、思、悲、恐、惊"，没有这样的个人情感和欲望干扰自己的思维，这才是客观自然的理性。当眼耳鼻舌身意接触的信息，过滤掉"我"之后，就只剩下客观自然的一面了，所以看到的事物就是客观自然的状态，思考得出的规律才能客观。老子在《道德经》中多次强调，在认知"道"的过程中要放下自身的执见和欲望，其实就是要达到"无我"的状态，在客观真实的状态下去看待问题，去思考问题。相反，当一个人看待问题思考问题的时候，若打开自己的欲望之门，就会让自己对事物的认知偏离客观实际，就不能认知真正的"道"。当我们偏离"道"的时候，最终必然是不可挽回的灾难和失败。这就是老子说的"开其兑，济其事，终身不救"。

虽然我们知道要通过观察和思考来认知"道"，但是如何来观察呢？老子提出"见小曰明，守柔曰强"，从细微处观察万物，认知到客观真实的规律，就叫"明"；能够放下执见和欲望，守住内心的清净，达到"无我"的状态，无为而无不为，就叫"强"。这句话中的"柔"不仅是柔弱的意思，这里是指舍弃自身的执见和欲望，清静无为的状态；回归自身本性，循"道"而为，合道则无不胜，所以说"守柔曰强"。"明"和"强"都是修道的方法，在"明"和"强"的状态之下，总结归纳可以得到世界万物的客观规律（道），再通过认知的规律进一步加深对万物本源规律的认识，也就是"用其光，复归其明"。这也是老子的认识论。

通过上述的认识论，才能保证自己认知的"道"符合客观实际，这样的"道"就永远不会有错。这就是所谓的"恒道"，永恒不变的真理。老子的总结就是"无遗身殃；是为袭常"，这句话是在解释：通过正确的方法确保自己认知到的"道"是永恒不变的真理，只有遵循这样的"道"，才能让自己免受祸端。

　　《道德经》不是虚无缥缈的理论，这是一本非常具有实践性的书。老子提到宇宙中有永恒不变的，客观自然的规律，称为"道"。但是，这个规律是一个抽象的东西，无形无相，无声无息。如何才能正确认知这种规律呢？本章老子就给出了非常具有实践性的做法，可以说这是认识规律最正确的方法，从实践中总结出理论，再用理论指导实践，从实践得出的结论再反馈给理论。并且，如何去实践？老子给出了非常实用的方法，从细微处去观察，用"无我"的状态去思考，这样才能得到客观的规律。以现代人的认知能力，认识客观规律最科学的方法也不过如此。老子的观点，到现在一点都不过时，可以预见，在未来也不会过时。这也彰显了《道德经》思想的正确性，真理永远不会过时。

第五十三章　而人好径

【原文】

使我①介然有知②，行于大道，唯施③是畏。大道甚夷④，而人⑤好径⑥。朝甚除⑦，田甚芜，仓甚虚，服文采，带利剑，厌饮食⑧，财货有余，是谓盗竽⑨。非道也哉！

【译文】

哪怕我稍微有点对道的认知，就会遵循大道而行，唯一担心的就是害怕走了邪路。大道虽然平坦，但世人却喜欢走邪径。朝政腐败已极，使得农田荒芜，仓库十分空虚，而统治者仍穿着华丽的衣服，佩带着锋利的宝剑，饱餐精美的饮食，搜刮占有富余的财货，这就叫作强盗头子。这就是无道啊！

【注释】

①我：指有道的圣人。老子在这里托言自己。

②介然有知：介，微小。微有所知，稍有知识。

③施：通"迤"，邪、斜行、弯曲。

④夷：平坦。

⑤人：指人君，一本作"世人"。

⑥径：邪径。

⑦朝甚除：朝政非常败坏。一说宫殿很整洁。

⑧厌饮食：厌，饱足、满足、足够。饱得不愿再吃。

⑨盗竽：竽又作夸。即大盗、盗魁。

【义理解析】

本章老子站在"得道者"的角度与统治者谈论世间行道之难处：老子提出大道虽平坦，而人好径，不是人人都愿意遵循"道"，一切皆因欲望，执见和欲望扭曲了世人的本性，使世人的行为偏离大道。欲望是天下"无宁"的根源。

"使我介然有知，行于大道，唯施是畏。大道甚夷，而人好径"，关于世人应该怎么认识"道"，如何才能坚持循"道"而为，老子站在圣人的立场以自己为例进行说明：哪怕自己稍微有点对"道"的认识，都清楚自己要走大道，坚持按照"道"的规律做事，自己最担心的事就是偏离了"道"的规律。因为圣人没有自身的执见和欲望，他们最在乎的就是自己是否按照"道"的规律在做事。但是，世人却不是这样想，大道虽然很平坦，看上去也很不错，但是世人并不愿意走，世人更愿意走邪路。这是为什么？其实最根本的原因就是世人都有自身的执见和欲望，思考问题的时候会以自身的利益和欲望为出发点，做事的时候就会偏离"道"的规律。在得道之人看来，如果一个人不能按照"道"的规律做事，就是邪道。所以，老子才会说"而人好径"。老子也是在告诫世人，虽然大道很好，可能人人都知道它很好，但是都不会去走这条大道，主要是因为世人有自身的执见和欲望，不愿意舍弃自身的利益。而真正的大道又必须要舍弃个人私欲，这会让世俗之人觉得难以忍受。所以，修"道"不易。世人在修"道"的过程中，往往会陷于自身理性和欲望之间的矛盾，最后的结果就是：看别人修"道"，顾自身享乐。这样的例子在我们生活中就有很多，比如，都知道学习是正确的大道，但是很多人不愿意学习，就是因为学习的时候会让自己无暇去游山逛水，无暇与朋友聚会，让自己丧失了很多满足个人欲望的机会。所以，自身欲望的驱使，会让自己即便想学，但学不了。这就很像修道，世人都知道"道"是世间万物的本源，但是世人放不下自身的欲望，就无法认知真实的大道，更无法做到循道而为。

"朝甚除，田甚芜，仓甚虚，服文采，带利剑，厌饮食，财货有余，是谓盗竽。非道也哉"，老子也举了一些当时的朝政现实：有些统治者看着朝廷腐败无所作为，田地荒芜，仓库空虚，自己却穿着华丽的衣服，佩带着宝剑，吃着山珍海味，家中财宝无数。这样的人可以称为强盗头子。为什么老子会有如此的评价。因为该走的大道他不走，比如整振朝纲，帮助百姓安居乐业，让国家仓库充盈。他只是在追求满足自身的欲望：让自己穿好的衣服，吃珍馐美味，到处搜刮财宝。无非是让自己看起来更有优越感，满足自己的口欲，追求心理上的满足。这些都是个人欲望的彰显，把自身执见和欲望强加于万物，扭曲了自身和万物的自然本性，偏离了大道的规律，这不符合"道"的本质，这是最大的无"德"；所以，老子才说这样的人简直就是欺世盗名。在老子看来这是不可宽恕的，德不配位，会贻害天下。以圣人看来，修"道"、行"道"一切难事，都是因为放不下自身的欲望。

本章老子从批判"非道"行为的方式来反证世人应该如何修道，行道。就像老子一贯坚持的观点："道"就是一种客观自然的规律，无形无相，无声无息，但它主宰着万物。世人如果不能舍弃自身的执见和欲望，就不具备客观理性的思维，可能根本看不到甚至意识不到道的存在。本章老子列出的种种作为都是"非道"的表现，最重要的原因就是追逐个人私欲，丧失人类固有的、真实的自然本性。

所以，本章可视为修"道"篇，老子肯定了修"道"的难度：欲望难舍，"道"难修。老子还直接点出了统治者的种种行为，非道也哉。这里要理解，以老子的观点，国家和社会应该处于什么样的状态才是符合道的规律？简单地说就是知足知止。首先，统治者知足知止，不把自身的执见和欲望强加于人，也不执着于自身的欲望，全心全意为天下百姓排忧解难，让老百姓能不受干扰的生活；老百姓知足知止，不把自身的执见和欲望强加于人，不去干扰别人的生活，也不把欲望强加于己，不做欲望的奴隶，与邻为善，不相互影响。这就是老子理想的圣人治世，国泰民安，天下大和。我们要正确理解：知足知止，不是说让人都变成毫无情感的机器人，相互之间割裂，互不往来。老子主张世人不应当追逐本能之外的欲望，不被本能之外的欲望所控制。人作为一种有情生物，人类也有自身的规律，饮食起居、亲情友爱都是其中的一部分。不执着于本能之外的欲望就是刚好：人类生存本能的欲望是"道"的一部分，本能之外的欲望就是非"道"。如果只是简单地把有情生物变成了机械人，也是违反道的规律。老子通过本章告诫统治者，放下自身的执见和本能之外的欲望，用客观真实的态度对待一切事物，遵循客观自然的规律，无为而为，才是"道"。

第五十四章　以身观身

【原文】

善剑者不拔，善抱^①者不脱，子孙以祭祀不辍^②。修之于身，其德乃真；修之于家，其德乃余；修之于乡，其德乃长^③；修之于邦^④，其德乃丰；修之于天下，其德乃普。故以身观身，以家观家，以乡观乡^⑤，以邦观邦，以天下观天下。吾何以知天下然哉？以此。

【译文】

善于建造的人其建树难以拔除，善于抱持的人其抱紧就难以脱掉，如果子孙能够遵循守持这个道理，那么他的家族就会昌盛不衰。把这个道理付诸于自身，他的德性就会是真实纯正；把这个道理付诸于自家，这样的德性就会是丰盈有余；把这个道理付诸于自乡，这样的德性就会受到尊崇；把这个道理付诸于自邦，这样的德性就会丰盛硕大；把这个道理付诸于天下，这样的德性就会无限普及。所以，用自身的修身之道来观察别身；以自家的修家之道察看观照别家；以自己国家的治理之道察看观照别的国家；以平天下之道察看观照天下。我怎么会知道天下的情况之所以如此呢？就是因为我用了以上的方法和道理，观人知己，推己及人。

【注释】

①抱：抱住、固定、牢固。

②子孙以祭祀不辍：辍，停止、断绝、终止。此句意为：祖祖孙孙都能够遵守"善建""善抱"的道理，后代的香火就不会终止。

③长：尊崇。

④邦：一本作"国"。

⑤故以身观身，以家观家，以乡观乡：以自身察看观照别人；以自家察看观照别家；以自乡察看观照别乡。

【义理解析】

本章老子站在"求道者"的角度谈论作为一个"求道者"应当如何修身求"道"。关于"道"，没有人生而知之。修"道"不是胡思乱想，也不是等着天上掉馅饼，要有一定的方法，必须通过对不同事物和事理的观察、对比、分析、总结，才能够觅得事物客观、真实、自然的规律，这就是修道。

什么是"道"，得"道"之人有什么不同呢？老子举了一个例子："善剑者不拔，善抱者不脱，子孙以祭祀不辍。"我们首先要理解这句话中的"善建者"和"善抱者"，在《道德经》中"善为"之人都是得"道"之人，只有遵循"道"的规律去做事，才能称为"善为"，也是在某一领域的得"道"者，即圣人。我们古代对一些精通某一领域的人尊称，比如茶圣、棋圣、画圣、医圣等，都是这个道理，在某一领域的得"道"者。"善建者"就是"建树"领域的圣人，遵循"建之道"的规律去做事，这里是指以道建德的圣人。"善抱者"就是在"抱持"方面的圣人，会遵循"抱之道"的规律去做事，这里是指坚守大道的人。圣人做事一定是按照事物固有的规律去做，其做事的结果一定是最好的最合理的。所以"善建者不拔，善抱者不脱"，这的"不拔"和"不脱"并不仅仅实指具体现象，而是代指这个领域最好的结果，最合理的存在。这句话的含义就是：按照道的规律去做事，就会得到最好、最合理的结果。如果其子孙也能按照"道"的规律去做事，那么这家的香火就会延绵不绝。这里也是形容遵循"道"的规律才能恒久不衰。

"修之于身，其德乃真；修之于家，其德乃余；修之于乡，其德乃长；修之于邦，其德乃丰；修之于天下，其德乃普。"如果世人把"道"用于修身，那么他就能得到真正的"德"，回归质朴本性，让自己成为圣人，按照事物的客观规律做事；如果把"道"用于管理自己的家，那么他的德就是丰盈有余，得到"余德"，让整个家都按照"道"的规律去做事；如果把"道"用于教化乡里，就会让自己的德得到尊崇，也就是"长德"，带动乡里的人都遵照"道"的规律去做事；如果把"道"用于治理自己的国家，那么就让自己的"德"丰盛硕大，即"丰德"，带领全国的百姓都循道而为；如果把"道"用于治理天下，那么他就能得到普世之德，即"普德"，教化天下的百姓都按照"道"的规律去做事。把"道"用于教化的人越多，范围越广，这个人的德性就越是广大深远。

真正的"道"是什么模样，真正的"德"是什么模样？老子也不是生下来就知道这些道理。老子这里又说了一个实践的方法，"故以身观身，以家观家，以乡观乡，以邦观邦，以天下观天下"，也就是以自身对比、观照别人，又通过自己的对比、思考、分析，总结出客观、真实的自然规律，并用这个规律指导世人的行为处事，这个客观规律就是"道"。同理，也可以用自己家对比、观照别人家，用自己的国家对比、观照别的国家；都是通过观察自身，对比别人，通过多次的、多方面的对比、分析、总结，就能得到真正的"道"。可见世人认知"道"是经过后天的实践才能做到的，并非生而知之，这也是老子提倡的修道之道，观人知己，推己及人的思考方法。所以老子说"吾何以知天下然哉？以此"。

其实，本章最具有实用价值的就是最后的这个得"道"的方法。"道"这种东西无形无相，无声无息，看不见，摸不着。即便是圣人也不是生而知之。圣人得"道"的方法是什么呢？前面我们讲过，得"道"的过程分为两个层级：第一，是自我净化，让自己舍弃自身的执见和欲望，用客观理性的思维看待世界万物；第二，学会对万事万物进行理性、客观、细致的观察，并通过对比、分析、归纳、总结，我们就能将看到的事物模型化、抽象化，从而得出事物内在的规律。本章，老子又告诉我们要得"道"，重点是要观察、对比、分析：把同类的东西对比分析，找出其中的共同点，归纳出它们之间内在的规律，这就是"道"。

我们现代很多人都认为老子谈的"道"玄之又玄，深不可测，这就有点故弄玄虚了。其实老子讲的"道"不但真实，而且还能付诸实践，老子都教给我们具体的方法了，只要我们按照这个方法去观察、对比、分析、归纳、总结，就能得到这种客观存在的"道"，这也是老子认知世界的方法论。老子讲的"道"，是很朴素的客观唯物主义。这些方法是我们探索真理的有力武器，不但能指导过去和现在，同样也能指导未来。这也是《道德经》强大的生命力之所在，真理永不过时。

第五十五章　物壮则老

【原文】

含德之厚，比于赤子。毒虫①不螫②，猛兽不据③，攫鸟④不搏⑤。骨弱筋柔而握固。未知牝牡之合而朘作⑥，精之至也。终日号而不嗄⑦，和之至也。知和曰常⑧，知常曰明，益生⑨曰祥⑩，心使气曰强⑪。物壮⑫则老，谓之不道，不道早已。

【译文】

道德涵养浑厚的人（得道之人），就好比初生的婴孩。毒虫不螫他，猛兽不伤害他，凶恶的鸟不袭击他。他的筋骨柔弱，但拳头却握得很牢固。他虽然不知道男女的交合之事，但他的小生殖器却勃然举起，这是精气充沛、天然而生的缘故。他整天啼哭，但嗓子却不会沙哑，这是阴阳调和、自然而为的缘故。认识自然调和的道理叫常，知道常的道理叫作明道。贪生纵欲就会遭殃，欲望控制精气（心智）就叫作逞强。事物过于壮盛了就会变衰老，这就叫不合于道，不遵守常道就会很快地消亡。

【注释】

①毒虫：指蛇、蝎、蜂之类的有毒虫子。

②螫：毒虫子用毒刺咬人。

③据：兽类用爪、足等攫取物品。

④攫鸟：用脚爪抓取食物的鸟，如鹰隼一类的鸟。

⑤搏：鹰隼用爪击物。

⑥朘作：婴孩的生殖器勃起。朘，男孩的生殖器。

⑦嗄：嗓音嘶哑。

⑧知和曰常：常指事物运作的规律。和，指阴阳二气合和的状态。

⑨益生：纵欲贪生。

⑩祥：这里指妖祥、不祥的意思。

⑪强：逞强、强暴。

⑫壮：强壮。

【义理解析】

本章老子站在"圣人"的角度谈论"得道者"在世上的具体表现，他们遵循事物的客观规律做事，不会受到什么伤害；同时，他们循道而为，最终可以做到无为而无不为。世人看来难以做到的事情，对"得道者"而言只是自然而然的事。这也事老子告诫世人：循道而为，方可长久。

"含德之厚，比于赤子。毒虫不螫，猛兽不据，攫鸟不搏"，这里的"含德之厚"就是指得道者，德性深厚的人，能遵循"道"的规律去做事的圣人。"比于赤子"这里老子再次把圣人比作婴儿。老子很推崇婴儿的状态，婴儿没有任何自身的执见和欲望，还未受世俗习气的影响，这也是得道者应该存在的状态。得"道"的圣人，毒虫不会螫他，猛兽不会咬他，猛禽也不会伤害他。当然，这里老子只是做比拟，并不是说得道之人，就变成了神仙，万物归附，不敢伤害他，那就有点虚幻神化了。老子的本意是在告诫世人，得道之人依据"道"的规律在做事，让自己时时处于无害的境地，各种猛禽野兽没有机会去伤害他。这与第五十章中讲述的是同一个道理："盖闻善摄生者，陆行不遇兕虎，入军不被甲兵。"

"骨弱筋柔而握固。未知牝牡之合而朘作，精之至也。终日号而不嗄，和之至也。知和曰常，知常曰明"，这里老子还做了一个比喻，得道之人看起来柔弱，只不过是他们放下了自己的欲望，不与世间争名利，唯向道里寻乾坤。此句中的"柔弱"也是指得道之人欲念弱，不执着。看起来柔弱，一旦握起拳头非常的牢固，也是比喻得道之人才是真正的强大，遵循"道"的规律做事的时候就会展现出无可阻挡的一面。就像刚出生的婴儿，他们没有男女媾和的思想和欲望，但是他的生殖器却能坚挺的勃起，就是因为他们处于自然的状态，精气十足，不需要依靠外在的欲望支撑。婴儿整天啼哭，但是他们的嗓子不会嘶哑，就是因为他们让自己的身体处于阴阳合和，自然而为的状态，最符合身体规律的状态，也就是符合"道"的状态。所以，不会对身体有什么伤害。正是因为婴儿没有自身的执见和欲望，他们按照自然的规律运用自己的身体，才能让身体处于阴阳合和的自然状态。这里要理解老子提到的圣人所处的状态"精之至"和"和之至"，这两者都是在强调事物遵循客观规律而处于自然、真实的状态，这就是符合"道"的状态。老子在这里进一步阐述了"道"的观点：执见和欲望无法使人真正的强大，只有遵循道的规律，才能使人真正的强大。

如果世人也明白这个道理，放下自身的执见和欲望，回归自身质朴的本性，让自己处于阴阳合和的自然状态，不把自身意志强加于万物，就能看到真实的世界，悟出世间真理——道，就是"常"。如果一个人认知到"常"，能遵循"道"，这才是真正的大智慧，也就是老子说的"知常曰明"。有了大智慧，才能做到"骨弱筋柔而握固"，循"道"而为，无往而不胜。

"益生曰祥，心使气曰强"，句中的"益生"是指过于追求自身欲望的满足，欲望改变了自己的心态，心态付诸行动就改变了自身质朴自然的本性，偏离大道。这句话可以理解为：如果一个人过于执着自身的欲望，做事就会偏离"道"的规律，那就会产生不祥的隐患，未来必生祸端，这就是"祥"（这里指不好的预兆）。把自身意志强加于万物，追逐自身欲望就是"强"，此为背道而驰，必不长久。这里的"强"是指追逐自身欲望的能力强，个人意志强烈的凸显，并非真正的强大。真正的"强"就要像"婴儿"一样，自身质朴本性没有减损，自然和谐，符合"道"的规律，无可阻挡，恒久不衰，那才是真正的强和壮。

"物壮则老，谓之不道，不道早已"，物壮是指名壮，形壮，而非实壮；这里是指欲望所追求的强大，是自身意志和执见的凸显，会让自己偏离道的规律。有些事物只是让人看起来很壮实，很强大，这些只是世俗人依据自己的执见给出的判断标准，而并非客观真实的强大。在老子看来，只要不合乎"道"的规律，都不是真正的强大，都不会长久。举个例子，历史上恐龙曾经是地球的霸主，它们的身体强壮，牙齿锋利，地球上没有生物能与之匹敌。以我们世俗人的观点来看，恐龙是不是很强壮？在同一时代，地球上还生活着另一类生物，类似我们现在的耗子。在恐龙的眼里也许就是不值一提的微生物。如果当时你要说这个耗子将取代恐龙，恐怕会是恐龙界最大的笑话。但是，6500万年前地球环境发生变化，恐龙灭绝了，但是"耗子"生活下来了。经过时间的发展，"耗子"发展出了世界上最大的族群——哺乳动物包括我们人类在内。如果只看外形和身体的强壮，毫无疑问是恐龙强大，但是它们却不适应地球环境发展的规律，最后只能是被淘汰。"耗子"之所以生存，最后统治全球，就是因为它们适应地球的环境，符合生物的生存规律。从"道"的角度来看，"耗子"无疑是成功的，它才是真正的强大，因为它符合事物发展的规律。恐龙就是"名壮"和"形壮"，"耗子"才是真正的强大。符合"道"的规律的强大，才是真正的强大！

第五十六章　知者不言

【原文】

知者不言，言者不知①。塞其兑，闭其门②；挫其锐，解其纷；和其光，同其尘③，是谓玄同④。故不可得而亲，不可得而疏；不可得而利，不可得而害；不可得而贵，不可得而贱⑤；故为天下贵。

【译文】

真正的智者（明道之人）不以己欲而妄言，以己之欲而妄言的人就不是真正的智者。真正的得道者会塞堵住自身的欲望孔窍，关闭住自身的欲望门径。他们会消减自身的欲望（张扬锐利），不露锋芒；弱化自身的意志，消解纷争；收敛自身的光芒（追逐欲望的状态），回归本真；摆脱自身的执见（不异于外物，浑然一体），融于大道；这就是深奥的玄同。达到玄同境界的人，不会因为自身得失而亲近什么；也不会因为自身得失而疏远什么；不会因为自身得失就自以为利；也不会因为自身得失就自以为害；不会因为自身得失就觉得高贵；也不会因为自身得失就觉得下贱。道就是一种客观自然的规律，无自性，无执见，无偏无私，已经超越亲疏、利害、贵贱的世俗认知范围，不为外界所影响，所以得道之人就为天下人所尊重。

【注释】

①知者不言，言者不知：第一种解释是知道的人不说，爱说的人不知道。第二种解释是得道之人不狂言妄语，到处狂言妄语的人没有得道。第三种解释是得"道"的人不强施号令，一切顺乎自然；强施号令的人却没有得

"道"。此处采用第二种解释。

②塞其兑，闭其门：塞堵嗜欲的孔窍，关闭起嗜欲的门径。

③挫其锐，解其纷；和其光，同其尘：此句意为挫去其锐气，解除其纷扰，平和其光耀，混同其尘世。

④玄同：玄妙齐同，此处也是指"道"。

⑤不可得而亲，不可得而疏；不可得而利，不可得而害；不可得而贵，不可得而贱：这几句是说玄同的境界，圣人不会因为外界的影响而改变自身质朴本性；对万物的认知没有亲疏、利害、贵贱之分。

【义理解析】

本章老子站在"求道者"的角度谈论如何求道，并告诫"求道者"应当放下自身的执见和欲望，客观真实地看待周围的世界，从而让自己可以认知真实的"道"，并遵循"道"的规律，就可以让自己与大"道"融为一体，超越世俗的名利、荣辱、亲疏等关系，成为一个真正的有德之人。

老子认为圣人应该是冷静的观察世界，客观的分析世界。而不是根据自身的执见和欲望，随意离道妄言，夺物之志，彰显自我，满足自身欲望，所谓"知者不言，言者不知"。怎样才能让自己成为圣人呢？老子认为圣人首先是放下自身的执见和欲望，达到无我的状态，客观地看待周围的世界，只有这样才能让自己认知到真实地规律，这就是"道"，知"道"循"道"，就是圣人。老子提到"塞其兑，闭其门；挫其锐，解其纷；和其光，同其尘，是谓玄同"，这里给出了具体的修道方法，一个人要想认知真正得"道"，必须关闭自身的欲望之门，放下自身的执见，客观真实的看待周围的一切，并且要认知到自己也是客观规律的一部分，让自己与万物融为一体，达到"无我"状态。"塞其兑，闭其门"就是形象的指出修"道"者要塞堵住自身欲望的孔窍，关闭住自身欲望的门径；"挫其锐，解其纷"是指修道者要挫去自身的锐利，不露锋芒；摆脱自身的欲望，消解纷争。正是因为世人具有强烈的个人意志和执见，把自身意志强加于万物，才会显示出自以为是的锐气；正是因为世人追逐自身的欲望，偏离自身的质朴本性，才会深陷纠缠纷扰。所以，老子提出世人只有放下了自身的执见和欲望，才会远离纷扰和锐气，才能看到真实客观的世界，认知真正的"道"。"和其光，同其尘"是指修道者应收敛自身的光芒（追逐欲望的状态），回归本真；弱化自身的执见（不异于外物，浑然一体），融于大"道"。世人如果放下个人的企图心，没了自身的执见和欲望，自然就会收敛自身的锋芒，也不会彰显自身的特殊性，让自己处于真实自然的状态；认知到自己也是客观世界的一部分，只是客观规律的物质相，就能让自己与周围的尘世融为一体。"同其尘"，很多人不太理解"我"如何能与周围的世界融为一体呢？任何人都是客观世界的一部分，都来源于客观自然的规律，都遵循客观自然的规律；我们周围的事物也一样，是客观世界的一部分，都来源于客观自然的规律，都遵循客观自然的规律。任何人和事物都是源于客观自然的规律，本源相同，在"道"的层面两者本质当然就是相同的了，这就是所谓的大同。物我同源、异相同步、循道同轨，人与物只是"道"的不同相体而已。"玄同"可以理解为：无物我之别，我与万物同源异相的大同境界。这里的"玄同"也有另一种理解：得道的人都处在相同的境界，持有相同的标准，圣人们看到的世界是相同的（因为他们无自身执见和欲望，处于真实的世界），都在遵循"道"的规律，他们思考问题和解决问题的做法都是相同的，这就是非常奇妙的大同的境界。就像佛教谈论法身佛是一切佛的本源。玄同就是"道"的本源状态，道有"无相态"和"物质相态"，只是不同的表象，都有相同的根源。

　　"故不可得而亲，不可得而疏；不可得而利，不可得而害；不可得而贵，不可得而贱"，得道之人都是有德之人，有德之人不会执着于自身的执见和欲望，也不会因为外界影响而改变自身质朴本性。看待事物客观而自然，做事的时候遵循客观的规律。圣人不会因为自己的得失，而对外界事物表现出亲或疏；也不会因自己的得失，而把外界事物分出利和害；更不会因为自己的得失，就对外界事物区分出贵和贱；因为圣人看待任何事物的时候，只会看事物是否符合"道"的规律，没有第二个判别标准。他们不会把自身意志和执见强加于万物，也不会依据自身欲望的满足与否，而对外界事物做出区分。其内在逻辑：因为得道者没有自身的执见和欲望，达到"无我"的境界，物我两忘，万物皆道，一切客观、自然，故没有世俗人眼里的亲疏、利害和贵贱之分。正是因为他们得道而有德，远离世人眼里的各种利益，对待外人谦恭而柔顺，做事客观而自然，世人当然会相信他，尊崇他。古人提倡俭以养德，是很有道理的，因为节俭淡泊而远离自身的欲望和执见，回归自身质朴本性，只有这样他们才能认知真实的世界，才能悟得真理。只有得"道"之人，才能真正有"德"。所以俭以养德，也是以俭修道。

本章从两个层次来阐述修"道"。一是舍欲求"道"：要想得"道"，必须要关闭欲望之门，放下自身的执见，只有这样才能看到真实的世界，才能认知客观自然之道，按照"道"的规律去做事，才能达到"玄同"的境界，无为而治。二是客观守"道"：道即自然，这是一种客观自然的规律，得"道"之人只会以"道"的观点看待世界，不会依据自身的欲望和执见评判得失，也不会对外界事物区分亲疏利害。

第五十七章　以正治国

以正①治国，以奇②用兵，以无事取天下③。吾何以知其然哉？以此④：天下多忌讳⑤，而民弥贫；民⑥多利器⑦，国家滋昏；人多伎巧⑧，奇物⑨滋起；法令滋彰，盗贼多有。故圣人云："我无为，而民自化⑩；我好静，而民自正；我无事，而民自富；我无欲，而民自朴。"

【译文】

以无为清净之道（无为而为）去治理国家，以匡扶正道（为而无为）的理念去用兵，以让天下百姓和万物都处于合道自然（无为）的理念去治理天下。我怎么知道是这种道理呢？根据就在于此：天下的禁忌越多，而老百姓就越陷于贫穷；人民的锐利武器越多，国家就越陷于混乱；人们的技巧越多，邪风怪事就越闹得厉害；法令越是森严，盗贼就越是不断地增加。所以有道的圣人（统治者）说："统治者无为，百姓就自我化育；统治者清静，民风自然纯正；统治者无事，百姓就自然富足；统治者无欲，而百姓就自然纯朴。"

【注释】

①正：此处指无为、清静之道。
②奇：一般指奇巧、诡秘。这里指违背"道"的局面产生，统治者就应该匡扶正道，也就是为而无为。
③取天下：治理天下。
④以此：此，指下面一段文字。以此即以下面这段话为根据。

⑤忌讳：禁忌、避讳。

⑥民：一本作"人"，一本作"朝"。

⑦利器：锐利的武器。

⑧人多伎巧：伎巧，指技巧，智巧。此句意为人们的技巧很多。

⑨奇物：邪事、奇事。

⑩我无为，而民自化：自化，自我化育。我无为而人民就自然顺化了。

【义理解析】

本章老子站在"得道者"的角度谈论统治者应该如何治理天下，并且劝诫统治者要用心观察天下态势，体察民情，以无欲看天下，以无为治天下（以无事治天下），就会得到治国之道，上行下效，确保天下安宁。

本章开始提出了"以正治国，以奇用兵，以无事取天下"，这也是老子治国安邦的三大纲领：用循道而为的理念去治理国家；对背离"道"的情况要敢于作为，用"有为"的方式匡扶正"道"；用清静无为的心态去治理天下，让天下百姓和万物都处于无为的状态，这才是符合"道"的规律。这里要特别理解几个关键点："正""奇""无事"都是遵循"道"的规律，无为而治的思想，只是不同情况、不同层次的循"道"和无为。一是正常状态下的治理国家要用"正"的理念，循"道"而为可谓"正"，万物循"道"，我则无为，这也是"无为"的第一层意思"无为而为"。二是非正常状态下要用"奇"的理念，奇和正相对应，正常状态下的循"道"而为的治理称为"正"，非正常状态下的循"道"而为的匡扶称为"奇"，当国家受到非道的干扰，万物处于不合道的状态，老子主张就应该通过"有为"的方式，让国家和万物都回归合"道"的状态，通过"有为"的行动以达到万物"无为"的状态，这就是"无为"的第二个层次"为而无为"；这里要理解"用兵"不是仅仅用兵打仗，而是泛指面对不合"道"的局面，勇于通过"有为"的方式促使万物回归自然本性。老子关于"用兵"的思想，从来都是要用兵来守护"道"的理念，而不是用兵追逐统治者的个人执念和欲望，用兵的本意就是通过有为的方式，促使不合道的事物回归其自然本质，循道而为。三是不管是针对国家和万物的正常状态，还是不正常状态，都是通过"无为"的理念治理国家，不管是"无为而为"，还是"为而无为"都是"无为"，最终都是为了让国家和万事万物都处在符合"道"的状态，遵循道的规律。统治者只有通过"无为"的方式治理国家，让百姓和万物保持自身质朴本性，百姓循"道"，万物合道，才能让国家长治久安，天下太平。

老子通过阐述自己治国理政的总体纲领，用以说明"以道取天下，循道治天下"的理念。老子怎么知道的这些规律呢？他也不是生而知之，老子说出了他得"道"的方法，通过观察古今统治者通过"有为"的做法去追逐自身的执见和欲望，结果却是事与愿违。"天下多忌讳，而民弥贫。"老子通过观察天下认为，如果一个地方禁忌比较多，这个地方的百姓就比较贫困。"禁忌"就意味着人们有自身的欲望，影响自身欲望实现的东西才是禁忌，禁忌多的地方，欲望就会比较盛，欲望盛行就会偏离"道"的规律，统治者不能按照"道"的规律去治理，百姓不能按照"道"的规律去做事，自然就会民不聊生，无法安宁生活。"人多利器，国家滋昏。"如果老百姓锐利的器具越多，也就是先进的武器越多，国家就会越混乱。"利器"也是人们为了满足自身欲望而依仗的工具或者思想，利器也就是意味着执见和欲望，当老百姓都在寻求掌握利器的时候，也就是欲望盛行，他们渴望通过所谓的利器能满足自身的欲望需求，夺物之志，迷失本性，这样的思想和行为都是偏离"道"的规律，都是在为了满足自身的欲望而争斗，国家当然就会一片混乱。"人多伎巧，奇物滋起。"如果老百姓掌握越多的赚人耳目的技巧，天下就会怪事频出。"伎巧"一词可以看出老子思想上对这样技巧的一种鄙视，可见并不是我们现代人眼中的一些技能，而不过是当时的世人为了满足自身欲望而创造出的掩人耳目，坑骗别人的一些小手段小伎俩、小工具而已，在老子看来就是不符合"道"之规律的歪门邪道，比如当时的一些巫术、骗术、鬼怪邪说等，如果老百姓掌握了这些小伎俩，就会为了满足自身欲望，而不断的制造一些怪异事端，这也是不符合"道"的规律，天下自然就无法太平，可见天下不平的根源在于欲望。"法令滋彰，盗贼多有。"一个地方的法令越多越森严，那么这个地方的盗贼就会越多。"法令"也是代表禁止一些人过度追逐自身的欲望而影响其他人的规则，这也是百姓欲望的一个体现，如果法令盛行，也就意味着这个地方的人欲望盛行，有更多的人为了满足自身的欲望而不惜盗窃或抢劫。在古代，多数地方的法令都是禁止盗窃和抢劫的，所以这里直接把法令和盗贼联系起来。通过上述几个例子，都是从果推出因，虽然出现不同的结果，但根本原因都是老百姓过多的执着于自身的执见和欲望，把自身意志和欲望强加于外物，改变了自身的质朴本性，也改变了万物的本性，违背了"道"的规律，从而引发出各种混乱。在老子看来，世上欲望盛行，就会让世人蒙蔽双眼，偏离自身质朴本性，看不清真实的世界，无法认知客观的规律，也就无法遵循"道"，如果世间偏离"道"的规律，必然会社会混乱，民生凋敝，天下无太平。可见，欲望是各种非"道"行为的根源，根源不除，正道难行。

通过列举当时世上的各种反例，老子追根溯源，得出根本原因。如果不根除世人自身的欲望，虽然采取了种种"有为"的做法，但是结果适得其反。老子这也是在教会统治者如何去观察社会，发现其中的客观规律，寻找治国之道。这是老子在实践中总结出来的方法，也是老子循道思想的实践论和方法论。

通过对当时客观实事的观察和分析，老子给出了自己的结论：天下不宁是因为天下人过多执着于自身的欲望，这是根源所在。如此境况，统治者应该如何治理国家，才能让天下太平呢？针对世人盛行的欲望，老子给出了圣人解决问题的根本办法："我无为，而民自化；我好静，而民自正；我无事，而民自富；我无欲，而民自朴。"这段话有两个重点：一是无为教化；二是让百姓自我转变。"我无为，而民自化。"统治者放下自身执见和欲望，不把自身意志强加于万事万物，遵循"道"的规律，就能教化带动百姓放下欲望，回归自身质朴本性，遵循客观规律，老百姓自然就得到教化；"我好静，而民自正"，统治者自身的清净寡欲，让自己不会随着欲望而动，老百姓自然也会学着放下欲望，不为自身欲望而乱作为，民风自然纯正质朴；"我无事，而民自富"，如果统治者不会为了自身的欲望而滋扰百姓，老百姓也会放下欲望，回归本性，循"道"而为，老百姓自然就会富足；"我无欲，而民自朴"，如果统治者能够放下自身的欲望，看清客观存在的规律，并遵循客观规律去做事，老百姓也会效仿，放下自身欲望，遵循客观规律去做事，百姓自然回归质朴的状态。老子给出的最终方法就是：统治者应当放下欲望，以身作则，教化百姓，天下归宁。这段文字老子从正面进行推论，如果统治者舍弃自身执见和欲望，回归质朴，以道立德，以德化民，则会上行下效，国泰民安。

　　本章通过前半部分的反面例证和后半部分的正面推论，告诫统治者治国理政的道理：如果百姓有种种的执见和欲望，就会有种种的不符合"道"的规律的行为，如果依靠法令等外部措施强行限制，"非道"行为会层出不穷，永远也不可能管控的了。因为外在的种种"非道"行为只是一种欲望的结果，其根本原因在于每个人内心的欲望。只有通过教化，让每个人放下自身的执见和欲望，解决根源问题，世人才能看清真实的世界，认知客观规律，每个人都不再为了自身欲望而胡作妄为，而是遵循事物客观规律做事的时候，天下自然太平。

第五十八章　福祸相依

【原文】

其政闷闷①，其民淳淳②；其政察察③，其民缺缺④。祸兮，福之所倚；福兮，祸之所伏。孰知其极，其无正也⑤。正复为奇，善复为妖⑥。人之迷，其日固久⑦。是以圣人方而不割⑧，廉而不刿⑨，直而不肆⑩，光而不耀⑪。

【译文】

政治宽厚清明，人民就质朴敦厚；政治严厉苛刻，人民就狡黠、贪恋。灾祸啊，幸福依傍在它的里面；幸福啊，灾祸藏伏在它的里面。谁能知道究竟是灾祸，还是幸福呢？它们并没有确定的标准。正的忽然转变为邪的，善的忽然转变为恶的，人们的迷惑，由来已久了。因此，有道的圣人坚持循道而为，方正而不生硬，有棱角而不伤害人，直率而不放肆，光亮而不刺眼。

【注释】

①闷闷：昏昏昧昧的状态，有宽厚的意思。

②淳淳：一本作"沌沌"，纯朴厚道的意思。

③察察：严厉、苛刻。

④缺缺：狡黠、抱怨、不满足之意。

⑤其无正也：正，标准、确定；其，指福、祸变换。此句意为：它们并没有确定的标准。

⑥正复为奇，善复为妖：正，方正、端正。奇，反常、邪；善，善良。妖，邪恶。此句意为：正的变为邪的，善的变成恶的。

⑦人之迷，其日固久：人的迷惑于祸、福之门，而不知其循环相生之理者，其为时日必已久矣。（严灵峰释语）

⑧方而不割：方正而不割伤人。

⑨廉而不刿：廉，锐利；刿，割伤。此句意为：锐利而不伤害人。

⑩直而不肆：直率而不放肆。

⑪光而不耀：光亮而不刺眼。

【义理解析】

本章老子站在世人观察世界的角度谈论治世之"道"，通过我们世俗人的眼光，观察不同的治世方式和不同的社会状态。圣人治世，淳朴自然，劝诫世人应当收敛自身欲望，遵循"道"的规律，才能远离世人眼中的福祸，终得国泰民安。

老子首先列举两个例子"其政闷闷，其民淳淳；其政察察，其民缺缺"，那些政治上看起来沉闷无声，淳朴自然的制度，社会的民风淳朴敦厚，德性高尚；那些政治上看起来精明细致，严厉苛刻的制度，反倒是民风狡黠，斤斤计较，德行缺失。世俗之人只能看到社会现象，得道之人才能看清社会的本质。老子只是通过这两个事例在告诫世人一个内涵深刻的道理：治世之道在有"德"，有"德"之径在无为，无为之因在有"道"，有"道"之源在无欲，无欲之根在无我。当社会的统治者不能遵循"道"的规律做事，就无法做到有德，不能通过德行教化百姓，即便是最严苛的法令，也无法让民风淳朴、社会安定。因为百姓心中的执见和欲望不灭，就会不断地为了自身的欲望而乱行妄为，这就是社会不稳定的根源。

如何推断出社会治理的规律呢？通过对社会表象的观察，结合老子循道而为的理念，这两句话背后的逻辑是：闷闷之政在于统治者没有过多的自身的执见和欲望，正是其不凸显自我意志，不强加于人，内敛守一，顺其自然，其政才会闷闷，无欲的教化，民众自然无欲无为，民风自然淳朴。察察之政在于主政者过于执着自身的执见和欲望，在其追逐自身意志时，将自身执见和欲望强加于人，会制定出很多的细致苛刻的制度确保自身欲望的实现，外显出来的治理制度就是察察；统治者的欲望也会带动百姓追逐自身的欲望，百姓的自然本性被分化和减损，把自身意志强加于外物，就会显得民风奸诈刻薄。从其他章也能看到，这是老子一贯的主张：放下自身欲望，遵循客观规律，才是真正的治国理政之道。

由于当时的人都有自身的执见和欲望，未必会明白老子说的道理。老子接着从世人的角度谈论社会现象，以便让人理解其中的道理。老子从世人最关心的福祸说起："祸兮，福之所倚；福兮，祸之所伏。"所谓的"福"和"祸"，不过是世人依据自身执见和欲望的得失做出地判断，欲望满足为"福"，利益受损为"祸"。世人无法认知客观规律，个人意志也决定不了客观规律，所以总会看到福祸难测的境况，看起来是好的事情，但是可能会带来祸端。看起来不好的事情，也可能会让你因祸得福。在圣人看来，福祸皆源于"道"，可谓是一条根上的两种外在结果，循道者得"福"，背道者有"祸"。这也对应于老子开篇讲的"闷闷之政"和"察察之政"：闷闷之政看起来沉闷无闻（祸），但是百姓却是纯正质朴，无欲无为，天下祥和（福），可谓"祸兮福之所倚"；察察之政看起来精明细致（福），但百姓却是德性缺失，民风狡黠，祸乱之源（祸），可谓"福兮祸之所伏"。老子通过这个辩证的论述，也是告知统治者一个道理：以自身执见和欲望判断是好的事情，未必合"道"，带来的可能是灾祸；以自身执见和欲望判断是坏的事情，可能合"道"，带来的可能是福报。这在阐述一个道理：世人应循"道"，而不应该循欲。

"孰知其极，其无正也。"世人认定事情的好坏、福祸都没有固定的可以预见的模式和标准，谁也不知道什么时候好，什么时候不好。当世人以自身执见和欲望去追逐自认为"好"的事情，结果可能是意想不到"坏"的场面，正所谓"正复为奇，善复为妖"（正的有时候就变成了邪的，善良的有时候就变成了邪恶的）。"人之迷，其日固久。"老子认为世人不明白其中的道理，已经由来已久了。这里要注意，老子说的"人之谜"不是说人们不知道"正复为奇，善复为妖"这种现象，而是人们不明白其中的道理。世人只看到现象，看不到本质，所以世人对这种现象的感觉是"孰知其极，其无正也。"老子作为圣人当然知道其中的道理，他只不过是站在世人的角度，借助借众人之口，谈论世俗之人看到的社会现象。世人之迷，主要是因为世俗之人过度执着于自身的执见和欲望，不知客观之"道"。世人看到事情的福祸或者好坏，都是基于自身的执见和欲望去判断，有了自身的执见和欲望，就会让自己对外界事情或事物的判断偏离客观实际，就会让自己的认知和行为偏离"道"的规律。一个人做事的时候如果偏离"道"的规律，当然看不清事物背后的客观规律，看不到事情背后的真相，必然福祸难测。从老子一贯以来的思想可推知，世人之所谜在圣人看来应当清晰自然，世人感觉难测之福祸在圣人看来应当历历分明。因为宇宙万物都在按照"道"的规律运转，圣人掌握了"道"的规律，推测未来事情的发展清晰自然。只不过是圣人没有世人的执见和欲望，也就无所谓福祸，也无所谓"正奇"和"善妖"。在圣人眼里，万事万物只有是否合"道"，对于合道之事，他们会无为而为；对于不合"道"之事，他们会为而无为。

但是，普通老百姓并不知道什么是"道"，如何做事才符合"道"的规律，如何做才能破解世人心中的"正复为奇，善复为妖"迷思呢？老子提出向圣人学习：圣人做事的时候，会放下自身的执见和欲望，遵循"道"的规律，做任何事的时候都不会追逐自身欲望而凸显个人意志。所以，老子说"是以圣人方而不割，廉而不刿，直而不肆，光而不耀"，这里的"方、廉、直、光"都是在指圣人循"道"的表现。得道之人会以"道"为自己的行为准则，清晰而明确，这就是"方"和"直"。圣人对"道"的坚持和把握会让他们显得与众不同，睿智而深刻，这就是"廉"和"光"。"割、刿、肆、耀"这些都是指世人循欲的表现，追求自身欲望满足的人就会以自身利益为中心，不惜对其他人和物造成影响或伤害，这就是"割"和"刿"；执着于自身意志的人也会把自身的执见和欲望强加于别人或外物，彰显自身的意志，这就是"肆"和"耀"。这几句话可以理解为：圣人做事坚持自己的原则（以道为原则）但不会显得特别生硬，有自己的锋芒（坚持道的原则）但不会刺伤别人，他们遵循"道"（"直"是道的真实状态）而不会恣意妄为，有自身的光芒（深刻而锐利的见解）却不会强加于人。这几句都是在阐述一个道理：世人应当放下自身执见和欲望，回归自身质朴自然的本性，循"道"而为；不要把自身意志强加于人，胡作妄为，偏离大道。以"道"的观点：无论人或物，循"道"则生，逆"道"则亡，舍欲是根，循"道"是本，根本相合，万物自然，这才是天下本该有的状态。

另外，文中的"孰知其极，其无正也。正复为奇，善复为妖。人之迷，其日固久"这几句话不像原著内容，更像是后人对前一句话的评语。并不是特别符合老子一贯的思想，老子认为圣人是得"道"者，宇宙万物都是遵循"道"的规律在运转，圣人当然知道何时为福，何时为祸。本章内容，老子只是通过举例，阐述福祸相依的思想，告诫世人要学圣人之作为，放下自身执见和欲望，回归自身质朴本性，循"道"而为，顺其自然，而不是追逐自身欲望，凸显自身意志。

第五十九章　治人事天

【原文】

治人事天，莫若啬①。夫唯啬，是谓早服②；早服谓之重积德；重积德则无不克③；无不克则莫知其极；莫知其极，可以有国。有国之母④，可以长久。是谓深根固柢⑤，长生久视⑥之道。

【译文】

治理百姓、遵行天道，没有比放下自身欲望，爱惜天下百姓更为重要的了。爱惜百姓，放下欲望，这才是循道的开端。循道而为，就是厚积其德。厚积其德就没有不能胜任的事，没有不能胜任的事就拥有无可限量的能力。拥有无可限量的能力，他就可以担当好治理国家的重任。有了治理国家的原则和方法（治国之道），国家就可以长治久安。这就是根深蒂固，长治久安的道理。

【注释】

①啬：这里是爱惜、重视天下百姓之意。
②早服：原意为早做准备。这里指循道的开始。
③克：胜任。
④母：这里指"道"，譬喻保国的根本之道。
⑤柢：树木的根。
⑥视：生活。

【义理解析】

本章老子是站在统治者的角度谈论治国之道，阐述了治理国家的思想出发点和基础：治国之道贵在有德，有德之行可以长久。并告诫统治者要懂得收敛欲望，爱惜百姓，用"啬"的道理修身，方可重积德，有德才能治国。

"治人事天，莫若啬；夫唯啬，是谓早服"，本章老子开门见山地指出治理国家，遵循天道，最重要的事情莫过于收敛个人欲望，爱惜百姓，只有重视天下百姓，才是治国之道。这里的"治人"应理解为：治理国家，服务百姓。"事天"应理解为：遵从天道，遵从规律。"治人事天"就是遵循"道"的规律，治理国家。"啬"应理解为：收敛、放下。因为爱惜、敬重一个事物而收敛自身欲望，减少非道行为。这里引申为把苍生放在首位，因为敬重、爱惜天下苍生，宁愿为此放下自身的执见和欲望，达到无我的境界。"早服"应理解为：开端就循"道"，一直循"道"。早：起始、开端；服：服从，遵从大道。这句话也是告诫统治者，治理天下，更要从内心重视、爱惜百姓，收敛自身欲望，这才是循"道"的开始。老子重点强调"啬"，这是一个很重要的境界，因为爱惜而放下自身欲望。这个也容易理解，比如：很多身为父母的人，为了自己的孩子什么都愿意付出，甚至不惜牺牲自己的生命去爱护他、保护他，这就是"啬"的心态。如果统治者对待天下百姓也有这种"啬"的心态，自然就会放下自身的执见和欲望，以百姓为重心，则国泰民安。后来很多统治者常把"爱民如子"挂在嘴边，其实这也是圣人的教诲。老子认为天下之"道"就是百姓安居乐业，自在生活。当一个统治者能够放下自身的执见和欲望，自己的起心动念都是苍生，为百姓着想，让天下百姓安居乐业，这就是符合"道"的规律。从世俗观点来看：懂得爱惜苍生，说明你上"道"了。老子告诫统治者，治国应当从格局切入，心怀苍生，志在天下，才能放下欲望，循道而为，无为之治，经久不衰。

"早服谓之重积德"这句话如何理解？按照上述的解释，"早服"是对待外界事物，开始的时候就遵循治世之道。"早服"的前提是：统治者极度地重视、珍惜百姓，愿意放下自身的欲望和执见，追求让百姓安居乐业，这就是"治国之道"。老子的观点：只有符合"道"的行为才能称为"德"，合"道"之行方为"德"。当一个人放下自身欲望和执见，遵循"道"的规律，就是有"德"的表现。同理推知，当统治者能够不顾自身利益，忘我的追求天下百姓的安居乐业，自始至终遵循治世之"道"，当然就是有"德"，并且是"厚德"。所以，老子说"早服谓之重积德"。这句话是不是在所有的情况都适用呢？其实不全是，这一点一定要清楚。比如，对待孩子或者朋友，如果坚持"啬"的心态，极度重视孩子，忘我的付出，满足孩子不合理的愿望，这就是溺爱了，不能称为"早服"。所以，老子给这句话加了一个适用的前提"治人事天"，只有考虑天下百姓的时候，"啬"这种极度的重视百姓，忘我的付出，让百姓安居乐业，才是符合"道"的规律，才能算有"德"。"啬"不是盲目的克制退让，满足别人。"啬"的精神：收敛自身欲望是为了不影响外物，不把自身意志强加于外物，不改变万物的自然本性，让万物合"道"。如果克制自己反而让万物偏离大道，这就是"迂"而不是"啬"。

当一个君王能积"厚德"，说明这个君主能放下自身的欲望和利益为了天下百姓着想，忘我的遵循"道"的规律。如果一个人能完全的遵循"道"的规律，当然就没什么做不成的，没什么不能胜任的。所以，老子说"重积德则无不克"，重积德之人必是遵循"道"的人，必然是攻无不克，战无不胜。"无不克则莫知其极；莫知其极，可以有国。有国之母，可以长久。"当一个人能够无所不能胜任的时候，其能力不可限量，他就有资格、有能力去治理一个国家。如果君王能积"厚德"，遵循"道"的规律治理天下，他的国家就会长治久安。

"是谓深根固柢，长生久视之道。"在老子看来，治理国家，要遵循一定的规律，这个规律就是"道"，也可以称之为"治国之道"。首先，我们要了解老子心中国家的运行之"道"，也就是国家原本应该存在的模样：百姓都能安守自身质朴自然的本性，安居乐业，自在生活，不受干扰，也不强加于人；统治者能舍弃自身的执见和欲望，不把自身意志强加于人，教化百姓，回归本性，全心全意为天下百姓着想，为百姓富足、自由的生活创造条件。这就是老子认为国家应该遵循的客观规律，也就是"道"。所谓的治国之道就是让国家按照"道"的规律去运转。如果想成为合格的君王，必须要有爱民之心，内心重视、爱惜天下百姓，愿意为天下百姓收敛自身的利益和欲望，追求并遵循让百姓安居乐业的"道"，这就是以"道"治国。"道"也是治理国家的根本，如果国家运行遵循"道"的规律，其必然根深蒂固。若人能循道而为，就是有大"德行"，就有资格拥有天下，而且会长治久安。以"道"的观点，符合"道"的规律的事物必然长久。

本章老子重点在强调一个字"啬"。因为重视、爱惜，而愿意放下自身的执见和欲望，重点是要做到放下自身欲望。只有放下自身欲望，才能回归自身本性，认清客观规律并遵循这种规律，这才是循"道"而为。统治者如何才能放下自身欲望呢？老子这里用了"啬"，引导统治者从重视、爱惜的心态切入，因为爱惜百姓，而舍弃自身欲望，放下了执见和欲望，就见"道"了。老子不是让人单纯从"道"的角度（无欲望），冷冰冰的要求放下自身欲望；而是从世人的角度（有欲望），让统治者以胸怀百姓为切入点，因为重视、爱惜苍生而放下自身欲望，最后做到循"道"而为。这也是老子教授统治者求"道"、修"道"的一种方法。

"道"可分为自然之"道"和社会之"道"。自然之"道"就是自然哲学的部分，探索宇宙万物客观自然的规律，我们当今的科学基本都属于自然哲学部分，但是自然哲学已知的客观规律，不管是物理、化学，还是数学等都是观察研究客观事物总结出的规律，科学精神就是探索未知，追求真实，这部分还是比较符合老子"道"的精神的。社会之"道"就比较抽象，毕竟是研究人类活动规律的哲学，很难像自然哲学那样得出精准量化的客观规律。社会规律比较复杂，牵涉人的心理学和行为学，还有人类没有解密的思维、意识、人性规律等。如果要彻底了解社会运行的客观规律，就要弄清楚人类存在的意义和使命。我们都知道人有生老病死，但是，生命出现的意义就是为了死吗？生命的出现是必然还是偶然？人为什么会有思维和意识，哪些东西是生命中的必然。哪些东西是生命中的偶然？从生物层面看，人必须要死，那只是结果，这是被规律控制的必然，但物质现象背后的规律是什么，为什么这种规律会存在？从"道"的观点来看，生死只是一种规律存在的形式和物质形态的变迁而已，每个生命都是客观规律的一部分。我们都知道有一个总的根源性的规律存在，但是它究竟是什么，我们还看不到。老子只是给我们指出了一条道：舍弃自身欲望，用客观理性和思维去逐渐认识这种本源规律。认识规律，遵循规律，这也许是生命存在的意义之一。

第六十章　道莅天下

【原文】

治大国，若烹小鲜^①，以道莅^②天下，其鬼不神^③。非^④其鬼不神，其神不伤人。非其神不伤人，圣人亦不伤人。夫两不相伤^⑤，故德交归焉^⑥。

【译文】

治理大国，好像煎烹小鱼，要遵循一定的规则方法。用"道"治理天下，鬼神起不了作用；也不是鬼神不起作用，即便鬼神起作用也伤不了人（以道的观点：减损世人自然本性，妨碍其行道，即是伤人）。不但鬼神的作用不伤害人（损伤世人质朴自然的本性），圣人有道也不会伤害人。这样，鬼神和有道的圣人都不伤害人，所以就可以让天下百姓回归质朴本性，循"道"而为，天人共德，天下大和。

【注释】

①小鲜：小鱼。
②莅：临。
③其鬼不神：鬼不起作用。
④非：不唯、不仅。
⑤两不相伤：鬼神和圣人不侵越人。
⑥故德交归焉：让人民享受德的恩泽。

【义理解析】

本章老子站在圣人的角度与统治阶层谈论什么是治国之道。文中通过比喻揭示了其中道理：如果按照客观规律治理国家，天下才会真正的太平。

"治大国，若烹小鲜"，老子认为，治理一个国家和烹饪小鱼一样，都要遵循一定的规律。这里拿治理国家和烹饪小鲜作比较，主要是要说明一个道理：不管做大事还是小事，都要遵循事物的本质规律，也就是循"道"而为。关于这句话有很多版本的解释，常见的是《韩非子·解老》中的解释，认为拿烹小鲜（做小鱼）比作治理国家，有其自身意义，因为烹小鲜的特点是不能乱翻动，胡乱翻动就会让这些小鱼破碎，用这个特点来阐述君王治理国家的时候，不能过度扰民，应当让百姓清净无为。以"道"的观点，这个解释未免有点引申过度，烹小鲜之道就只有不翻动吗？应该还有很多要求吧？比如，不放盐、只加醋，做出来的肯定不好吃；又如，把鱼放臭了再做，肯定也不如新鲜的鱼好吃。这都是因为没有按照做小鱼该有的方法去烹饪，肯定做不好小鱼。所以，烹小鲜的规律，也不仅仅是翻动，还有很多其他的要求，老子用烹小鲜类比治理国家，就是用一个百姓都很熟悉的事，让人们容易理解治理国家也有一定的方法和规律，治理好一个国家重点在于遵循固有的规律，这个规律就是"道"，也可以称为"治国之道"。所以，老子提出应"以道莅天下"，也就是以"道"来治理天下，用治国的规律去治理国家。

在老子看来，"道"高于一切，包含宇宙在内一切事物的生灭运转都是由于"道"的作用，无不遵循"道"的规律。即便是当时人们敬畏的鬼神，老子认为：人有人道，鬼有鬼道，神有神道，宇宙万物都要遵循"道"的规律生灭运转。由于"道"的至高无上，如果一个人按照"道"的规律去做事，那么就没有任何东西能伤害他、影响他。所以，老子提出"以道莅天下，其鬼不神。非其鬼不神，其神不伤人"，句中的"鬼"是指中国古代的传统信仰，认为有一种高层次的独立意识和意志，有其自身的执见和欲望；"不神"不仅仅理解为不灵验，这里代指鬼不能将自身意志强加于"道"，改变"道"的客观规律；"伤人"也不能简单理解为伤害人，这里是指鬼神把自身的意志强加于得"道"之人，减损"得"道之人的质朴自然的本性，使其偏离大"道"。这句话可理解为：以"道"治理天下，万物循"道"而为，在此前提下，即便有鬼，也不会灵验（鬼不能把自身意志强加于道，改变客观规律）；

也不能说鬼不灵验（老子认为，鬼神若循"道"而行，还是有它自身的作用)，只是它的灵验不能伤害循"道"之人（鬼也不能把自身意志强加于得"道"之人，减损得"道"之人的质朴本性，使其偏离大"道"）。因为世人遵循"道"了，鬼也对"道"无能为力，所以，鬼只对那些不循"道"的人有作用，对于遵循"道"的人而言，鬼神是不起作用的。就像《了凡四训》讲述的命运只对有执见和欲望的人起作用，对于真心皈依佛的人不起作用，以佛家观点，"如来藏"就是真如大道，遵行如来藏者，践行因果，命运就掌握在自己手中。这就是老子以"道"为至高无上的观点，只要我们循"道"而为，什么都不能危害我们。老子并不信鬼神，信仰鬼神的人都会认为鬼神是至高无上的存在，但老子认为"道"是至高无上的存在，他并不在意鬼神的意志，在《道德经》其他章节我们可以看出，老子从来没考虑过鬼神的意志。老子这里说鬼神，其实也是代指不可见的一些因素。有些知识背景需要解释一下：在中国古代，鬼也是神的一种，中国一直就有祭祀鬼的传统，比如我们祭祀祖先，祭祀逝去的亲人，都是拜鬼传统的延伸。在老子生活的年代，鬼和现在所谓的鬼有所不同，那时的人们认为人死之后，其不灭的精神就是鬼，灵魂回归到其本真状态。

"非其神不伤人，圣人亦不伤人。"这里的"非"与上一句的非意思稍有区别，上句的"非"是指，否定，不是。这句的"非"是指：除了，除去。这句话的意思就是：除了鬼神的灵验作用不会阻碍世人遵循"道"，圣人也不会阻碍世人遵行"道"。这里的"伤人"与上文意思一致：减损世人质朴本质，阻碍世人循"道"。这几句话阐述了老子对"道"的推崇：如果世人遵循"道"的规律去做事，世界上没有任何东西能减损其质朴本性，也没有任何东西能阻碍其循"道"而为。世间的圣人（是指有德的统治者）会遵循"道"的规律，无为而治，人行其"道"，不受阻碍；不可见的一些因素，比如鬼神，也会遵循"道"的规律，当然不会对遵循"道"的人加以阻碍。"夫两不相伤，故德交归焉。"用道来治理天下，圣人行其"道"有其"圣德"，鬼神行其"道"有其"神德"，万物各行其"道"有其"物德"；鬼、人、万物各循其"道"，回归自身本性，不把自身意志强加于外物，这就是万物之德；这些德行交汇在一起，就是世间的"大德"，这种德行之下，天下万物都按照其自身的客观规律去运转，就不会有不好的事情发生，天下百姓就受到"德"的恩泽，国泰民安。总结就是一句话：道行天下，德泽万民。

补充知识：中国古代的鬼（鬼）

这是甲骨文中"鬼"字的法，田下一个蜷缩着的。古人对人死后，埋入土中的称之为"鬼"。道教三经之一的《冲虚经》（也叫《列子》），是比较早的一部道教经典，作者列御寇为战国时期人，其中《列子·天瑞篇》对"鬼"有所描述："精神离形，各归其真，故谓之鬼。鬼，归也。归其真宅。"鬼，归也，回归的意思；归其真，"真"是其原本的状态，人的精神离去，回到自然当中，称之为鬼，鬼是神的一种，永恒不灭。中国古代人的概念中"鬼"是没有轮回和地狱的，中国古代的鬼是没有投胎、轮回、下地狱等这些概念的。这是佛教进入中国之后，中国人才有了轮回投胎的概念。古代人认为人死之后就是鬼，魂归自然，就会进入永生的境界，就像我们正常人一样，进入天界生活。

所以，中国一直以来就有视死如生的传统，中国人喜欢在人死之后进行厚葬，大量的陪葬品，就是为了让逝者在另一个世界使用。中国古代人的世界观：我们生存的空间有两个世界，一个是人类生存的现实世界，另一个是鬼神生活的天界。天界的模式和人间是一样的，也有普通百姓和统治阶层，普通百姓就是鬼，如果鬼有能耐，做了官也就变成了神。我们中国传统的信仰就有玉皇大帝，满朝文武，还有普通众神。说白了，就是参照人间的模式，人们勾画出的神仙的生活模式。这也是延续中国视死如生的观念，人死之后，进入天界，开始另外一种生活，跟我们现实的人一样。关公是关羽，财神是比干、钟馗等，都是由鬼到神。那个时候的鬼神更人性化，永生不灭。

中国古代的人一直都认为有两种力量控制着整个人类：一个力量就是可见的因素，统治阶级；另一个力量就是不可见的因素，鬼神。一个是现实的个人意志，一个是抽象的大众意志，都会通过直接的或者间接的方式，转嫁到世人的身上，所以就形成了中国人原始的"二元治世"的思想。本章中老子以"道"的观点加以修正，强调宇宙之中"道"至高无上，万物各有其

"道"，圣人和鬼神也不例外，也必须遵循"道"的规律。圣人治世，教化万民行其"道"；鬼神护世，协助万物归其"道"；圣人和鬼神都在循"道"而为，教化协助万物各归其"道"，无为而治，万物皆谓我自然，必然就会国泰民安，天下太平。

第六十一章　大者为下

【原文】

大邦①者下流，天下之牝，天下之交也②。牝常以静胜牡，以静为下。故大邦以下小邦，则取小邦；小邦以下大邦，则取大邦。故或下以取，或下而取③。大邦不过欲兼畜人④，小邦不过欲入事人。夫两者各得所欲，大者宜为下。

【译文】

大国要像居于江河下游那样，使天下百川河流交汇在这里，处在天下雌柔的位置，就像万物的根源。雌柔常以安静守定而胜过雄强，这是因为它居于柔下的缘故。所以，大国对小国谦下忍让，就可以取得小国的信任和依赖；小国对大国谦下忍让，就可以见容于大国。所以，或者大国对小国谦让而取得小国的信任，或者小国对大国谦让而见容于大国。大国不要过于咄咄逼人掌控小国，小国不要过于卑躬屈膝依附于大国。两方面各得所欲求的，大国更应该谦下忍让。

【注释】

①邦：一本作"国"。
②天下之牝，天下之交也：牝，雌性，喻万物的根源；交，会集、汇总。
③或下而取：下，谦下；取，借为聚。
④兼畜人：把人聚在一起加以养护。

【义理解析】

本章老子站在统治者的角度谈论国与国之间的相处之道，重点强调一个"下"字。善于"为下"是一种治国理政的哲学，以"下"见道，以"下"有德，道德俱备，治国之道。大国"善下"可得小国拥护，小国"善下"可得大国宽容。

大国之德在于行大国之道，小国之德在于行小国之道。无论遵循大国之道，还是小国之道，都应该首先放下自身的欲望，遵循客观规律。以"道"的观点就是"大邦者下流，天下牝之，天下之交也。牝常以静胜牡，以静为下。"《道德经》中老子多次提到"牝"和"牡"，"牝"本义是雌性，这里就是延伸为雌柔、清静、无欲的状态；"牡"本意为雄性，延伸为刚强、激烈、追求自身欲望的状态。"牝"这种状态就是不把自身意志强加于万物的循"道"状态，所以，"牝"也是"循"道、无为的指代。"下流"是指无执无欲，固守质朴本性，敬重万物，道心自然呈现出的谦卑低下的状态。这句话可理解为：大国就应该像大海一样，把自己放在低下的位置，处于所有河流的下游，才能让百川汇集，海纳百川。如果想要处在海纳百川的位置，就要让自己处在天下雌柔的位置，雌柔常以清静无为而胜过雄强。雌柔就是清静、柔和，无执见和欲望，固守自身质朴本性，无执无欲的心态自然就处于清静、谦卑、居下的位置（以道看来有欲望就会张扬炫耀处于上，无欲望就会清静无为处于下，"下"是"道"所在的位置）。综上，雌柔代指清静无欲，无执无欲方能处下，处下者近"道"，近"道"则无不克，所以，《道德经》强调雌柔胜过刚强。这是老子处理大国和小国关系的理论基础。告诫统治者，应该节制欲望，把自己放在低下的位置，才是遵循治国之道，才是真正的有德。

"故大邦以下小邦，则取小邦；小邦以下大邦，则取大邦。故或下以取，或下而取。大邦不过欲兼畜人，小邦不过欲入事人。夫两者各得所欲，大者宜为下。"基于上述的解释，老子认为无论大国还是小国，谁把自己放在低下的位置，谁就是在遵循"道"的规律，谁就能让其他人心悦诚服。如果大国以谦虚低下的态度对待小国，就会取得小国的信任和依赖；如果小国能以谦虚低下的态度对待大国，就能得到大国的理解和支持。无论国家强大还是弱小，只要让自己处于谦虚低下的状态，总能得到别人的信任，让别人归附；或者得到别人的支持，让自己无忧。把自己放在谦虚低下的位置，就不会有什么坏处。老子在最后也强调，大国也不能执着于自己的欲望，去过度地控制小国；如此则失去小国的信任，众叛亲离。小国也不能为了满足自身欲望，过度的依赖大国；如此则丢掉为国之道，最后必被大国吞并。一旦有了执见和欲望，国与国之间的关系就不再可靠。大国和小国各取所需，相辅相成，就应该大国处于谦卑低下的态度，展现自身没有过多的欲望，更能让小国归附，无后顾之忧，和谐相处。

本章从道理上来讲，并不是特别深奥，比较容易理解。但是，要是做到从"道"的角度理解，还是要静下心来仔细推敲。老子在本章强调的"牝、静、下流"，即清静无为，谦虚居下以待人；这种谦虚并非简单形式上的谦让居下，而是得道之人对待自己和别人时"道心"的自然展现，是放下自身的执见和欲望后，让自己回归质朴本性，遵循大道、敬重万物、无执无我，自然而然的处于谦虚低下的位置。以世俗人的观念，常常把谦虚和低姿态世俗化，也就是我们自认为很强大，为了让别人信服，我故意摆出一种低姿态，一种谦虚的态度，让别人感受到我的诚意，从而打动和感化别人。其实，这种谦虚并不是真正的谦虚，反而是内心有一种强烈的执见和欲望，有一种征服和占有的欲望。自己谦虚和低下的态度，是为了感动或感化别人，达到自己征服的目的，这种谦虚其实不过是用谦虚的外表掩盖内心的欲望，变成了一种收拢人心的虚伪手段。

道德经主张的"柔、弱、下、静"等观点，世人多有不解。以"道"的观点：有欲逐"坚、强、上、动"，无欲居"柔、弱、下、静"。逐"上"、逐"强"，是欲望的伸张，把自身意志强加于人的状态；居"柔"、居"下"，是执见的消减，不把自身意志强加于人的状态；上述并非物质形体的强弱或上下。当世人放下自身执见和欲望之后，回归自身质朴本性，甚至达到"无我"的状态，可以透过现象看本质，认知真正的客观规律，这就是得"道"。以"道"立国，则国泰民安；以"道"立人，则德泽万代。本章的内涵为：下流者近"道"。雌者为静，清静者居下，居下者近道，近道者无不克。居下是得道者无欲、无为、无我、自然的玄妙状态。

老子的观点一以贯之，"道"就是宇宙万物遵循的客观法则，至高无上。世人必须放下自身的欲望，放下对万物的物质相（凡有所相，皆是虚妄）的执着；放下执见和欲望，内心清净无欲，以无我无为的心态看待世界，才能看到真实客观的世界，才能认知客观规律，这就是"道"。只有真正认知了"道"，才能做到回归本性，循"道"而为。统治者放下执见和欲望，是治国之道的开始。

第六十二章　万物之奥

【原文】

道者万物之奥①。善人之宝，不善人之所保②。美言可以市③，尊行可以加人④。人之不善，何弃之有？故立天子，置三公⑤，虽有拱璧以先驷马⑥，不如坐进此道⑦。古之所以贵此道者何？不曰求以得⑧，有罪以免邪⑨？故为天下贵。

【译文】

"道"是万物的根源，奉行道的人会把它当作法宝，不奉行道的人也需要得到它的保全和庇护。只要其行为符合道的规律，美好的言辞可以用来与别人交流，言以载道；遵守礼节的行为可以影响别人，达成不言之教的效果。虽然"美言"和"尊礼"不是道所提倡的形式，但在坚守道的原则下就可以变废为宝，又何必要舍弃它们呢？所以在天子即位、设置三公的时候，虽然有拱璧在先驷马在后的献礼仪式，还不如把这个"道"进献给他们，统治者有"道"就可以变废为宝，把拱璧驷马之类的外在形式转化为形以载"道"，教化百姓，万物合"道"才是天下之福。自古以来，人们之所以把"道"看得这样宝贵，不正是由于"道"无贵贱亲疏，比较容易得到吗？以前有了过失，皈依"道"就可以彻底改正，不正是循"道"可以变废为宝吗？就因为这个，天下人才会如此看重"道"，以此为贵。

【注释】

①奥：一说为深奥、根源的意思，不被人看见的地方；另一说是藏，含有隐藏之义。其实两说比较接近，不必仅执其一。

②不善人之所保：不善之人也要保持它。

③美言可以市：美好的言辞，可以用来与别人交流。市，交换，交流，沟通。

④尊行可以加人：遵守礼节可以影响别人。加，加于，影响。

⑤三公：太师、太傅、太保。

⑥拱璧以先驷马：拱璧，指双手捧着贵重的玉；驷马，四匹马驾的车。古代的献礼，轻物在先，重物在后。

⑦坐进此道：献上清静无为的道。

⑧求以得：有求就得到。

⑨有罪以免邪：有罪的人得到"道"，可以免去罪过。

【义理解析】

本章老子站在"求道者"的角度谈论"道"的作用，"道"大到对于国家，小到对于个人，都是其赖以存在的基础。从本章内容看，应该是对类似"何谓道？美言尊行，拱璧驷马，形而下也，可谓非道，弃之可乎？"的回答。本章阐述了"道"的本性："道"具玄德，生而不有，为而不恃，长而不宰，不分贵贱，从不远人，易学易得；"道"不拘于形式，只要本质上合道，不言可以为道，美言也可以为道。

老子在本章开头再次谈论什么是"道"，其实也是强调"道"与万物之间的关系。"道者，万物之奥，善人之宝，不善人之所保。""道"是万物的根源，既是愿意信奉"道"的人的法宝，也是不信奉"道"的人赖以生存的基础。这里有几个字，理解很关键。"奥"，深奥，根源；"善人"，是指善于遵守"道"的规律的人，老子在"道德经"中多次用到"善"，他是用"道"的标准在衡量，看其行为是否符合"道"的要求。符合"道"的要求就称为"善"，不符合"道"的要求就称为不"善"，并非我们世俗人理解的善良和仁慈。比如第八章中提到的"居善地，心善渊，与善仁"也是这个意思。这句话重点在强调"道"是万物之源，是宇宙万物生灭运转的基本规律，如果信奉"道"的人，就会了解掌握这个根本规律，并按照这个基本规律去做事，这个"道"就是他的法宝，让他无所不能。即便是不信仰"道"的人，不了解事物运行的根本规律，但他本身就是一个客观个体，他的生灭运转也要遵循"道"，他在被动的遵循"道"的规律，"道"也一样保全他，让他得以生存。"道"是一种客观存在的基本规律，它没有自性，无形无相，也没有世俗人的执见和情感，对待任何人公平公正，没有亲疏远近，不会厚此薄彼。

"美言可以市，尊行可以加人，人之不善，何弃之有。"这几句话如何理解？首先这句话省略了一个前提："循道"。如果人做事的时候遵循"道"的规律，其美好的言辞可以用来更好的交流，言以载"道"。遵守礼制的行为可以影响别人，达成不言之教的效果。即便是世人的"美言"和"尊行"不完全合乎"道"所提倡的形式，使用也无妨，又为什么要抛弃它们呢？这里要重点理解"美言"和"尊行"并不符合老子提倡的"道"的理念。在老子一贯的观点中，"美言不信，信言不美"主要是说，"美言"是世人依照自身的执见和欲望，有目的性的美化修饰过的语言，并不是"道"客观真实的表达。"道"追求的语言不是"美言"，而是信言和真言（不言：不妄之言），客观真实的表达"道"才是第一位的，是不是"美言"，并不重要。但是只要符合道的规律，美言也没什么不妥。"尊行"也是指礼制、形式上的约束，不过是人们依据自身欲望而强加于别人身上的要求；"道"所提倡的行为方式应该是因应环境变化随时随势而变，合"道"即可，行无定形。所以"尊行"并不是"道"本身真实的体现，不符合"道"的所提倡的形式，但是只要行为符合"道"的规律,"尊行"也没什么不妥。以"道"看来,通常意义上的"美言"和"尊行"都是人们在依照自身执见和欲望强加的额外修饰,皆为"不善人"所为;但若其本质内容符合"道"的内涵,"美言和尊行"也是合道的一种形式,并非不可。因此,只要统治者有德循"道",教化百姓,回归本性,循"道"而为,"美言"和"尊行"虽然不是"道"所主张的形式,但并不影响"道"的本质,它们也可以作为润滑剂让循"道"更简单,这对"道"而言也不是坏事。所以,以"道"为前提,就能不拘于形式,变废为宝,万事万物皆有它的用途,为什么还要抛弃它们呢?

对于"美言可以市,尊行可以加人,人之不善,何弃之有"这几句话,目前有很多版本,也有很多种解释,我们最常听到的版本是:"美言可以市尊,美行可以加人,人之不善,何弃之有。"美好的言辞可以得到别人的尊重,美好的行为可以影响别人,即便有人不遵从"道",又为什么要放弃他呢?这段话如果这么理解,逻辑不太通顺,如果"美言"和"美行"是老子所提倡的,这样的言行必定能救不善之人,才会有"何弃之有"的结论。从文中看不出"美言"和"美行"能拯救"不善之人"的必然逻辑,出现"人之不善"这句话,就显得很突兀,且前后逻辑推论都显得不通。所以,本文没有采用这种解释。

"故立天子,置三公,虽有拱璧以先驷马,不如坐进此道。"天下虽然有确立天子,设置三公的制度,并有先献拱璧,后献驷马的礼仪。在当时看来,这些礼仪和制度都是治理天下的基础,循礼就是循"道"。如果只是遵守礼仪和制度去治理天下,还不如把"道"献给君王,让上至天子三公下至普通百姓都能按照"道"的规律去做事,这样才能让天下长治久安,可以达到无为而治了。在老子看来,礼仪和礼制都是外在的形式,并不是"道"本真的体现。这里老子把"拱璧"和"驷马"视为"美言"和"尊行"一样,不过是满足君王等统治阶级个人欲望的统治工具而已,并不是真正的符合"道"的规律。所以,老子才会提出即便是天子礼仪,也不如"道"对于一个国家重要。统治者只有遵循"道"的规律时，"拱璧"和"驷马"才能展现其本质内涵，"道"能变废为宝，形以载道，教化百姓，回归质朴本性，人尽其才，物尽其用，这才是天下稳定之源，百姓之福。

本章分为两个层次阐述"道"的重要性。一是强调"美言"和"尊行"虽然不是"道"所提倡的形式，但是在遵循"道"的前提下，也能变废为宝，发挥作用，做到物尽其用。二是强调"道"对于治理国家同样重要，"拱璧"和"驷马"不过是一种礼制和形式，统治者有德，礼制可以行不言之教；统治者无德，礼制徒有其形而无其实。最终的结论就是："道"是本质和基础，一切的形式不过是表象。世人应当遵循"道"的本质，不应拘泥于形式。

自古以来人们都把"道"看得如此珍贵，这是为什么呢？老子在此假借古人之口，说出"道"重要的原因。"不曰求以得，有罪以免邪？"不就是因为"道"比较容易得到，以前有些罪过也可以免除吗？这里要理解两个意思："求以得"和"有罪以免"。一是"求以得"也有两层意思：求"道"易得；有求必应。求道易得：在老子看来，"道"不难求，只要个人放下自身的执见和欲望，回归本性，仔细观察世界，就能看到真实的"大道"，这不需要千金购买，也不需要跋山涉水，人人皆可得"道"，不分高低贵贱，没有亲疏远近，所以老子说"求以得"。有求必应："道"是万物本源，只要遵循"道"的规律，无往而不胜，在世俗人看来就是有求必应，所以也就是"求以得"。二是"有罪以免"，有了过错可以彻底改正。这里的"罪"，不是我们现在常说的法律层面的犯罪，而是没遵循"道"的后果。在老子看来，"道"是一种客观的存在，世人只有两种状态，要么符合"道"，要么不符合"道"。世人恰恰会因为有自身的执见和欲望，让自己的行为偏离"道"，非"道"即"罪"。如果世人放下欲望，认知"道"，并循"道"而为，即为得"道"者，彻底改正了以前的错误，回归本性，不拘形式，变废为宝，当然可称为"有罪以免"。从"非道"到"得道"中间没有什么过"渡"，就像佛教说的"立地成佛"。当一个人变成了得"道"者,其自然不会再有"非道"行为,当然也就没有"罪"了。由于"道"是天下的本源,它容易得,又能让人"有罪以免",所以,老子说世人都应该重视"道"的作用,遵循"道"的规律。

第六十三章　图难于易

为无为，事无事，味无味①。大小多少②，报怨以德③。图难于其易，为大于其细；天下难事，必作于易；天下大事，必作于细。是以圣人终不为大④，故能成其大。夫轻诺必寡信，多易必多难。是以圣人犹难之，故终无难矣。

【译文】

以无为的态度去有所作为，以不妄为的方式去处理事物，以清静无欲的状态去品味一切。面对世人多多少少、大大小小不理解或抱怨的情况，圣人会坚持"道"的原则，以客观自然、实事求是的态度对待一切。处理复杂问题，要从容易的地方入手；实现远大目标，要从细微的地方入手。天下的难事，一定从简易的地方做起；天下的大事，一定从细微的部分开端。因此，有"道"的圣人从不好大喜功，所以才能成就大事。那些轻易发出的诺言，必定很少能够兑现；把事情看得太容易，势必遭受很多困难。因此，有道的圣人总是慎重行事，所以最终不会有困难。

【注释】

①为无为，事无事，味无味：此句意为把无为当作为，把无事当作事，把无味当作味。

②大小多少：这里应是一个假设句子，如果面对世人多多少少、大大小小的不理解，也是指面临各种各样的抱怨等非"道"行为。

③报怨以德：坚持以"道"的原则对待一切的抱怨和不理解，不应因为别人的不理解，而升起自身的情绪，这是自身执见和欲望的体现。圣人就应该客观自然、实事求是地对待一切。这才是"道"的原则。

④不为大：指有"道"之人不自以为大。

【义理解析】

本章老子站在"求道者"的角度，告诉世人什么才是真正的"道"，世人应当怎么去持"道"，应当怎么去行"道"。重点阐述了世人行"道"的方法：放下自身执见和欲望，回归本性，坚持客观自然的"道"，循序渐进去做事，才能做到无为而为。

本章开始老子首先提出做事的时候要遵循规律，也就是循"道"而为。"为无为，事无事，味无味。"如何理解这句话？这几句话符合老子一贯的"无为而治"的思想。为无为：以"无为"而为，用"无为"的方式去做事。要理解这句话，首先要理解《道德经》里的"为"和"无为"的概念："为"就是人们执着于自己的欲望和执见，遵照自身意志去做事，也称作"有为"；"无为"并不是不作为，而是指以"道"而为，是不做违背客观规律的事，不妄为，不乱为。老子提到的"无为"实意是指放下个人的执见和欲望，回归自身本性，客观的看待事物，遵循客观规律去做事。这句话可以理解为：无为而为，按照天地万物客观规律去做事，这也是《道德经》的基本理念。事无事：以无事而事，放下执见和欲望，遵照客观自然的规律去做事。这里的第一个"事"就是做事，"无事"里的"事"就是以个人执见和欲望去做事，"无事"就是不依照自身执见和欲望而去做事，无我而"事"，循"道"而为。味无味：以无味而味，不用自身感触等执见和欲望去评判万事万物。这里的"味"不仅仅指味觉欲望，泛指世人执着欲望所追求的事，"无味"也是泛指人不要执着于自身的执见和欲望。这句话在不同的版本里有不同的说法，有"味无未""未无未"等，不同的人也有不同的理解。我们读经典，不仅是咬文嚼字，更重要的是领略作者传达的思想，文以载道，其表述的思想前后连贯、不相互矛盾才是核心，用整体思想去解释个别字的意思，可能更为准确。

"大小多少，报怨以德。"这句话是老子在阐述循"道"而为应当具备的心态。"大小多少"是个假设句型，应当理解为：当圣人循"道"而为的时候，如果遇到或大，或小，或多，或少各种不符合"道"的情况。"大小多少"这里也是泛指大大小小，形形色色的各种不符合"道"的规律的事情。如果遇到这种情况怎么办？老子的观点就是"报怨以德"，理解这句话至关重要。我们首先要理解这里的"怨"和"德"。"怨"这里不是我们现代人理解的怨恨，埋怨的意思。"怨"字上面是"夗"，古文的写法"夗"，表示侧卧、弯曲身体之意；下面是"心"字。怨就是表示偏离一个人心里的认知，不符合心里的期望。这里引申为世人对"道"的不理解。《贾子道术》中提到"施行得理，谓之德。反德为怨"，也是这个意思，"怨"就是不符合"德"的想法或行为。什么是"德"呢？我们现在常说的"德"更多属于儒家思想的范畴，从仁义方面去讲的"道德"，更多的是指一个人的品质、品德，这里含有世人根据自己的执见和欲望设置的标准。老子的观点是从"道"的角度看待，合"道"即为"德"，一个人的行为符合"道"的规律，就是有"德"；不把自身意志强加于万物，坚持客观规律，坚持质朴本性，就是有"德"。老子眼中的"德"没有儒家思想的个人执见和欲望。这两句话合起来理解：当圣人做事的时候，如果遇到各种各样不符合"道"的情况，面对世人的不理解或者抱怨，圣人不会被外界因素影响，他们会坚守"道"的准则，客观自然，循"道"而为。老子的观点非常明确：无论遇到什么情况，坚持"道"的原则，反对为迎合世人的需求而改变自身质朴本质，偏离"大道"。不把自身意志强加于万事万物，但也不会被外界因素影响而改变自身质朴本性。如《道德经》第四十九章所述"善者，吾善之；不善者，吾亦善之，德善"，就是这个道理。不因对象不同而改变自身原则，可称为"报怨以德"。坚守自身质朴本性，不把自身意志强加于万事万物，不减损万物的自然本性，追求万物合"道"的状态，这就是"无为"，也是道德经一贯的观点。

　　这句话有很多个版本，人们的理解也不一样，很多人认为没法解释，甚至认为"报怨以德"是从第七十九章错抄过来的，其实报怨以德这句话没错。这句话要从整章的主题思想去理解，才能解释出这句话的真实含义。本章从三个层次介绍"道"的应用。第一，"为无为，事无事，味无味"提出做事应当坚持的原则，概括为什么是"道"。第二，"大小多少，报怨以德"进一步介绍，在坚持行"道"的过程中，无论遇到什么问题，应当抱有的心态，概括为如何持道。第三，剩余部分具体介绍怎么去做才能遵循"道"的规律，概括为：如何行"道"。

介绍了上面两个部分，第三部分就比较容易理解了。这一部分主要介绍如何做才能坚持"道"的规律。老子提出了非常朴素的实践观：做事要循序渐进。"图难于其易，为大于其细；天下难事，必作于易；天下大事，必作于细。"天下所有的事情不可能一蹴而就，需要一个循序渐进的过程。要想完成比较困难的事情，要从简单的部分入手；如果要完成一件大事，需要从细小的工作入手。天下的事情都一样，难做的事情要从简单部分开始，事关全局的大事都是从细微处开端。"大象无形，不可修；朴散为器，见小曰明"细微处才是可为之"道"。

"是以圣人终不为大，故能成其大。"这句话是在介绍圣人做事的时候，没有任何自身的执见和欲望，不追求好大喜功，坚持遵循事物的客观规律，做好每个细节，所以才能最终成就客观的大事。这句话中的"圣人终不为大"是在强调：圣人无自身的执见和欲望，不会以好大喜功为目标。这里的"大"意思是个人的欲望强，好大喜功；"不为大"是圣人的做事方式，保持"无为"的心态，自然的本性，不追求自身欲望，不追求功绩彰显自己，这也是"道"的原则。

"夫轻诺必寡信，多易必多难。"在老子看来，这些不符合"道"的事物或行为，必然难以长久，不会成功。"轻诺"就是典型的凭借个人执见和欲望做事的表现，这个行为有强烈的个人欲望，是非"道"行为，既然是不符合"道"的要求，必然难以成功，所以常常就会失信于人，也就是"轻诺必寡信"。"多易必多难"也是相同的道理，"多易"就是指世人依靠自身的意志和执见去判断，认为事情比较容易，而不是按照客观规律去做事，这也是不符合"道"的要求的，当然也难以成功，所以其结果必然与期望相反，"多易必多难"。

最后，老子给出了圣人做事的方式，"圣人犹难之，故终无难矣。"这里的"难"不能单纯的理解为圣人把事情想得很困难，而是说圣人不会依靠个人的喜好去判定一件事，而是会根据事物客观的规律去慎重思考每件事，客观实际。圣人保持质朴本性，遵循大"道"而为，自然成就万物，结果就是"终无难矣"。

其实本章的逻辑性很强，首先介绍什么是"道"，接着介绍如何持"道"，最后介绍如何行"道"。本章老子是在强调"道"的应用。老子的"道"不是空洞的理论和虚无缥缈的概念，而是一个可认知、可实践，有具体操作方法的东西。针对世人在修"道"、行"道"的过程中经常会出现的问题，老子给出了很具针对性的回答。这非常难得，两千多年前的理念，如今依然生机勃勃。老子提出的是根源性的哲学问题，客观规律真实存在，且"独立而不改，周行而不殆"宇宙万物无时无刻不在遵循客观自然的规律，这就是"道"，所以"道"是永恒不变的真理。

第六十四章　无为无败

【原文】

　　其安易持，其未兆易谋；其脆易泮①，其微易散。为之于未有，治之于未乱。合抱之木，生于毫末②；九层之台，起于累土③；千里之行，始于足下。为者败之，执者失之④。是以圣人无为，故无败；无执；故无失⑤。民之从事，常于几成而败之。慎终如始，则无败事。是以圣人欲不欲，不贵难得之货。学不学⑥，复众人之所过。以辅万物之自然而不敢为⑦。

【译文】

　　局面安定时容易保持和维护，事物没有出现征兆时容易图谋，事物脆弱时容易消解，事物细微时容易散失。做事情要在它尚未发生以前就处理妥当；治理国政，要在祸乱没有产生以前就早做准备。合抱的大树，生长于细小的萌芽；九层的高台，筑起于每一堆泥土；千里的远行，是从脚下第一步开始走出来的。意有所图的将会招致失败，有所执见的将会遭受损害。因此圣人循"道"而为，所以不会招致失败；没有执见，所以也不会遭受损害。世人做事情，总是在快要成功时失败，所以当事情快要完成的时候，也要像开始时那样慎重，就没有办不成的事情。因此，有道的圣人追求世人所不屑的无执见状态，不追求珍奇稀有的货物；学习世人所不屑的"无为"思想，反思众人所经常犯的过错，教化万物遵循其自然本性而不会妄加干预。

【注释】

　　①其脆易泮：泮，散，解。事物脆弱就容易消解。

②毫末：细小的萌芽。

③累土：堆土。

④为者败之，执者失之：一说是第二十九章错简于此。

⑤是以圣人无为，故无败；无执，故无失：此句疑为第二十九章错简于此。

⑥学：这里指办事有错的教训。

⑦而不敢为：此句疑为错简。

【义理解析】

本章老子站在"求道者"的角度谈论"道"的具体应用和具体实践，告诫世人遵照"道"的规律应该怎么样去做事。无执无欲方能合"道"，合"道"则胜。本章虽文字内容较多，但没有太深奥的理论，都是列举一些事例，并不难理解。

本章开篇老子提出，如果要遵循"道"的规律，世人做事的时候应当把握好切入点。"其安易持，其未兆易谋；其脆易泮，其微易散。"通过列举这些情况，强调防患于未然的重要性，这才是循"道"而为。事情还处于比较安定局面的情况下比较容易维持，不要等到局面不可收拾了才下手；事情还没出现征兆的时候就策划，比较容易成功，不要等到事物都成气候了，才想去做事。事情在其脆弱的时候最容易消散，在其微小的时候最容易散失。这也在告诉世人一个道理，如果是不好的事物，消灭它就要在萌芽阶段，防患于未然，如果等它成了气候，再想除去它就要付出很大的代价。针对上述的情况，人们应该怎么去做？老子提出"为之于未有，治之于未乱"进一步阐述"未雨绸缪，防患于未然"的理念。"为之于未有"一就是做事情要在他尚未发生以前就处理妥当，早为之所，有备无患。"治之于未乱"就是防患于未然，在霍乱没有产生以前就早做准备，如果是好的事情，在其微小脆弱的阶段，就要格外地照顾它，不然就很容易夭折。老子这几句话非常清楚地给出了自己的观点，尊重事物发展的客观规律，顺势而为，在该做事的时候做事代价最小，这也是"道"的具体应用。

"合抱之木，生于毫末；九层之台，起于累土；千里之行，始于足下。"

这几句话的意思是，做任何事都要从事情的最细微的地方做起，循序渐进，进一步阐述"为之于未有"的理念，这也是"做事之道"的客观规律，老子认为世人做事的时候就应该遵循这个规律，遵循客观规律就是"无为而为"。

如果世人不遵循事物发展的规律做事，会是什么样的结果呢？"为者败之，执者失之。是以圣人无为，故无败；无执，故无失。"这句话中的"为者"，就是指执着于自身执见和欲望的人。他们按照自己的执见和欲望去做事，不遵循事物的客观规律，必然会失败；他们按照自身的欲望去追求心仪的事物，也是非"道"行为，最终也不会成功。按照"道"的要求应该怎么去做呢？老子提到圣人会采用"无为"的方式：放下自身的执见和欲望，遵循事物的客观规律，不做违背客观规律的事，顺势而为。圣人按照这种方式去做事，当然不会失败；圣人不执着于自身的执见，循道而为，当然也不会有什么损失。要注意，这里的"无为故无败，无执故无失"，可不能理解为什么都不干，所以无所谓失败，什么都不想，所以无所谓失去。老子提倡的"道"，是放下自身执见，不以自身利益为中心，遵循事物客观规律去做事。这是一个很高的境界，不让欲望和执见去影响自己做事的客观性，这种超然的做事胸怀，确实不是一般的世俗人能做得到的。我们有欲望、有执见、有情绪，这些都会影响我们做事，会让我们做事偏离事物本来的规律。

世人做事的时候，经常会功败垂成，就是因为我们做事的时候没有按照事物的客观规律去作为，而是根据自己的执见去做事，在快要成功的时候放松了警惕，偏离了事物原本的规律，所以最终失败了。如果一个人保持始终如一的态度，不以自身的执见为依据，做事的时候就不会失败。圣人是怎么做事的呢？"是以圣人欲不欲，不贵难得之货"这句话中第一个"欲"是追求的意思，第二个"欲"是欲望的意思。这句话就是在讲圣人追求的是世人所不屑的无执无欲的状态，放下自身的执见和欲望，眼中只有客观的"道"。"难得之货"是世人眼中的宝贝，因为欲望所致。但是在圣人眼里，"难得之货"与砖头瓦块无异，因为圣人透过现象看本质。比如，钻石，它本身就是一个石头，与普通的石头没有本质上的不同，之所以被世人视为珍宝，就是因为钻石被执见和欲望赋予价值，人们渴望显示自己的与众不同，渴望以稀有之物展示自身高贵，等等，物以稀为贵，钻石就变成了世人彰显自身欲望的道具，所以，是执见和欲望让钻石变得不一样。没有了欲望，钻石就是一个石头。就像在一只鸡的眼里，钻石的价值远远赶不上一粒米，也是由于鸡的执见与人不同所致。"学不学，复众人之所过"要理解关键字："学"是追求、掌握的意思；"不学"就是无为之学（世人不屑学），在老子眼里就是事物客观规律的自然呈现。所以，圣人追求的是事物的自然状态，遵循的是事物的客观规律，从世人所犯的错误里反省自己，回归自身质朴的本性。圣人遵从万物自身的客观规律，不把自身的意志强加于人，这就是圣人的"无为"，就是"德"。

第六十五章　常知稽式

【原文】

古之善为道者，非以明民^①，将以愚之^②。民之难治，以其智多^③。故以智治国，国之贼^④；不以智治国，国之福。知此两者^⑤，亦稽式^⑥。常知稽式，是谓玄德。玄德深矣，远矣，与物反矣^⑦，然后乃至大顺^⑧。

【译文】

古代善于为道的人，不是教导百姓学会智巧伪诈，而是教导百姓敦厚朴实。百姓之所以难于统治，乃是因为他们拥有太多的奸诈心机。所以用智巧心机治理国家，就必然会危害国家；不用智巧心机治理国家，才是国家的幸福。了解这两种治国方式的利害关系，就能找到依"道"治国的法则。经常反思这个法则，让自己的作为完全合"道"，就叫作"玄德"。玄德的影响无处不在，无始无终，世上万物如果遵循客观规律（就是道）就是具有玄德，这样万物就能复归到本真质朴的状态，然后才能最大程度顺乎于自然。

【注释】

①明民：明，知晓巧诈。意为让人民知晓巧诈。

②将以愚之：愚，敦厚、朴实，没有巧诈之心。不是愚弄、蒙昧。此句意为使老百姓无巧诈之心，敦厚朴实、善良忠厚。

③智多：智，巧诈、奸诈，而非为智慧、知识。

④贼：伤害的意思。

⑤两者：指上文"以智治国，国之贼；不以智治国，国之福"。

⑥稽式：法式、法则，一本作"楷式"。

⑦与物反矣：反，通"返"。此句意为"德"和事物复归于真朴。

⑧大顺：自然。

【义理解析】

本章老子站在"得道者"的角度，谈论"道"在治国理政方面的具体的应用。治理国家也有其"道"，统治者治国理政应当遵循其客观规律：百姓本性质朴自然，但执见和欲望会让百姓迷失本性，偏离"大道"；统治者应当教化百姓，舍欲离执，回归本真，这才是真正的"大道"。并告诫统治者应当以"道"教化世人，引导世人。万物循"道"，可称为"玄德"，天下大顺。

在老子的眼中，统治者应该按照"道"的规律去治理国家，"古之善为道者，非以明民，将以愚之"，有人解读为这是老子的愚民思想，这么理解就根本没有入门《道德经》。这句话要重点理解两个字："明"和"愚"。这里的"明"不是聪明，而是指以自身执见和欲望为基础的巧言令色、耍弄伎俩，甚至为了利益可以不择手段，这样的"明"就是小聪明，自私自利，自作聪明，并不是真正的聪明，偏离了"道"的规律，其实这才是真正的愚昧无知。这里的"愚"也不是愚弄的意思，而是指让人不执着于自身的执见和欲望，处于本真自然的质朴状态。这样的"愚"只是世人以自身利益和欲望的角度看待"道"的偏见，这样的"愚"其实是在遵循"道"的规律，这才是真正的大智慧。这句话理解为：自古以来，善于用"道"来治理国家的人，不会引导百姓追求欲望，巧言令色，而是会教化百姓放下自身的执见和欲望，遵循事物的客观规律，让他们回归自身的本真状态。"民之难治，以其智多。"老百姓之所以难以治理，就是因为他们太过于追求于自身的执见和欲望，而使用各种虚伪奸诈的手段和诡计。这里的"智"不是智慧的意思，而是为追求个人欲望而不择手段的小伎俩。以世俗人的眼光来看，能追求到自身利益的手段就是好的，并视为聪明，这是乱世的根源。

老子给出了自己的治国理念，"故以智治国，国之贼；不以智治国，国之福。"这里的"智"不是智慧的意思，而是指以自身利益和欲望为目标的心计和手段。这句话可以理解为：如果不以"道"的规律治国，而是为了满足自身欲望采取各种手段欺瞒百姓，甚至引导百姓追逐欲望，偏离大道，这样的统治者就是国家的祸害（国之贼）；如果不用这种欺瞒的手段，而是采用"道"的规律去治理国家，引导百姓舍弃自身欲望，追求遵循"道"的规律，这才是国家的幸事（国之福）。"知此两者，亦稽式。"统治者知道这两者之间的利害道理，放下自身执见，回归质朴本性，就可以找到依"道"治国的法则。"常知稽式，是谓玄德。"如果统治者经常反省并遵照客观的规律治理国家，就是"玄德"。这里的"知"不仅仅是了解，还有反思、遵行的意思，老子讲的"德"，一定是行为符合"道"的要求，知行合一才是"德"，知而不行是"非德"。

什么是"玄德"呢？"玄德深矣，远矣，与物反矣，然后乃至大顺。"老子认为，"玄德"是万物完全遵行宇宙运转的根本规律；"大道"存在于万物的每个细节，影响深远。如果宇宙万物都具有"玄德"，那么万物将返回自身质朴本性，遵照"道"的规律自然运转，这就是"大顺"。我们要了解《道德经》里说的"自然"不仅是我们今天常说的自然界，而且是描述事物在不受欲望和执见干扰下的本真状态。

本章中，老子多次提到"明""愚""智"等概念，与我们世人的认知不太相符。读《道德经》的时候，一定要了解《道德经》的出发点。以"道"的观点来看待万物，很多概念和世俗的认知是不一致的，这是读懂《道德经》的前提。比如"明"和"智"，我们世人理解的聪明智慧和"道"所认为的聪明智慧不是一个概念。世人有自身的执见和欲望，他们以自身利益为中心，能追逐到自身利益的手段和心机，在世俗人看来就是聪明和智慧。但是，以"道"的观点来看，完全不一样，因为"道"主张放下自身的执见和欲望，遵循事物的客观规律，这才是真正的聪明和智慧。如果由于执着于自身的执见和欲望，而远离了自身质朴本性，也偏离了大道，这就是真正的愚昧和无知。老子在《道德经》中也多次提到：不让百姓有智，要愚之。不是让老百姓愚昧无知，而是说百姓不要把追逐欲望的手段和心机当成智慧，偏离大道。老子主张百姓应该舍弃欲望，保持质朴自然的本性，回归大道，循道而为。老子也主张世人应当学习，《道德经》多章，教导世人要学会客观的观察、分析、总结，形成知识，帮助世人认知真实的世界，遵循客观规律，由"识"

知"道"，循"道"有"德"，这才是真正的智慧。简言之，圣人求"道"，舍欲循"道"，就是智慧；世人求欲，逐欲离"道"，就是愚昧。这也是《道德经》的精神实质，只有把握住这个基本原则，才能更好的理解《道德经》。

世人以欲望为基础，满足自身欲望就是最高追求；圣人以"道"为基础，符合道的规律就是最高追求。所以，世人以自身欲望为基准衡量一切，圣人以客观之"道"为基准衡量一切，他们看待事物必然会有差异。很多人曲解《道德经》，甚至错解《道德经》，就是因为没有找准自己的基准，以儒家的价值观为基准解读《道德经》，不但有很多解释不通的地方，还有很多地方会误导世人，务必谨慎。

第六十六章　以其善下

【原文】

江海之所以能为百谷王①者，以其善下之，故能为百谷王。是以圣人②欲上③民，必以言下之；欲先④民，必以身后之。是以圣人处上而民不重⑤，处前而民不害。是以天下乐推而不厌。以其不争，故天下莫能与之争。

【译文】

江海之所以能够成为百川河流汇集的地方，乃是由于它善于处在低下的地方，所以能够成为百川之王。因此，圣贤的统治者要想以"德"教化百姓，必然用合"道"谦下的言辞对待百姓；要想以"道"的规律引领百姓，必须把自己利益放在百姓利益之后。所以，有"道"的统治者虽然地位居于百姓之上，而百姓并不感到负担沉重；居于百姓之前，而百姓并不感到利益受损。天下的百姓都乐意拥戴他而不感到厌倦。因为他不与人民相争，所以天下没有人能和他相争。

【注释】

①百谷王：百川峡谷所归附。

②圣人：得道之人。

③上：抱德居于上位，以德教化百姓。

④先：持道居百姓之先，以道引导百姓。

⑤重：累、不堪重负。

【义理解析】

本章老子在与统治者谈论治理国家的理念，论述什么是治国之"道"，重点在讲"道"在治理国家方面的具体应用。也可以说本章在讲"治国之德"，道是德之本，德是道之用。

本章老子重点强调一个"下"字，这在老子看来"下"是最接近"道"的状态。老子认为，当一个人把自己放在最低的位置，意味着个人的执见和欲望最低，没有物质享受的欲望，没有功名利禄的欲望。当我们放下自身的执见和欲望观察事物的时候，才能看清客观真实的规律，这才是事物最真实、最自然的状态。在老子看来，世界万物在运行过程中之所以会偏离自身的"道"的规律，都是因为世人的自身执见和欲望，当人类根据自身执见和欲望做事的时候，就把自身意志强加在具体的事物或者事情上，就改变了事物本真的客观的自然规律。所以，老子非常推崇"下"和"后"，这在老子看来这是圣人放下自身执见和欲望之后的状态，也是世人能悟道得"道"之后的状态，是最接近事物本质规律的状态。老子眼中的"下"和"后"可能跟我们日常的理解不太一样，老子是以"道"的角度去看，"居下"和"居后"都是指一个人放下了自身的执见和欲望后处于质朴本真的状态，是自然而为。我们世人更多的是从儒家观点看待这个问题，"居下"和"居后"是一种谦虚的态度，是一种刻意放低的姿态，这种行为在老子看来具有强烈的个人欲望，不过是为了达到自身欲望的一种手段和工具而已，不管是为了得到别人认可，还是为了获得别人尊重，都是刻意而为。

老子开始就举了个例子"江海之所以能为百谷王者，以其善下之，故能为百谷王"，大海之所以能成为百谷之王，因为它比所有的山川河谷都要低，才能海纳百川，终成其大。老子借着这个例子在强调"下"的重要性，因为海处在百川之下，才能成就其大。借此比喻统治者应当放下自身执见和欲望，遵循客观之"道"治理国家，用客观、自然、谦下的态度对待百姓。

"是以圣人欲上民，必以言下之；欲先民，必以身后之。"这句话是在谈论统治者应当怎么治理天下。很多人认为这句话是老子"欲擒故纵"的权谋论：为了上位，而故意言下之；为了先民，故意身后之。这不过是世人的执见扭曲了圣人本意。以"道"的观点，言必达意，语言一定是自己内心真实的表达，表里如一，语言谦下一定是内心的本真状态。圣人的眼中无所谓"上、下、先、后"，这也不是圣人追求的东西，圣人只是在遵循事物的客观规律，是世人以世俗的眼光看待圣人，把圣人视为"上"和"先"而已，不仅是地位上的"上"和"先"，更是思想境界上的"上"和"先"，在"上"教化百姓，在"先"引导众生。这句话准确的理解应该是：圣人以谦下的心态，质朴自然，遵循"道"的规律而行事，谦卑的言辞对待百姓，百姓自然就会信服圣人，尊崇圣人，自愿服从他的领导，把圣人推到统治者的位置，遵从他的教化；圣人无欲无私，以天下百姓的利益为中心，全心为百姓谋幸福，百姓自然就会服从圣人，把他推举为国家的首领，追随他的德行。"圣人"也就是指循"道"有"德"的统治者。老子强调治理国家应该持有的心态："下"和"后"；这里的"言下之"和"身后之"都是在讲有德行的统治者在治理国家的时候，放下自身欲望，保持自身质朴本性，循"道"而为的自然状态。这不是我们世人理解的那种故意放下身段，收买人心的手段。在老子看来，这是圣人以"道"做出的选择，也是顺其自然的行为，正是圣人的本真状态。道家之宝是"道"而非权谋。

正是由于圣人的无欲、无私、自然的状态，"是以圣人处上而民不重，处前而民不害。是以天下乐推而不厌"，圣贤的统治者在上治理天下的时候，以自然之道教化百姓；百姓循"道"而为，自然没什么压力和负担。圣贤的统治者在前引领世人的时候，以质朴之德引导百姓；百姓回归质朴，自然不会受到什么妨害。圣人治理天下，坚守自然之"道"，不把自身意志强加于人，居上居先引领百姓尊"道"贵德（我无欲而民自化），以百姓利益为先，天下百姓自然乐于推崇圣人之治。

"以其不争，故天下莫能与之争。"最后老子提出圣人之治的核心"不争"，这里的"不争"，是不与世人争名，不与俗人争利。因为圣人没有自身的执见和欲望，所以，不会与世、俗人争权夺利，他们是在遵循"道"的规律，教化百姓，让天下万物都能顺"道"的规律去发展，天下就会长治久安。圣人无欲故无争，无争故无为，无为故自然，自然乃为道，圣人就是"道"在世间的化身，他们时刻在遵循"道"的规律，故谓"大德"。因为圣人循"道"而为，万物也遵循"道"的规律运转，所以世界上没有什么东西能够与"道"相争，也没什么能与圣人相争。

在老子的观念里，宇宙万物都是在遵循"道"的规律，"道"是万物终极的、根源的、客观的、自然的规律，不可战胜，无法超越，至高无上。无论任何事物的发展运行，都必须遵循"道"之规律，是否符合"道"的要求是判断事物是否正确的唯一标准。推而广之，人类社会也是一样，也有一个"道"，人类社会只有遵循这个"道"，才能成功；只有符合这个"道"，才算正确。所以，当人们做事的时候，只有符合"道"的要求，才是最正确的选择，也是通往成功最短的途径。也许有些人做事的时候，没有"道"的理念和思想，凭着自己的意志和感觉做事，有时候符合"道"的要求，虽然不是本意循"道"，但是碰巧了，做事符合"道"的要求也能成功。但是，更多的时候是做事并不符合"道"的要求，所以就会有失败。这样的人做事就有很大的盲目性，因为没有系统的指导思想——道。所以，这些人算不上圣人，真正的圣人做事准则来源于自己的指导思想，也就是"道"，他们清楚的认知什么是"道"，一举一动无不合"道"，所以圣人做事就会不断成功。圣人本身就是"道"的化身，他们做的事就是成功最短的途径，这是客观规律。所以，圣人不可战胜，无法竞争。简而言之一句话：欲望怎能与"道"相争，虚幻怎能与"真"相比？

当然，这样绝对的圣人是一种理想化的"完人"，庄子称其为"至人"，道家称其为"真人"，是完全符合"道"的要求的理想化人物，可以说是"道"在人类中的化身。但是，现实中没有这样绝对的圣人，全知全能，洞彻宇宙的一切真理。在老子看来，只要有"道"的思想和理念（有求道之心，舍自身执见），能遵循"道"的原则去做事，就算得上圣人。做事的时候不以自身执见和欲望为出发点，能有意识的寻找并遵循客观规律，也许并不一定是绝对客观自然的规律，但已具备圣人之心，现实中更多的是这样的圣人。绝对的圣人也是老子为人类树立的终极目标，现在人类追求的科学精神，很大程度上就是老子讲述的"道"。

"道"不仅仅指向自然科学，也包括有情感欲望的人类社会。只是有些"道"人类已有所认知，更多的客观之道人类还没有认知和掌握，但这并不妨碍"道"客观自然的存在。

第六十七章　我有三宝

【原文】

天下皆谓我"道"大①，似不肖②。夫唯大，故似不肖。若肖，久矣其细也夫③！我有三宝④，持而保之：一曰慈，二曰俭⑤，三曰不敢为天下先。慈故能勇⑥；俭故能广⑦；不敢为天下先，故能成器长⑧。今舍慈且⑨勇；舍俭且广；舍后且先；死矣！夫慈，以战则胜⑩，以守则固。天将救之，以慈卫之。

【译文】

天下人都说"道"很大，不像任何具体事物的样子。正因为它大，所以才不像任何具体的事物。如果说它像任何一个具体的事物，那就是"道"在物质世界很细微的体现了。我有三件法宝执守而且保全它：第一件叫作柔慈；第二件叫作俭啬；第三件是不敢居于天下人的前面。有了这柔慈，所以能勇武；有了俭啬，所以能大方；不敢居于天下人之先，所以能成为万物的首长。现在丢弃了柔慈而追求勇武；丢弃了啬俭而追求大方；舍弃退让而求争先，结果是走向死亡。柔慈，用来征战，无往而不胜；用来守卫，则固若金汤。天道要援助谁，就用柔慈来保护他。

【注释】

①我"道"大：道即我，我即道。"我"不是老子用作自称之词。

②似不肖：肖，相似之意。意为不像具体的事物。一说，没有任何东西和我相似。

③若肖，久矣其细也夫：以上几句，有学者认为是他章错简。

④三宝：三件法宝，或三条原则。

⑤俭：啬，保守，有而不尽用。

⑥慈故能勇：仁慈所以能勇武。

⑦俭故能广：俭啬所以能大方。

⑧器长：器，指万物，万物的首长。

⑨且：取。

⑩以战则胜：无往而不胜。

【义理解析】

本章老子是在教导世人如何行"道"。"道"虽然是无处不在，无始无终，但其无形无相，无声无息，世人如何才能认知"道"？如何才能保持自身质朴本性，坚守"道"的规律而不偏离呢？本章给出了修"道"、持"道"、行"道"的具体做法。

本章第一句，老子再次阐述了"道"是什么，"道"的特性是什么。"天下皆谓我'道'大，似不肖。夫唯大，故似不肖。若肖，久矣其细也夫！"所有的人都清楚"道"形大、体大、能量大，无形无相，无量无边，无法描述它具体的样子。就是因为它太大了，又无形无相，无处不在，无始无终，其大无外，其小无内。所以，无法用一个具体的东西来比拟它。如果要用具体的东西比拟"道"，就像管中窥豹，把"道"看的太狭隘、太片面、太细小了；就像长久以来，万事万物无不是"道"的具体体现，都是"道"在物质世界的细节展现。任何的事物不过是"道"在特定时间、特定环境、特定地点下，通过物质元素表现出来的物质相，物是"道之用"；万事万物无不随"道"生灭运行流转，其中不变的"道"是"物之本"。

对于道，世人并不是生而知之，那应该如何才是符合"道"的规律呢？老子说，我有三件宝物，如果一个人能持有这三件宝物，就能让他不偏离"大道"。这三件宝物就是"一曰慈，二曰俭，三曰不敢为天下先"。首先我们要弄清楚什么是"慈"？我们不能用儒家的思想去理解《道德经》，这里的"慈"不是儒家仁义层面的"慈爱，仁慈"，儒家讲的"慈爱"更多是源于自身情感推己及人的一种外在表现，并非客观。老子讲的"慈"是强调个人的

"无为"，让宇宙万物都能按照自身根本的规律去运行，让万物保持其自然本真的状态。"慈"是"道"的第一个层面：人对于外界事物的一种态度，不用自身执见和欲望影响万物运行的客观之道，可谓"无为"。什么是"俭"？这里也不仅仅是节俭、节约的意思，"俭"与第五十九章的"啬"同义，是"收敛、控制"的意思，这里主要是指一个人要收敛、控制自身对物质的欲望。"俭"是"道"的第二个层面：人对待物质生活方面的态度，放下自身对于物质的执见和欲望，可谓无物质欲。什么是"不敢为天下先"？这里不是我们常理解的谦虚、敬畏或者是胆小怕事。而是指不要把自身的执见和欲望放在天下百姓之前，不要把个人意志强加于天下百姓之上。世俗之人做事无非是追名逐利，圣人做事把自身利益置于百姓之后，不贪图荣誉，不追逐利益，只是遵循客观自然之道。"不敢为天下先"也可以理解为"无名利欲"。如果要遵循"道"的规律，首先要放下自身在执见和欲望，无欲方能"无为"，"无为"方能自然，让宇宙万物都能按其本质规律运转，以"道"的角度而言，无为之治可让天下百姓合"道"幸福的生活。"不敢为天下先"是"道"的第三个层面：人对待名誉和自身利益等方面的态度，放下自身对于名利的欲望，可谓"无名利欲"。

老子说的这三宝可以理解为"道"的三个层面：一是"慈"，个人对于外界事物的态度，"无为"；二是"俭"，个人对待自身在物质方面的态度，无物质欲；三是"不敢为天下先"，个人对待自身在名利方面的态度，无名利欲。我们可以清晰地看到老子教给我们这三个宝贝的功能：一宝可以做到无为，二宝可以做到无物质欲，三宝可以做到无名利欲。如果世人能做到持有这"三宝"，就可以做到无欲、无为。"无欲"能让世人看清真实的世界，客观的规律，这是"悟道"；"无为"能让人遵循客观世界的规律，这是"行道"。如果世人都能持有"三宝"，悟"道"且行"道"，不就可以做到循"道"而为了吗？

"慈故能勇；俭故能广；不敢为天下先，故能成器长。"一个人如果能做到"慈"，"慈"的核心内涵就是"无为"，遵循万物运行的根本规律，并把维护万物运行的规律作为自身的责任，不会恣意妄为，也就是"无为而为"；如果遇到阻碍事物按照自然规律发展的事，他就会出面排除障碍，让事物发展回归到其本质的客观规律，这就是"为而不为"，能做到这两点才是真正的"慈"。如果一个人能做到真正的"慈"，必须首先放下自身的执见和欲望，无欲才能认知真正的"道"并遵行"道"，无欲是"慈"的前提。为什么说"慈故能勇"？如果一个人能做到"慈"，以遵循客观规律为自己的准则，就不会有任何欲望的牵绊，他们在维护"道"的时候就没有什么顾虑，处于无欲则刚的状态。这里要重点理解"勇"：不仅是指常说的勇猛和勇敢，更多是指勇于放下自身的欲望，勇于无欲、勇于无为，当人不执着于自身欲望的时候，无欲则刚，无所畏惧（老子在第七十三章明确提出"勇于敢则杀，勇于不敢则活"，"勇于敢"指的是匹夫之勇，让自己的欲望加以显露；"勇于不敢"是在说敢于放下自身的欲望；老子提倡的勇，明显是勇于不敢）。为什么说"俭故能广"呢？如果一个人能够做到"俭"，就会放下自身的物质方面的欲望，不受物质欲望的牵绊，就不会把自身的欲望强加给外界事物，从而做到遵循事物的客观规律，就能让"大道"广布于宇宙万物。为什么说"不敢为天下先，故能成器长"呢？"不敢为天下先"是指不执着于自身名利欲望，当一个人没有名利欲的时候，不会把自身的利益放在天下百姓之前，做事总能遵循"道"的规律，并教化天下百姓遵循"道"的规律，故能成为天下百姓的领袖。

老子对当时的社会风气充满担忧，"今舍慈且勇；舍俭且广；舍后且先；死矣"，老子告诫世人，舍弃"慈"去追求所谓的"勇"，就是舍弃了"无为"的本性，勇于为，而追求个人意志的匹夫之勇。有"慈"之"勇"，是为了让万物遵循大道，勇于克服自身欲望，进而无为；无"慈"之"勇"，是为了满足自身欲望，勇于追求个人意志，是匹夫之勇。舍弃"俭"去追求所谓的"广"，也就是舍弃了无欲的本性，追求把个人意志广泛的强加于万物。有"俭"之"广"，是克制欲望推广大道；无"俭"之"广"，是遵从欲望推广个人意志。舍弃"后"去追求所谓的"先"，就是舍弃了质朴自然的本性，而去追求个人执见和欲望，信奉个人利益高于一切。这些作为都是严重偏离"道"的规律，这么做无异于舍本逐末，必然会失败，所以老子说"死矣"。

老子最后说到"慈"的作用，"夫慈，以战则胜，以守则固。"这句话中的"慈"不是儒家所宣扬的仁慈，而是以"道"的观点来看，不干扰万物的自然本性，让其处于无欲无为的状态，这才是真正的"慈"。这句话中的"战"不仅仅是战争或征服，而是推行"道"来教化百姓对抗非"道"，战争不过是对抗非"道"的一种形式而已。如果用"慈"来推广"道"，教化万民，则无往而不胜，这是因为"慈"就是"无为"，就是遵循"道"的规律而为，当然会攻无不克。如果采用"慈"的方式守护天下万物之本性，同样也会固若金汤，坚不可摧。"天将救之，以慈卫之。"如果上天要救护万物，"慈"就是最好的武器。因为如果能做到"慈"，就意味着能放下自身欲望，循"道"而为，这样的人是不可战胜的。

　　"道"无形无相，世人无法直接认知，更无法直接践行，老子给出了自己的三个法宝：慈"俭"不敢为天下先。世人持有"三宝"，就可以让自己回归本性，走向大"道"。以"道"的观点：守慈就是循"道"，循"道"就是有德，有德方能无不克。

第六十八章　不争之德

【原文】

善为士者^①，不武；善战者，不怒；善胜敌者，不与^②；善用人者，为之下。是谓不争之德，是谓用人之力，是谓配天古之极^③。

【译文】

善于带兵打仗的将帅，不逞其勇武；善于打仗的人，不轻易激怒；善于胜敌的人，不与敌人正面冲突，不战而胜；善于用人的人，对人诚恳谦下。这就是不与人争的合"道"之德，这也可称为用人之"道"，这是完全符合最本源的自然规律。

【注释】

①善为士者：士，即武士，这里作将帅讲。此句意为善做将帅的人。

②不与：意为不战，不正面冲突。

③配天古之极：符合自然的规律。自然就是自性本然，未受外界影响。

【义理解析】

本章老子站在"得道者"的角度，告诫世人应如何行"道"。"道"在不同的行业，不同的人群，有不同的表现。只有放下执见，回归自身的质朴本性，循"道"而为的人才是真正的有"德"之人。

"善为士者，不武；善战者，不怒；善胜敌者，不与；善用人者，为之下。"老子开篇举了几个例子，说明各个领域的有"德"之人是如何做事的。

首先"善为士者，不武"，这里的"善"就在前几章讲过，就是遵循"道"的规律去做，才能称之为"善"，"善为士者"，必然是士中的得"道"者，这里是指得"道"的武士和将士，得"道"之士做事从不以自身的意志和企图驾驭战争而去呈现个人之勇，他们会根据"道"的规律去做事。"善战者，不怒"，善于带兵打仗的得"道"者，他们不会因为自身的执见或欲望而发怒，不会因怒而战，他们会遵从战场的规律（战争之道）去部署战争。"善胜敌者，不与"，在克敌制胜方面得"道"之人，他们不会按照自身的意气和欲望去用兵，不会仅靠武力取胜，他们会遵循"克敌之道"，在不发生战争的情况下"不战而屈人之兵"。"善用人者，为之下"，那些熟知用人之"道"的人，不会根据自身的意志和执见对人颐指气使，强加于人，而是会遵照用人的规律行事，让自己放下执见和欲望，真诚而谦下。

老子举的这几个例子，都是在说明一个道理：各个领域的得"道"之人都不会根据自身的欲望或意志去做事，他们会遵循事物本身的规律，这也是他们得"道"的前提。士之所以不武，是因为"武"是依据个人意志和欲望而呈现的个人之勇，将个人意志强加于人，非"道"，得"道"之士自然不武；善战者之所以不怒，因为"怒"是自身执见和欲望而呈现出的个人情绪，将自身欲望强加于人，非"道"，得"道"者自然不怒；善胜者之所以不战，是因为以战求胜是人之欲望所驱使，非"道"，得"道"者自然不主动求战；善用人者之所以为之下，是因为处上是个人欲望的展现，非道，得道者无欲，自然为之下。无论哪个行业，得"道"者都会舍弃自身的执见和欲望，根据各个行业的自然的规律去做事。这就是老子所说的"是谓不争之德"，这里的"不争"不是什么都不做，而是不为自身的意志、执见和欲望去争，但要为"道"而争。为"道"而争就是让万物遵循"道"的规律，这是一种"为而无为"，当然就是"争而不争"。放下自身欲望去做事，就能遵循事物的客观规律，可谓是循"道"而为（也是"无为"），可称为"有德"。所以，老子最后的结论就是：不武、不怒、不与、为之下。体现出做事不为自身欲望和执见所牵绊，遵循事物的客观规律，可称为"有德"。回归自身的质朴本性，无执无欲，因无欲而"无为"，因"无为"而"不争"，不以自身意志与"道"相争，循"道"而为，这样的"德"可称为"不争之德"。

"是谓用人之力，是谓配天古之极。"得道之人不以自身执见评判人，而会遵循"道"的规律用人，人尽其才，这就是符合"天道"的要求，这就是自古以来，万物遵循的最天然、最原始、最本源的规律。句中"用人之力"中的"用"，不能简单理解为：借用，利用。这里应该理解为：发挥作用。"用人之力"的含义就是：充分尊重每个人的自然本性，不要用自身的执见和欲望去影响他人，也不要把自身的意志强加给他人，让每个人的自然本性充分发挥作用。这里也引申为：尊重万事万物的自然本性，循"道"而为，顺势而为，"无为"而为。这样的做法才是最符合"道"的要求，符合那个最本源的规律，也就是"天古之极"。

　　很多人认为尊重每个人的自然本性，尊重外物的自然本性，就是听之任之、放任自流、视而不见。这是没读懂《道德经》，不了解《道德经》的精神实质所导致的误解。其实，前面我们讲过所谓的"无为"可分为两个层面："无为而为"和"为而无为"。尊重万物的自然本性也是一样，只有万物处于其本性的状态，我们要保持尊重，不能加以干涉。对于不符合自然本性的万物，圣人当然不能听之任之，要加以引导、教化或修正，让其回归自然本性。可见尊重万物的自然本性也要分为"无为而为"和"为而无为"，对于不合"道"的事物，当然要"为"，要以"道"而"为"，让其回归事物的自然本性，回归大"道"。

　　这里有一个前提，圣人熟知万物之道，能对万物是否符合"道"的规律做出准确判断，所以，不会把自身执见和欲望强加于外物。老子心目中的圣人就是明了宇宙的最本源规律，知"天古之极"，这样全知全能的圣人是理想化的、目标化的。现实社会中不可能有这样的人，但这是一个目标，也是世人努力的方向。但是，老子在《道德经》中给出了认知这种"道"的方法，也是一种实践"道"的精神，就是通过观察、对比、分析、总结，最后得出这种天古之极的"道"。

第六十九章　哀者胜矣

【原文】

用兵有言："吾不敢为主①，而为客②；不敢进寸，而退尺。"是谓行无行③；攘无臂④；扔无敌⑤；执无兵⑥。祸莫大于轻敌，轻敌几丧吾宝。故抗兵相加⑦，哀⑧者胜矣。

【译文】

善于用兵的人曾经这样说，"我不敢主动进犯，而采取守势，静观其变；不敢前进一步，而宁可后退一尺"。遵从上述思想，就可以做到，虽然有阵势，却像没有阵势可摆一样；虽然要奋臂，却像没有臂膀可举一样；虽然面临敌人，却像没有敌人可打一样；虽然有兵器，却像没有兵器可以执握一样。祸患再没有比轻敌更大的了，轻敌几乎丧失了我的持道"三宝"。所以，两军对阵时候，遵从客观规律的一方可以获得胜利。

【注释】

①为主：主动进攻，进犯敌人。

②为客：被动退守，不得已而应敌。

③行无行：行，行列，阵势。此句意为：虽然有阵势，却像没有阵势可摆。

④攘无臂：虽然要奋臂，却像没有臂膀可举一样。

⑤扔无敌：虽然面临敌人，却像没有敌人可赴。

⑥执无兵：兵，兵器。意为：虽然有兵器，却像没有兵器可执。

⑦抗兵相加：两军对擂，对阵。

⑧哀：道家主张用兵不祥，不以自己意志用兵，不以杀人为乐，不因胜而喜，不因败而悲，而是遵照"道"的规律用兵，体现出对万物的道闵和道慈。这里的道闵和道慈是相对于儒家的闵和慈而言，在第六十七章有详细讲解。

【义理解析】

本章老子站在"得道者"的角度，谈论用兵之"道"，这是老子少有的几篇谈论用兵打仗的论述。本章谈论的不是具体的战术，而是用兵的思想。文中强调为主者，自身意志，循"己"而为；为客者，因势而变，循"道"而为。

老子开篇就引用了"得道之人"带兵打仗的思想："吾不敢为主，而为客；不敢进寸，而退尺。"这句话表面意思很容易理解：我不敢主动进犯，而采取守势；不敢前进一步，而宁可后退一尺。如何理解这句话的深层意思呢？首先要理解这里的"为主"是什么意思，"为主"是指人做事的时候会根据自身的意志和执见行事，以自我意志为主，将个人意志强加于外人和外物，不管客观形势。这里是指军队的主帅按照自身的意志和欲望去用兵，不能看清客观的形式。什么是"为客"呢？"为客"并不是胆小怕战，这里是指主帅能放下自身的意志和执见，客观地看待实际的形式，因势因时而变，根据实际情况做出最合理（合道）的安排，后发制人。老子的"道"的核心思想，就是强调人要放下自身的执见和欲望，尊重事物发展的客观规律，依照客观规律行事。所以，老子说"得道者"统领军队的时候"不敢为主，而为客"。相同的道理，"不敢进寸，而退尺"也是在说明"得道者"为"道"的态度，其做事的时候宁愿遵循客观规律后退一尺，也不会根据个人意志前进一寸，强调不会依据自身意志而行事。这里的"进寸"也就是"为主"的意思，依照个人的执见和意志去追求进取；"退尺"就是"为客"的意思，是指弃欲而守"道"：放下自身欲望，遵循客观规律。

有些人从儒家"谦虚谨慎"的角度去理解这句话，是不太妥当的。"不敢为主而为客"并不是儒家常讲的谦虚或谦让，儒家的谦虚不过是世人之间的礼仪及个人修养而已。而老子讲的"不敢为主而为客"是在强调是否放下自身的执见和欲望，是否遵循事物的客观规律。两者追求的层次和着眼的角度都不一样。

有些人甚至认为道家主张的"宁客勿主，宁退勿进"是一种退避、被动的思想，不会主动进攻，只能被动挨打，这更是一种误解。老子主张的"宁客勿主，宁退勿进"是指的一种战争思想（为什么要打仗），不把自己的意志和欲望强加于人和物，不主动去破坏万物遵循的客观之"道"，不为人而战，为"道"而战，这是战争思想，不是具体的战术。后发制人不等于被动挨打，如果条件成熟，当然会主动出击，为了制胜，可以选择任何合理的方式。就具体战术而言，老子主张只有"为客"者才能做到不执着于自身的执见和欲望，不拘泥于外在形式，根据客观情况，遵循用兵的规律，因时而变，因势而变。当放下自身执见和欲望的时候，就能做到"行无行；攘无臂；扔无敌；执无兵"的境界。"行无行"是指虽然有阵势，却像没有阵势一样；"攘无臂"是指虽然要奋臂，却像没有臂膀可举一样；"扔无敌"是指虽然面临敌人，却像没有敌人一样；"执无兵"是指虽然拿着兵器，却像没有兵器可执一样。这几句话是在举例说明一种用兵的状态，并不是实指。这几句话讲的就是道家的战术思想（如何打仗）："得道者"带兵打仗的时候不执己见，不拘形式，遵从规律，随机应变，所以能做到"行无行；攘无臂；扔无敌；执无兵"这样阵无定型、战无定法。由此可见，道家用兵的可怕之处在于变幻无常，让你防不胜防。道家主张采用的战术都是最符合客观规律的战斗之法，站在敌对的一方来看，那就是最致命、最难以防范的招数。以道的观点：欲望至柔而有道，战术有道而至刚，可见"至柔则至刚"的必然逻辑。

在老子看来，具体的用兵阵形和兵法都是战术问题，都是"道"在具体环境下的一种表现形式而已，形式千变万化，万变不离其宗。采用任何合"道"的战术，战胜对方，消除逆"道"因素，这才是用兵之"道"。如果带兵打仗的统帅只是拘泥于外在形式，打仗摆出具体的阵势让士兵按固有的招式操作，这些形式不过是个人意志和执见的外在体现，偏离实质的用兵规律。按照固有的模式用兵，其实是用外在的形式扭曲了客观的规律，这不符合老子遵循"道"的思想。

"祸莫大于轻敌，轻敌几丧吾宝。"带兵打仗最大的祸患就是过于轻敌，轻敌会让自己偏离"道"的规律，如此必亡。这里的"祸"不是我们常说的自身利益受损的灾祸，道家说的"祸"是指破坏万物自然本性，偏离"道"的规律；这里的"祸"就是指偏离用兵之道。老子强调带兵打仗最大的祸患就是"轻敌"的思想，因为"轻敌几丧吾宝"，轻敌能让一个人丧失持有"道"的三件法宝，也就是"一曰慈，二曰俭，三曰不敢为天下先"："慈"不把自身欲望强加于外界事物，"无为"；"俭"，不执着于物质，"无物质欲"；"不敢为天下先"，不执着于名利，"无名利欲"。三宝就代表"道"，要持有这三宝，必须要放下自身的执见和欲望。轻敌者就是过于执着自身的意志和欲望而忽视客观规律和实际情况，不能看清楚战场的真实情况，导致自身用"有为"的方式用兵，偏离客观规律。可见，轻敌者必有欲，有欲者必失"道"，失"道"者必早亡。所以，老子说轻敌是最大的祸患，轻敌会让人偏离客观之"道"，难以长久。

　　"故抗兵相加，哀者胜矣。"这就是我们常说的"哀兵必胜"，我们现代人常把这句话解释为：两兵交战，心情悲愤的一方会获胜，也指被迫反抗的一方会获胜。其实，这是后来人曲解了《道德经》的本意，不自觉用儒家观念解释道家经典，这是一个很大的误解。我们要学会用"道"的观点研读《道德经》，这里的"哀"不是悲哀、悲伤的意思，而应理解为"慈闵"。放下自身执见和欲望，尊重万物自然本性，遵循客观规律。道家用兵的宗旨不是为了自身意志和欲望（无所谓悲喜），而是为了消除"逆道"因素，用"哀"的心态对待战争，不以自身的执见和欲望看待敌人，不以杀人为乐，不因取胜而喜。道家用兵意在维护"道"不受非"道"因素的影响，遵循事物发展的自然规律，不把自身的欲望强加于万事万物，这就是真正的"慈"。如果交战双方对擂，只有遵循事物客观规律，遵循用兵规律的一方会最终胜利。这就是老子的"道"的思想在用兵上的具体体现。

　　本章老子谈论的用兵之"道"有两个层次。第一个层次是战争思想（为什么打仗）：慈，宁客勿主，宁退勿进。强调统治者不应当为了自身意志和欲望去发动战争，不能把自身的欲望强加于人。第二个层次是战术思想（如何打仗）：变，行无行；攘无臂；扔无敌；执无兵。强调用兵者不把自身的执见和欲望强加于用兵之术，遵循用兵的客观规律，因时因势而变，才能真正做到战无不胜。

　　《道德经》中基本不谈具体的战术，在老子看来战术的东西瞬息万变，应根据实际情况，遵循客观规律，因时制宜，因地制宜，战无定法，战术的东西是实相，用兵的规律（道）才是本质。不管是战争思想还是战术思想都来源于道家的"用兵"宗旨：消除逆"道"因素，让万物处于"无为"的状态，万物循"道"，"无为"而治。这也是"道"的思想的延伸。如果万物合"道"，则应"无为而为"，宁客勿主，宁退勿进；如果偏离大"道"，则应"为而无为"，积极主动去改变，消除逆"道"因素，因时因地制宜，采用任何合道的战术：行无行；攘无臂；扔无敌；执无兵。

第七十章　知我者希

【原文】

吾言甚易知，甚易行。天下莫能知，莫能行。言有宗①，事有君②，夫唯无知③，是以不我知。知我者希，则④我者贵。是以圣人被褐⑤而怀玉⑥。

【译文】

我所宣讲的理论很容易理解，很容易施行。但是天下竟没有谁能理解，没有谁能遵照执行。言论要有主旨，行事要有根据。正是由于世人不理解其中的道理，因此才不理解我。能理解我的人很少，能取法于我的人就更难得了。因此有道的圣人就像穿着粗布衣服，怀里揣着美玉。

【注释】

①言有宗：言论有一定的主旨。

②事有君：办事有一定的根据。一本"君"作"主"。"君"指有所本。

③无知：指别人不理解。一说指自己无知。

④则：法则。此处用作动词，意为效法。

⑤被褐：被，穿着；褐，粗布。

⑥怀玉：玉，美玉，此处引申为知识和才能。"怀玉"意为怀揣着知识和才能。

【义理解析】

本章老子站在"得道者"的角度，告知世人他宣扬的"道"是何等的稀有，可惜世人不能真正地了解。其实，也可以看作老子的一种担忧，"道"的思想真的是非常高的一个思想层次，他看到宇宙万物都在遵循一定的客观规律运行，这是宇宙万物的本源。看问题的层次之高，理解问题的层次之深，即便我们现在人理解起来，也不是那么容易，何况当时的人。所以，老子有这样的感慨，也能折射出当时的人对"道"的接受程度。

本章的内容，没有讲述什么道理，理解起来不难，只是老子对"道"的稀有珍贵进行描述，对世人的不解发出感慨。老子说"吾言甚易知，甚易行。天下莫能知，莫能行"，也就是"我讲的内容很容易理解，也很容易实行，但是世人都不理解，也不能遵照执行。""甚易知，甚易行"，在老子看来人们放下欲望并不难，世人只要愿意放下自身的执见和欲望就能知"大道"行"大道"；但是当时的人们还生活在追求温饱的阶段，考虑问题的时候自身欲望强烈，肯定不愿意放下自身的欲望。老子在感慨正是由于当时的人们执着于欲望，让简单的问题变得困难，也可以说就在一念之间，但圣人认为易，世人则认为难。

关于老子"道"的思想，在当时的社会估计没有几个人能理解。我们要清楚，当时的人还生活在奴隶社会末期，对宇宙的理解还停留在神话阶段，我们不能用现在人的思维去理解当时的人，当时的人们没有什么科学知识，他们更多的是知道一些简单的生活常识，就是单纯的"规律"的含义，所以当时的人就无法理解清楚。

即便我们现代的人对于老子的思想也不是都能理解透彻，如果要做到，那就更难了。比如：老子讲宇宙万物运行都在遵循一定的客观规律，这个客观规律就是"道"，这点我们现在的人理解起来可能比较容易；老子又说，我们如果要看到这个"道"，遵循这个"道"，就必须要放下我们自身的执见和欲望，这样才能观察得到真实的规律，这个规律就是真实的"道"，不是抽象的"道"。就这一点，恐怕没几个人能做到，佛教也在讲放下自身的执见和欲望，能做到这点的都是菩萨和阿罗汉果位的，着实不易。我们可能在一时放下某些欲望和执见，但让我们在生活中时时都能放下欲望，客观看待问题，恐怕没有几个人做得到。所以，在当时世人都不能理解老子的思想，更无法践行他的思想，也就不难理解了。

"言有宗，事有君"，老子在阐述他宣讲的"道"既告诉世人其中的理论（言有宗），也教给世人如何去实践（事有君），说话做事都要遵循"道"的规律，以"道"为说话的准则和行动的依据。从《道德经》的很多篇章我们都能看到这句话的展现，在"道经"部分老子主要讲述的就是"道"的理论，在"德经"部分主要就是在讲如何实践，怎么做才能让自己找到真实的规律，如何做才能遵循客观规律。老子说这句话，旨在说明他的言论都在阐述"道"的思想，他的理论具有可知性和可实践性。但是当时的人并不乐意去了解并实践老子的理论，这是为什么呢？老子说"夫唯无知，是以不我知"，在老子看来当时的世人是被自身执见和欲望蒙蔽了双眼，不愿意放下自身的执见和欲望去求知，所以不了解老子宣讲的道理，那就更不理解老子的所作所为了。老子也感慨，"知我者希，则我者贵。"这个世界上理解我的人太少了，能遵照我讲的道理去实践的人，更是显得难能可贵。

"是以圣人被褐而怀玉。"老子通过这个比喻，说明自己拥有天下至宝，但无奈不被世人接受。这也是老子给自己的定位："大道"至简，质朴无华，但是宇宙的本源法则，可谓世间至宝。但是，当时的世人不愿放下自身的执见和欲望，以自我为中心衡量万物，所以无法理解这个"道"，无法接受这个宝物。但是，这并不影响宝物的价值。世俗之人只是看不到圣人的特别之处，只是把他当作普通的人，只有得"道"之人才知道圣人宣讲的"道"的珍贵，看做宝物。

本章老子分为两个层面阐述为什么行"道"难。一是从"道"本身层面来讲：易知、易行。老子阐述了"道"的理论，不难理解；老子也教给世人具体的实践方法，并不难行，回归本性，一切自然。二是从世人"执见"层面来讲：难知、难行。正是因为世人执着于自身的执见和欲望，所以无法认知真实客观的"道"，可概括为：因为执欲所以无知，因为无知所以不我知。

所以老子说"夫唯无知，是以不我知"。可见，世人不理解不践行"道"，不是因为"道"太难，无法理解；而是因为世人不愿放下自身欲望，遵循"大道"。简而言之，圣人无执，知"道"行"道"，易知易行；世人执欲，背"道"离"道"，难知难行。难易只在一念间：能否舍弃欲望！

第七十一章 圣人不病

【原文】

知不知①，尚②矣；不知知③，病也。圣人不病，以其病病④。夫唯病病，是以不病。

【译文】

知道自己还有所不知，有自知之明，这是值得推崇的思想。不知道却自以为知道，自以为是，这就是很糟糕的缺点。有"道"的圣人没有缺点，因为他把缺点当作缺点。正因为他把缺点当作缺点，不断自我提升。所以，最终他没有缺点。

【注释】

①知不知：注解家一般对此句有两种解释。一说知道却不自以为知道，一说知道自己有所不知。

②尚：通"上"。

③不知知：不知道却自以为知道。

④病病：病，毛病、缺点。以病为病，把病当作病。

【义理解析】

本章老子站在"得道者"的角度，谈论客观认识自己的重要性，进而谈论世人的求"道"方法。老子认为没有天生的圣人，圣人之所以为圣人是因为他们实事求是，不以自我意志和欲望去看待问题，具有自省能力，知道自身不足，懂得自我完善，这也是"求道者"的修"道"之法。本章老子不但告诉世人"道"是什么，也在告诉世人怎么去修道。

"知不知，尚矣；不知知，病也。"这是老子对"修道者"心态的判别准则。一个人如果知道自己有所不知（知道自己有欠缺的地方），这种自我认知就是对的，也是符合"道"的规律，这会帮助一个人逐渐接近"大道"。如果一个人不知道自己有所不知（自身有欠缺的地方，还自认为自己什么都知道），这种自我认知就是错的，也是不符合"道"的规律，这会阻碍一个人接近"大道"。如果要做到"知不知"，也就是我们现在人常说的"自知之明"，要做到这点就必须要客观地看待自己。这就需要一个人放下自身的执见和欲望，不能掺杂任何情感，站在一个公正客观的第三方的角度看待自己（无我的境界），只有这样才能看到真实的自我，知道自己有什么优点，有什么缺点。只有知道自身缺点的人，才能制定出自我完善的方法，让自己逐步走向圆满。相反，如果一个人没有自知之明，认识不到自己的无知，还认为自己无所不能，当然就没办法提升自己。

"自知之明"包含：放下自身执见，客观看待自己，具有自省能力，具有自我完善能力。老子认为，一个人是否有"自知之明"也是判断其自我认知是否符合"道"的基本准则。只有当一个人的自我认知符合"道"的要求，他才能按照客观规律去完善自我，这是一个人修"道"的基础和前提。

"圣人不病，以其病病。"圣人之所以没有缺陷，是因为圣人把缺陷当作缺陷。这句话中的"病病"可以理解为"以病为病"，把缺点当作缺点，不避讳自己的缺点，认识到自身的不足。这句话有两层含义。第一，这也是老子眼中的"圣人观"：圣人不是天生的，圣人也不是完美的，圣人之所以是圣人，就是因为圣人有自知之明，知道自己的缺点，并且不回避自己的缺点，具有自我完善的能力，所以才会让自己逐步地走向圆满。第二，在老子看来，是否具有自知之明，也是圣人和普通人的根本区别。普通人内心充满了我执与我见，他们看待问题的时候，自身充满执见和欲望，无法客观地看待自己，当然就无法认知自身的缺陷，连自身的缺陷都无法认知，当然无法提升自己。普通人也可以看作"被欲望牵绊的圣人"，如果普通人一旦摆脱了欲望的束缚，就能看到真实的自己，认识道自身的缺点和不足，如果再根据自身的缺陷自我完善，那么普通人就可以变成圣人。在老子看来，圣人不过是有自知之明并会自我完善的普通人。

"夫唯病病，是以不病。"只有不回避自身的缺点，把缺点看作缺点，并能自我完善，这样就可以做到没有缺点了。其实，这句话与上面的"圣人不病，以其病病"基本含义一样。这句话也是老子教给世人的"修道"方法。一个人怎么样才能做到没有缺点，得"道"成为圣人呢？老子给出的"修道"方法就是：放下自身欲望，客观认知自我；针对自身缺点，不断完善自我，这就是真正的"修道"。通过不断地提升自我，完善自我，最后就能"得道"，成为圣人。

其实，通过本章我们可以清楚看到，老子不是一个空想的理论家，也不是一个玄学家，更不是一个神学家。老子的主张很朴实：普通人可以通过客观地认知自我，不断自省，改正缺点，不断提升，这就是"修道"；最后让自己趋近完美，这就是"得道"，老子提出的主张都是可以实践的方法。后世的人想当然的建立道教，将老子奉为神，这本身就是违背老子的主张。

老子不但是无神论，其主张是"绝对理性"论，绝对理性就是主张人应当超越自身的情感、执见、欲望和对事物的感性认知，对事物及其内在的、本质的规律达到一种全面、客观、真实的认知，这就是"道"；认知了"道"从而选择最理想、最正确、最符合事物发展规律的方式做事，这就是"循道"，也就是老子主张的"无为"。不可否认，老子主张的那个绝对理性的"道"是一个哲学概念，理论上是存在的，也是一种真实的客观存在，只是目前我们人类的认知能力有限，还不能完全掌握，但是这并不影响"道"的客观真实性和客观存在。

我们都知道，宇宙万物肯定在遵循一定的本质规律运行，甚至包括我们人类社会，但是究竟是什么样的规律，我们还没完全掌握。就像现在的很多科学定律，在现代科学兴起之前，人类并没有认知到这些规律的存在，但是这些规律从来就是客观真实地存在那里，不多不少，不管我们认识到还是没认识到它。科学也是哲学的一种，它是从自然哲学发展起来的，科学的最初不过是人类通过可观测、可量化的手段验证一些哲学认知，科学手段让我们对"道"的认知更前进一步，让我们更接近"道"。所有的科学技术都有其适用范围，超出一定的范围，对的就会变成错的，像牛顿的"经典力学"在爱因斯坦的"相对论"看来就不对，人类还远远没有掌握绝对的真理，人类对科学的把握还限制在人类认知能力的范围内。

　　目前，人类的认知能力是有限的，也许随着科技和哲学的发展，我们对事物的认知会逐渐接近那个理想的"道"，但完全理解"道"、掌握"道"的圣人是一个理想的人物，现实中是不存在的。"道"和"圣人"并不是虚无，而是一个方向。就像我们知道速度的极限是光速，但是没有什么速度能达到光速，除了光。人类目前的能力虽然达不到，但是并不影响那个速度极限的客观存在。

　　当然，很多有哲学思维的人都在思考，生命和意识存在的意义是什么？人类的生命和意识也是客观世界的一部分，尽管有时候我们误认为这个"我"只属于我们自己，这只是人类意识比较低端的思维和自我保护的机能而已。任何事物的诞生必然有其自身使命，如果我们认识不到一个事物存在的客观必然性，那只是因为我们站的层次太低，只能看到我们认知能力范围内的必然，看不到整体。人类有观察、分析、归纳、总结等思维能力应该是某种必然，即便没有进化出人类，也会进化出其他生命体具备这种能力，也或许宇宙中本身就存在着很多我们看得到的或看不到的智能生命，他们也在探索着宇宙的客观规律，他们也是循"道"者。生命和意识存在的意义应该就是认识客观真实的规律，回归这种规律。人类的自省能力至关重要，自省可以不断修复自身认知，去伪存真，接近真实，确保不偏离客观真实的规律。人类的思维能力是为人类认知客观世界量身定做的，如果没有客观规律存在，人类的意识和思维能力将没有任何意义。生命形式从简单到复杂的提升，也正是由于对规律认知能力的提升。生命看起来更像是"道"创造了一个能认知规律的存在，这就是生物。自省能力是人类思想进化的动力，逐渐接近"道"、守护"道"。这也符合老子"道"的思想。

第七十二章　民不畏威

【原文】

民不畏威①，则大威②至。无狎③其所居，无厌④其所生。夫唯不厌⑤，是以不厌。是以圣人自知不自见⑥，自爱不自贵⑦。故去彼取此⑧。

【译文】

当百姓不畏惧统治者的威压时，那么，可怕的祸乱就要到来了。不要逼迫百姓不得安居，不要阻塞百姓谋生的道路。只有不压迫百姓，百姓才不厌恶统治者。因此，有道的圣人不但有自知之明，而且也不自我表现；有自爱之心也不自显高贵。所以要舍弃后者（自见、自贵）而保持前者（自知、自爱）。

【注释】

①民不畏威：威，指统治者的镇压和威慑。此句意为：百姓不畏惧统治者的高压政策。

②威：是指人民的反抗斗争。

③无狎：狎通"狭"，意为压迫、逼迫。无狎，即不要逼迫的意思。

④无厌：这个厌指压迫、阻塞的意思。

⑤不厌：这个厌指人民对统治者的厌恶、反抗斗争。

⑥不自见：不自我表现，不自我显示。

⑦自爱不自贵：指圣人但求自爱而不求自显高贵。

⑧去彼取此：指舍去"自见""自贵"，而取"自知""自爱"。

【义理解析】

　　本章从谈话内容看，老子应该是在和统治者谈论治国之道，安民之策。治国之道也是治人之道，这不像自然的科学规律，自然科学解决的是无意识之物（物质）的运行规律，治人之道解决的是人类社会的运行规律。自然科学的规律有固定公式，社会运行规律没有固定公式，因为人心是在时时变动。老子认为，这就需要从社会运行的基础说起，这就是人心所向。

　　"民不畏威，则大威至"这句话中的"威"如何理解？第一个"威"指的是威压，将个人意志强加于他人，这里指的是统治者将自身欲望强加于百姓，并不是客观规律之威；第二个"威"指的是危险、灾难。如果老百姓不害怕统治者的威压震慑，那么对统治者而言，更大的危险就要来了。在老子看来，治理天下应当遵循治国之道（治理国家的客观规律），如果统治者把自身的意志和欲望当作治国之道，强加于百姓，则是"非道"；当百姓不接受，甚至反对"非道"治理的时候，对统治者而言，最大的危险就来临了。什么是治国之道，什么是"非道"呢？

　　"无狎其所居，无厌其所生；夫唯不厌，是以不厌。"这句话字面意思比较容易理解：不要压缩老百姓的居住地，不要阻碍老百姓生存之路；只有不压迫老百姓，老百姓才不会对统治者心生不满。"无狎其所居，无厌其所生。"我们首先要理解其中的深层次原因：有了执见和欲望才有"狎"和"厌"的行为，"狎"和"厌"就是"有为"；只有统治者"无欲""才会""无狎"和"无厌"，"无狎"和"无厌"才是"无为"。这句话旨在说明统治者应放下自身的欲望，不把自身的执见和欲望当作管理手段强加给百姓，让老百姓能安居乐业，居有其所，生有其道。百姓安居乐业，社会才能安定祥和。"夫唯不厌，是以不厌"既是民心所向，也是社会稳定的基石。

　　我们从"道"的角度剖析一下老子治国的思想。在老子的观念里是有一个理想的治国之"道"的，这个治国之道就是：统治者让老百姓能自在生活，安居乐业，不会把自身的欲望强加给百姓，简单概括就是"无欲无为"。如果统治者把自身欲望和意志当作治理国家的方法，并强加给老百姓，影响了老百姓的生存，就是"非道"，简单概括就是"有欲之为"。老子认为社会运行的基础就是人心所向，决定人心所向的就是统治者的治国理政是否符合"道"的要求。怎样的治理国家手段才是符合"道"的规律的方法呢？老子认为符合"道"的规律的管理方法应该是"无欲无为"：统治者无欲，治理上"无为"，教化百姓遵照"道"的方式生活做事，百姓合"道"的生活不受干扰。只有老百姓能自在生活，安居乐业，才不会心生不满，这就是人心所向的生活。人心所向，国家才能长治久安。相反，"有欲之为"则是统治者把自身的意志和欲望当作治理国家的手段，强加给老百姓，这种做法必然会影响百姓的自在生活，如果到了一定的程度，让老百姓的居住和生存等基本条件都受到影响，老百姓必然会奋起反抗，这就是人心所背，没有人心做基础，这样的统治者必然不会长久。所以，老子的观点总结起来就是：无欲无为，合"道"，人心所向，天下长治久安；有欲之为，非"道"，人心所背，天下危矣！当然，老子强调的"无欲无为"，是一种绝对的理性，舍弃任何自身的情感和欲望，并对社会发展规律的绝对客观真实地认知和绝对客观公正地执行，这只是一种理想的理性状态和方向，也是理性最大化的极限状态。老子主要是指出了这一方向，让统治者朝着这一方向去努力。

"是以圣人自知不自见，自爱不自贵。"圣人无自身执见和欲望，如果圣人治理天下，自然会有自知之明，即便天下治理得好，那也是遵循"道"的缘故，而不是自己的功劳，所以不会去炫耀自己；圣人会客观地认知自己、爱惜自己、坚守自身的质朴本性，不会自视高贵。这里的"自见"和"自贵"是执着于自身欲望的一种外在表现。正是因为圣人的无执无欲，且能客观地认知自己，所以能做到自知不自见和自爱不自贵，进而能做到不把自身执见和欲望强加给百姓：无狭其所居和无厌其所生，这就是"无为"。老子认为"无欲无为"是圣人能以"道"治理天下的原因。圣人代表着绝对理性的认知和绝对客观自然的执行，这就是"道"和"德"。圣人有"德"，以

"道"治理天下，这就是老子认为最理想的国家状态。所以，老子说"故去彼取此"，统治者应当舍弃欲望而选择"无为"。

老子在整个"德篇"一直在强调的一个理念就是：放下自身的执见和欲望，做到对客观规律的客观认知，并按照客观规律去执行，这就是"德"。统治者有"德"就会按照社会发展的客观规律去治理国家，普通人有"德"就会按照事物本有的规律去做事。他们都是在遵循"道"的规律。

第七十三章　勇敢则杀

【原文】

勇于敢则杀，勇于不敢则活①。此两者，或利或害②。天之所恶，孰知其故？是以圣人犹难之③。天之道④，不争而善胜，不言而善应，不召而自来，坦然而善谋。天网恢恢⑤，疏而不失⑥。

【译文】

勇于追逐自我执见就会消亡，勇于放下自我执见就可以存活，这两种勇的结果，有的得利，有的受害。天所厌恶的，谁能知道是什么缘故呢？有道的圣人也难以解说明白。宇宙中有其客观而自然的规律：不用争斗而善于取胜；不用言语而善于应承；不用召唤而自动到来；客观真实且善于筹划安排。客观自然的规律，宽广无边，无处不在，虽然看起来稀疏宽松，但并不会有仕何遗漏。

【注释】

①勇于敢则杀，勇于不敢则活：敢，勇敢、坚强；不敢，柔弱、软弱。此句意为勇于坚强就会死，勇于柔弱就可以活命。

②或利或害：勇于柔弱则利，勇于坚强则害。

③是以圣人犹难之：此句已见于第六十三章。

④天之道：指自然的规律。

⑤天网恢恢：天网，指自然的范围；恢恢，广大、宽广无边。

⑥疏而不失：虽然宽疏但并不漏失。

【义理解析】

本章主要谈论“道”的特性：为而不争，无为而为。老子在本章中再次强调“无为”的重要性，并告诫世人应当如何去做事才是符合“道”的规律：放下个人意志和欲望，遵从客观规律。

“勇于敢则杀，勇于不敢则活”这句话也是本章的核心。首先，我们要理解这句话中的几个关键字：第一个是“敢”，这里主要是指世人执着于自身的执见和欲望，坚决贯彻自身意志；第二个是“杀”，原意是死亡、灭亡，这里主要是指失败，消亡；第三个是“活”，原意是活命、生存，这里主要是指成功、长存。这句话阐明的理念是：如果世人过于执着于自身的执见和欲望，必会偏离客观规律则容易失败；如果人们敢于放下自身的执见和欲望，遵循客观规律，则容易成功。老子这句话阐述的核心理念仍然是“无为而治”，“勇于敢”是指人们过度执着于自身的欲望和意志，按照自身意志行事，这就是“有为”，是“非道”的表现；“勇于不敢”则是指人们愿意放下自身欲望，遵循客观规律，这就是“无为”，是“合道”的表现。老子的观点也非常明确，“勇于敢”是“非道”行为，坚持去做就会深受其害；“勇于不敢”是“合道”行为，坚持去做就会利己利人。

“天之所恶，孰知其故？是以圣人犹难之。”这句话可能是后人加上去的，与老子一贯的思想体系不太符合。帛书版中有前一句，没有“是以圣人犹难之”这句，所以很多人认为前一句是原版内容，后一句话是后加的。从老子的思想体系来看，这两句话都像是后加的，或者是后世的读者所添加的评语。这两句话理解起来比较容易，更像是读者的一种感慨：“上天所厌恶的东西，谁又能知道其中的缘由呢？这样的事，即便是圣人也难以说明白。”老子一贯的观点是明确的，天就是“道”，“合道”的行为才能长久，不“合道”的行为必然失败，不“合道”的行为当然就是天之所恶了。圣人是老子理念中理想化的“道”的化身，彻证“大道”，当然知道其中的道理，以“道德经”

一贯的思想来看，老子不应该说出"圣人犹难之"这类话。

从另一个角度理解，"天之所恶，孰知其故？是以圣人犹难之。"可以看作一个设问句，老子是为了引出下文，告诉人们怎么去判别自身行为是不是"合道"。这句话可以理解为，究竟什么样的行为是"合道"的，什么样的行为是不"合道"的，谁又能知道其中缘由，并能做出准确判断呢？即便是圣人，也难以判断所有的行为是否符合"道"的要求。"天之所恶"是指不符合"道"的行为。这么理解也符合老子的理念，"道"是人们通过后天的实践，不断地总结归纳，逐渐认知的客观规律，人非生而知之。所以，没有人是全知全能的，究竟什么符合"道"的规律，什么是不符合"道"的规律，没有人能直接给出判断。但是，是不是就说明了"道"是不可知的呢？当然不是，老子这里给出了"道"的特性，作为判断是否"合道"的准则。

"天之道，不争而善胜，不言而善应，不召而自来，坦然而善谋。"这就是道的特性，老子认为："道"是先天就有的，其客观存在，天道从来不与人竞争，不强加于别人，但是"道"无往不胜，万物都在遵循"道"的规律；得道者，从来不夸夸其谈，都是默然低调的存在，但是"道"能照应万物；天道从来不会居高临下号令万物，召唤万物，但是万物无不自动服从于"道"；大道是淡然的、安静的，但是它又能包罗万象，好像为宇宙万物都做了精细的规划。从这段论述可以看到老子的观点：道无为而无不胜。"争""言""召"等都是个人执见和欲望的体现，这是"非道"；"不争""不言""不召"不依照自身执见和欲望而为，遵从客观自然的规律而为，就是"无为"。"道"的本性就是"无为"，其表现为沉静、客观、自然、从不强加于人；但结果是万物无不循"道"。所以，判断任何行为或事物是否符合"道"的要求，就要看它是否出于"无为"的目的，是否受到外界某些主观意志和欲望的干扰。在老子看来，如果舍弃自身的执见和欲望，遵照已知的客观规律把事情做好，就是循道而为。"道"的实相千变万化，"道"的本质永恒不变。

"天网恢恢，疏而不失。"天道就像一张无边无际的大网，包罗万象，无处不在。它从不强加于人，不会让人感觉到有压迫感；它看上去稀疏宽松，但是它从来不会漏过任何一个细节，宇宙万物没有任何东西能离开"道"而独立存在。这也是老子对天道的一个最好的总结：天道就像一张网，无形无相，无始无终，它又无处不在，无时不在，无所不包，无所不含，安静且沉默，甚至让人感觉不到它的存在。但是万事万物，甚至任何细微之处，无不遵循"道"，无一例外。

第七十四章　民不畏死

【原文】

民不畏死，奈何以死惧之？若使民常畏死，而为奇^①者，吾得执而杀之，孰敢？常有司杀者^②杀。夫代司杀者杀，是谓代大匠斫^③。夫代大匠斫者，希有不伤其手矣。

【译文】

人民本来不畏惧死亡，为什么用死来吓唬他们呢？假如人民真的畏惧死亡的话，对于为非作歹的人，我们就把他抓来杀掉，谁还敢为非作歹？应该有专管杀人的人去执行杀人的任务，代替专管杀人的人去杀人，就如同代替高明的木匠去砍木头，那些代替高明的木匠砍木头的人，很少有不砍伤自己手指头的。

【注释】

①为奇：奇，奇诡、诡异。意思是为邪作恶的人。
②司杀者：指专管杀人的人。
③斫（zhuó）：砍、削。

【义理解析】

本章老子站在"得道者"的角度与统治者主要谈论治国之道。老子通过比喻，列出社会治理上的"非道"表现，告诫统治者不要执着于自身的意志和欲望，改变人民的本性，让百姓都变成执着欲望、贪生怕死之徒，采用以死威胁百姓作为统治的手段，这是暴君行为，不符合治国之"道"。这是"代大匠斫"，害人害己。

"民不畏死，奈何以死惧之。"这句话是老子对当时统治者的一种批判。我们应当怎么理解这句话呢？首先我们要了解老子的理念，以"道"的观点来看，人类最初的思想是单纯的，是没有个人执见和欲望的，他们都按照"道"的规律在生活，人是不畏死的。生老病死都是"道"的一部分，死就是一种客观规律，有什么好怕的呢？在世人看来，人就是"畏死"的，为什么呢？这是因为人有了自身的执见和欲望，对功名利禄，对物欲、情欲有了眷恋，虽然这些都是自身的欲望而已，但恰恰都是"非道"的表现。所以，老子认为人们因为有了欲望才变得"畏死"，这是"非道"。就"道"而言，老百姓最本真的状态应该是不怕死的。所以，老子这句话应该这么理解：老百姓本来是不怕死的，为什么统治者要把百姓引向邪路，让老百姓变成贪生怕死之徒，并用死来威胁他们，达到统治的目的呢？在老子看来，这样的统治手段是"非道"的，因为统治者改变了老百姓的本性，让他们走向"非道"，这样的统治方式也是不符合"道"的规律的。

现在也有很多人用儒家观点解读"民不畏死"：老百姓被逼到走投无路，就无所谓生死，就不怕死了；或者是百姓被激怒，失去理智，就拿出拼命的气势，就不怕死了；更或有的人具有高尚的品德，为了所谓的义，就可以不畏生死，就像孟子提倡的舍生取义等。这样的解读有点狭隘，老子讲的"民不畏死"，绝对不是失去理智后的情绪反应，更不是用生死交换名利。这样的生死，在老子看来都是个人执见与自身利益和欲望的具体体现，是不符合"道"的规律的，必然不是老子提倡的"不畏死"。老子追求的"道"是以一种客观规律，老子追求的"德"是一种绝对的理性的方式去认知"道"，世人是不应该被欲望和情绪控制的。所以，老子认为"不畏死"是"道"，"畏死"是"非道"。这就是老子的生死观，这也是能否准确解读本章的关键。

"若使民常畏死，而为奇者，吾得执而杀之，孰敢？"这里用了一个假设推断，这是老子对"非道"行为的引申说明。这句话本意是：如果老百姓害怕死是符合"道"的规律的行为，对于那些为非作歹的人，我们抓到就把他杀了，那谁还敢再为非作歹啊？很显然，当时社会不是这样的，即便统治者有很严酷的刑罚，对作奸犯科者毫不手软，杀了很多人，但是依然还有很多的人为非作歹。老子也是把这样的统治作为反面教材，来证明使民畏死并不是符合"道"的规律。用死来恐吓老百姓，维护自己统治的做法也是不符合"治国之道"的，是不可取的。这一句话和上一句话阐述一个道理：以死威胁百姓，非治国之道。民不畏死是本性，是符合"道"的规律，统治者不应该用死来威胁老百姓，这不是治国之道。如果民畏死是"天道"，即便统治者以自身的意愿去杀人就可以让百姓害怕而不敢反抗，统治者只要杀人就可以高枕无忧统治天下了，那么统治者根据自身的意愿以死威胁百姓就是治国之道，这是多么荒唐的事。所以，老子才说出下面的话，以死威胁百姓治理天下就是根据自己的执见和欲望去行道，就像代司杀者杀，就像代大匠斫，这是荒唐的、不符合"道"的规律的。

"若使民常畏死，而为奇者，吾得执而杀之，孰敢？"这句话也有另一种理解，有些人引导老百姓执着于自身的执见和欲望，让老百姓变得贪生怕死，这才是作恶多端的人。这样的人我们都把他们抓起来杀了，谁还敢再引导老百姓偏离"道"的规律呢？这句话有一个暗含的前提：为非作恶的人怕死，如果他们诱导老百姓偏离"道"的规律，就杀了他，这样的人就不敢再作恶了。那样的话，老百姓就不会被诱惑，不会偏离"道"的规律，自然就是无为而治了。这里的"为奇者"，也就是作恶多端的人，这些人诱导百姓丢掉本真的质朴，生起并执着于自身的执见和欲望。在老子看来，这属于罪大恶极。所以，老子主张"执而杀之"，这也是体现老子坚决维护"道"的主张。

"常有司杀者杀，夫代司杀者杀，是谓代大匠斫。"从语言的前后逻辑看，这句话中省略了"若使民常畏死且以死惧之，是谓代司杀者杀"，这句话完整的逻辑关系应该是：常有司杀者杀；若使民常畏死且以死惧之，是谓代司杀者杀；夫代司杀者杀，是谓代大匠斫。老子把"使民常畏死且以死惧之"比作"代司杀者杀"。如何理解这句话呢？首先要理解什么是"司杀者"，在老子看来，万物都在遵循"道"的规律运行，如果有不符合"道"的规律的事物或行为，"道"会采用符合"道"的规律的方式纠正这些不"合道"的事物或行为，这就是"司杀者杀"，"道"就是"司杀者"，这也是老子做的一个比喻。如果有人根据自身的意志和执见去纠正这些错误，就好像自己代替"道"去纠正那些不"合道"的事物或行为，有些统治者打着"替天行道"的幌子，就像自己在维护"道"的秩序，这就是"代司杀者杀"。在老子看来，世人都在执着于自身的欲望，他们本身做事都不符合"道"的规律，更不可能代替"道"去纠正那些不"合道"的行为或事物，他们的作为本身就是"非道"。简言之，"司杀者杀"是以"道"在纠正不"合道"的行为或事物，是"天道"（自然之道）；"代司杀者杀"是"非道"之人依据自身意志和执见去纠正不"合道"的行为或事物，是"非道"。

　　"常有司杀者杀。若使民常畏死且以死惧之，是谓代司杀者杀；夫代司杀者杀，是谓代大匠斫；夫代大匠斫者，希有不伤其手矣"这句话应该这样理解：世间的种种不符合"道"的规律的行为，自然会有"道"来纠正。如果统治者引导老百姓都贪生怕死，并以死威胁百姓作为统治的手段，就像我们代替"道"去纠正不"合道"的行为。我们代替"道"去纠正那些不"合道"的行为，就像普通人代替技术高超的木匠去砍木头。那些代替技术高超的木匠去砍木头的人，很少有不伤及自己的手的。老子用一连串递进式的比喻，让人们看清楚，如果我们仅仅凭借自己的意志或者想法，就去纠正我们认为不"合道"的事物或行为，就像一个普通的人代替技术高超的木匠去做工，是多么的无知和荒唐。老子这段话的核心思想是：统治者想让老百姓都贪生怕死，并且用死去威胁百姓从而达到治理天下的目的，这是不符合"道"的管理方式，其统治必不长久。在老子看来，统治者治理天下应按照"道"的规律去做事，也就是圣人治世，统治者应教导世人放下欲望，而不是教导百姓执着于自身的欲望，贪生怕死，老百姓自然就会遵循"道"的规律去做事，不会作奸犯科，这才是真正的国家的管理和运行方式，百姓安居乐业，国家长治久安。但是，当时的统治者不懂得这样的治国之"道"，只是按照自身的执见和意志治理国家，引导老百姓充满执见和欲望，贪生怕死，并通过以死来威胁老百姓作为统治的手段，迫使老百姓遵循统治者自以为是的"道"，这就像普通人代替高明的木匠做工一样荒唐，而且会伤及自身。

　　老子在本章阐述的基本观点就是：民不畏死是本性，统治者不应当以死威胁百姓作为统治的手段，此非"天道"，必不长久；统治者应当教导百姓放下自身的执见和欲望，回归自然的本性，达到无为而治。如果统治者凭着自己的意志和欲望去治理国家，自以为在遵循天道，其实是在用错误的理念引导百姓偏离"大道"，这种做法就像是"代大匠斫"，最后害人害己。

其实本章揭示了一个很深刻的道理：治理国家应该遵循治国之道，这个"治国之道"就是符合"天然之道"的规律。但究竟什么是"治国之道"？以老子的观点，"治国之道"是"道"的一部分，用以治理国家的客观规律。这个"道"一定是客观、自然的存在，无形无相，不依赖于任何外在的事物，也不会因为任何人的意志和执见而有所改变。根据当时人们的认识：世人都是贪生怕死之徒，以死威胁就可以平定天下。老子以此为基础进行推论，如果人们怕死是符合天道，那么只要是以死威胁就可以让百姓遵循"天道"的规律，杀人就是教化天下百姓"循道"，统治者可以根据自身意愿随心所欲，谁若不从，以死威胁。这么推断，统治者的意志和欲望就是治国之道，在老子看来极其荒诞。老子一贯的观点：人本来就是"道"的一部分，人的本性是无欲无为的，客观而自然，当然也是无所谓生死。当人类受到欲望的污染，分别出利害，就开始贪生怕死，这不是人的本性，贪生怕死也不是"合道"的行为。所以，老子说，如果统治者认为贪生怕死是人的本性，用死来威胁百姓作为治理国家的手段，并认为这是"道"；这就是用自身的意志和欲望代替治国之道，就像是普通人代替高明的木匠砍伐木头，必然会伤到自己。以"非道"代替"道"，这是极其荒唐的行为。通过这个荒唐的结论，反证了老子一贯的观点：统治者应当放下自身的执见和欲望，不强加于百姓，教导百姓回归本性，当统治者和百姓都回归无欲无为的时候，自然就可以无为而治，天下大和了。这才是真正的治国之道。

治国之道是一种客观规律，但是人们看不见、摸不着，如何认知这个"道"呢？老子在道德经重点强调一个方法：舍欲，断见，这是前提（求道）；观察，分析，这是方法（修道）；推理，求真，这是结果（悟道）；自然，无为，这是实践（行道）。四者皆通，可谓"得道"，"得道"之人，即为圣人。

第七十五章　民之轻死

【原文】

民之饥，以其上食税之多，是以饥。民之难治，以其上之有为^①，是以难治。民之轻死，以其上求生之厚^②，是以轻死。夫唯无以生为^③者，是贤^④于贵生^⑤。

【译文】

人民之所以遭受饥荒，就是由于统治者收取的赋税太多，百姓入不敷出，所以人民才陷于饥饿。人民之所以难于统治，是由于统治者政令繁苛，以己之欲强加于人，百姓难以承受，所以人民就难于统治。人民之所以轻生冒死，是由于统治者为了追求自己奢华的生活，致使民不聊生，所以人民为了求生，敢于冒险。只有不去追求自身生活享受的人，比过分注重自己生命的人更高明。

【注释】

①有为：繁苛的政治，统治者强作妄为。
②以其上求生之厚：由于统治者奉养过于丰厚奢侈。
③无以生为：不要使生活上的奉养过分奢侈丰厚。
④贤：胜过的、超过的意思。
⑤贵生：厚养生命。

【义理解析】

本章老子站在"得道者"的角度谈论何为治国之道，统治者应当如何认知治国之道。本章老子通过列举了几个社会实例并进行原因剖析，指出采用"非道"的方式治理国家的根源所在：统治者的欲望太盛，将自身的欲望强加于百姓，致使百姓不堪重负，所以才会国无宁日。统治者应当放下自身的执见和欲望，无以生为而无欲，无欲方可无为，这才是真正的治国之"道"。本章采用的说理方法可以归纳为：透过现象看本质。这也是老子通过观察社会现象，分析原因，归纳出的一般规律，进而提升为治国之"道"。本章也是老子展示如何"修道"的一个案例。

老子首先列举了当时社会中存在的几个典型的现状："民之饥""民之难治""民之轻死"，用来说明这是统治者没有遵循"道"的规律治理国家，才造成如此的结果。"民之饥，以其上食税之多，是以饥。"为什么当时的社会造成老百姓遭受饥荒？老子认为就是当时的统治者要求老百姓上交的赋税太多，以致老百姓吃不上饭。其根源在于统治者有太多的欲望，把自己的欲望以赋税的方式转嫁给老百姓，这种"非道"的管理方式是饥荒的根源。"民之难治，以其上之有为，是以难治。"老百姓难以治理，主要是因为统治者依据自身意志和执见而为，通过种种苛政杂役增加老百姓的负担，百姓不堪重负，所以老百姓就不会服从管理。其根源在于统治者过于执着于自身意志，并将自身的意志强加于百姓，致使百姓不堪重负，统治者以"非道"治国，上行下效，百姓失去质朴本性，这也造成了老百姓难以治理。"民之轻死，以其上求生之厚，是以轻死。"老百姓之所以敢轻生冒死，是因为统治者过于注重自身的奢华生活，搜刮民间财富，让老百姓苦不堪言，这也造成了老百姓甚至不惜冒死拼争。其根源也是统治者过于追求自身的欲望，把压力转嫁给老百姓，致使民不聊生，所以百姓的拼死反抗。这里必须理解"民之轻死"是"非道"行为，对比前一章的"民不畏死"是符合"道"的行为，有些人可能会有些混淆。老子认为人生存的根本状态应该是遵循"道"的规律，该生则生，该死则死，客观而自然，无喜无忧。世人合乎"道"的生存态度应该是：不贵生，不轻生；不畏死，不轻死。否则，即是"非道"。

老子通过几个典型的社会现象，主要是来说明老百姓不能按照"道"的规律去生活，其根源就是统治者不能按照"道"的规律去治理国家，统治者执着于自身的执见和欲望，不识"治国之道"，将自身意志强加于百姓，改变物我本性，必然会造成治理国家偏离"道"的规律。以老子的理念："治国之道"就是遵循客观规律，无为而治。统治者正是因为有了欲望，执着于自身的执见和意志，采取了有为（依据自身意志而为，将自身的执见和意志强加于外事外物）的做法，改变了社会发展的客观、自然的状态，才让治理国家偏离了"道"的规律，这是根源。

"夫唯无以生为者，是贤于贵生。"要理解这句话，首先要理解"无以生为"和"贵生"，字面意思比较容易理解，"无以生为"意思是：不会为了生而为，不会为了自己的生活享受而去作为，说白了就是"无为"。这里是指那些放下自身执见和欲望，做事的时候遵循事物客观规律的人，也就是循"道"而为的圣人。"贵生"意思是：以生为贵，把自身的生活享受看的很重，说到底就是"有为"。这里是指那些执着于自身欲望的人，做事的时候遵循自身的执见和欲望，偏离"道"的规律。老子这句话主要是在表明，以"道"的观点来看，那些放下欲望，遵循"道"的规律的人远远胜过根据自身欲望做事的人。老子也是在强调"无为而治"的可贵，这才是国家治理的根本之道。

本章老子采用了以反面事例为基础，通过事例分析，得出一个结论："非道"的治理，只能给老百姓带来"非道"的生活；治国安邦的根源在于"无为"，这才是真正的"治国之道"。统治者如何认知自己治理国家的措施是否符合"道"的规律呢？老子给出了衡量的尺子，"治国之道"源于"无为"，"无为"而治源于"无欲"。是否"无欲"就是衡量是否"无为"的尺子，"无欲"是"无为"的必要条件。

我们要正确理解"无欲"，"无欲"不是没有任何的思想和追求，就像一具行尸走肉。如果是那样，不但不值得提倡，还必须唾弃。那种"无欲"，叫作自我放弃。老子提倡的"无欲"是无私人之欲，不追求个人的利益，不把自身意志强加于万事万物，以客观自然为基础，坚定奉行客观自然的"道"，追求"道"，遵循"道"，这才老子提倡的"无欲"。有人认为"无欲"之人必定是与世无争，消极避世，其实这是一种大错特错的想法。道家的"无欲"是为了追求客观自然之道，舍弃了自身的执见和欲望，这是一种无欲则刚的状态，无所畏惧，可以为了"道"舍弃世人看来最宝贵的生命，这种求道舍欲的精神无可战胜。这种"无欲"，才是"无为"的必要条件。

第七十六章　柔弱处上

【原文】

人之生也柔弱^①，其死也坚强^②。草木^③之生也柔脆^④，其死也枯槁^⑤。故坚强者死之徒^⑥，柔弱者生之徒^⑦。是以兵强则灭，木强则折^⑧。强大处下，柔弱处上。

【译文】

人活着的时候身体是柔软的，死了以后身体就变得僵硬。草木生长时是柔软脆弱的，死了以后就变得干硬枯槁了。所以坚强的东西属于死亡的一类，柔弱的东西属于生存的一类。因此，用兵过于逞强好胜就会遭到灭亡，树木强大了就会遭到砍伐摧折。凡是看似强大的，总是处于下位；凡是看似柔弱的，反而居于上位。

【注释】

①柔弱：人活着的时候身体是柔软的。

②坚强：人死了以后身体就变成僵硬的。

③草木：一本在此之前有"万物"二字。

④柔脆：指草木形质的柔软脆弱。

⑤枯槁：用以形容草木的干枯。

⑥死之徒：徒，类的意思，属于死亡的一类。

⑦生之徒：属于生存的一类。

⑧兵强则灭，木强则折：一本作"兵强则不胜，木强则兵"。

【义理解析】

本章老子站在"求道者"的角度阐述"道"的内涵。通过对世界万物的观察，得出柔弱才能长久，"坚强"只会走向灭亡。这里的"柔弱"，老子是借用可见物质形态（人和草木）的柔弱，来比喻个人不执着于自身欲望和意志的柔弱；文中的"坚强"不是儒家思想的品质坚定，意志坚强，而是指坚持个人意志和执见并强加于他人或他物。只有弱化、放下个人的执见和欲望，才能认知真实的"道"，并遵循"道"的规律，这就是无欲无为。这才是真正的"道"之所在。

"人之生也柔弱，其死也坚强。草木之生也柔脆，其死也枯槁。"这句话表面意思很简单：人活着的时候表现的柔弱，死了之后就变得僵硬；草木在生长的时候也是柔弱的，死了之后就会变得枯槁。这句话用的是借喻推理，通过人们常见的"人"和"草木"的形体上的柔弱和坚强，来同理推断精神层面上一个人的执见和欲望的强弱，是否把自身的意志和欲望强加于人。这里的"柔弱""柔脆"就是通过人和草木的外形上的柔弱，引申代指个人不执着于自身的意志和欲望，对自身欲望执着上的柔性和弱化，不强为，不强加于人；"坚强""枯槁"也是通过人和草木在外形上的僵直和僵硬，来指代精神层面上一个人过于执着于自身的意志和欲望，把自身的欲望强加或展示给别人。以"道"的观点来看：生，"合道"，表现为柔弱；死，"非道"，表现为坚强。弱化欲望，不加外力，让万物依"道"自然而化，可称为"柔弱"；坚持执见，强力推行，对万物施加外力以求改变，可称为"坚强"。"道"的本性就是客观而自然，不受制于外物，不强加于外物。所以，老子说"道"是柔弱的，"非道"是坚强的。

老子正是通过上述形体上的柔弱和坚强，推论出"故坚强者死之徒，柔弱者生之徒"，这里的"死"，不仅是死亡的意思，这里引申为被消灭，不可长久存在的意思；"生"也不仅是生存、活着的意思，这里引申为有希望、有未来，能长久存在。这句话的意思为：执着于自身执见和欲望的人，没有前途，不会长久；那些不执着于自我意志和欲望的人，反而会更加长久。这句话的背后的理论逻辑就是：执着于自身执见和欲望的人，做事就会偏离"道"

的规律，是"非道"行为，自然不会长久；只有放下自身的执见和欲望，才能认知真正的"道"，才能做到循"道"而为，只有遵循"道"的规律才会长久。这也是老子一贯的观点："无为"是遵循"道"的最高境界，只有"无欲"才能做到"无为"。只要世人执着于自身的欲望，就会不知不觉地按照自身的意志和欲望去做事，主观行为就会偏离客观自然的规律，就是偏离"道"的规律，不遵循客观规律的事物必不能长久存在。只有通过老子"道"的思想，才能理解这句话的真正意思。

老子用人和草木形体上的柔弱和坚强，来代指人在做事的时候是否会执着于自身的执见和欲望，这种用可见的物质层面比喻抽象的精神层面，在我们看来也许不够严谨，没有特别强的逻辑性。在两千多年前的社会，人类的知识有限，对外界认识的深度有限，借助人们常见的物质的形体来比喻人的精神内涵，以物寓意，在中国文化中极其常见。比如，广为人知的"羊羔跪乳"代表"孝顺"，"六月飞雪"代表"冤屈"，"梅花傲霜"代表"气节"，"竹子中空"代表"谦虚"。再比如，中国人喜欢用梅、兰、竹、菊代表君子形象，梅花代表不畏苦难，兰花代表行为优雅，竹子代表威武不屈，菊花代表孤傲清高。这些都是用世人常见的物品寄寓世人所追求的精神之气，以便世人更容易理解。

"是以兵强则灭，木强则折。"要准确理解这句话，首先要理解"强"，这里不是指强大、强壮，而是指过度的执着于自身的执见和欲望，以强示人。这句话应理解为：如果军队过于执着自身的意志和欲望，不遵循"道"的规律行事，就容易失败消亡；树木过于僵硬，不能按照"道"的规律变通，就容易折损。老子得出的结论不单单是"兵强则灭，木强则折"，所有的人和事物只要是执着于自身的意志，不遵循"道"的规律，都不会长久，只有做到"无为"，才能真正的长久。

"强大处下，柔弱处上。"这句话我们简单的理解就是：将强大和柔弱相比，强大处于下风，柔弱处于上风。不太符合我们的常识，为什么说强大了反而处于下风了呢？要准确的理解这句话，首先，需要了解什么是"上"，什么是"下"？这里的"上"和"下"，不是地位上的尊卑，而是相对于接近"道"的程度而言，"上"就是更接近"道"的本质，"下"则是更远离

"道"的本质。"柔弱"之所以能够"处上"，就是因为"柔弱"意味着放下了自身的执见和欲望，看到的是更真实的"道"，所以做事的时候更接近"道"的规律，所以"处上"。"强大"之所以"处下"，就是因为强就意味着更执着于自身的欲望，看不到真正的"道"，做事的时候更多依据自身意志而行，偏离"道"的规律，所以"处下"。这句话也可以概括为："柔弱"胜"刚强"。

上述这句话中的"上"与"下"与《道德经》其他篇章不太一致，我们不要混淆。《道德经》比较崇尚"下"，认为"下"是人处于一种欲望最低、执见最少的状态，是人最接近于"道"的状态，比如第六十六章提到"江海以其善下之，故能为百谷王"。描述事物是否受执见和欲望影响的状态时，《道德经》用"上""下"表示执见和欲望的高低，所以"下"更近道。但这句话中的"上下"只是站在世俗人的角度看输赢，在"上"就是赢，在"下"就是输。如果从"道"的立场理解这句话，"强大"意味着执见和欲望，远离"道"，可称为"上"；"柔弱"意味着无执无欲，接近"道"，可称为"下"。"强大处下，柔弱处上"可以理解为：欲上处下，欲下处上，执着于自身执见和欲望的事物处于下风，无执无欲的事物处于上风。

本章再次阐述老子的"无为"思想，在老子看来，只有放下自身欲望的人，做事的时候才能看清真实的"道"，做事的时候才能更遵循"道"的规律，更接近"无为"。老子这里推崇的放下自身欲望，不是什么都不做，不是消极堕落，而是不为了自身意志和欲望去做事，但是能坚定不移的追求"道"，遵循"道"。老子提倡的"无为"，是既无个人私欲，又坚定不移遵循客观自然的规律，这是一种无欲则刚，这是一种绝对的理性。其实"无欲"的人比"有欲"的人更刚强、更执着、更强悍。"有欲"之人做事的时候受到欲望的影响，可能会改变；"无欲"之人追求"道"的时候，无所畏惧，可以为了遵循"道"的规律而舍弃一切，哪怕是世人最看重的生命。所以老子说：柔弱胜刚强。其实就是欲弱胜欲强。这是一种科学精神和求真精神，也是我们现代人所推崇的一种追求客观真理的精神。

有一个小故事可以更好地理解老子说的"强"和"弱"：北风和太阳打赌，看谁能脱下行人身上的外套，北风强悍吹起，甚至行人走路不稳，却把外衣裹的更紧；太阳无须行动，放出温暖的阳光，世人纷纷脱下外套。这里可以清楚看到，从形式上看北风强悍，狂风大作，欲强行脱掉行人的衣服而不得。太阳无须行动，自然而为，让世人感于内心而自行脱衣。可见，北风欲强形强，强加于人，"非道"，而势弱；太阳欲弱形弱，教人自化，"合道"，而势强。欲弱方"合道"，"合道"乃为强。

第七十七章　为而不恃

【原文】

天之道，其犹张弓与？高者抑下，下者举之，有余者损之，不足者补之。天之道，损有余而补不足。人之道[1]，则不然，损不足以奉有余。孰能有余以奉天下，唯有道者。是以圣人为而不恃，功成而不处，其不欲见贤[2]。

【译文】

遵循自然的规律，不是很像张弓射箭吗？弓箭拿高了就把它压低一些，拿低了就把它举高一些，弦拉得过满了就把它放松一些，拉得不足了就把它拉紧一些。自然的规律，是减少有余的补给不足的。可是社会的法则却不是这样，要减少不足的，来奉献给有余的人。那么，谁能够减少有余的，以补给天下人的不足呢？只有循"道"有德的圣人才可以做到。因此，有德的圣人有所作为而不占为己有，有所成就而不居功自傲。他是不愿意显露自己的贤能。

【注释】

①人之道：人类社会的一般法则、律例。

②是以圣人为而不恃，功成而不处，其不欲见贤：有人认为这三句与上文不连贯疑为错简复出。此处仍予保留。

【义理解析】

本章老子站在"得道者"的角度告诉世人何为"天道"。整部《道德经》

老子都在从不同的侧面描述什么是"道"，因为"道"无形无相，不可触摸，无法具体形象地说清楚，只能抽象归纳。所以，老子有的地方描述"道"的表现形式，有的地方描述"道"的作用，让人们从不同的角度去认知"道"的存在。本章老子通过拉弓射箭作为比喻，指出天道的本性就是损有余而补不足，人道的特性是损不足而奉有余。其实，"天道"和"人道"最大的区别，就在于是否能放下自身的执见和欲望，遵循道的规律。圣人"无欲"行天道，世人"有欲"行人道。

"天之道，其犹张弓与？高者抑下，下者举之，有余者损之，不足者补之。"这句话是一个形象的比喻。行天道，不就像拉弓射箭一样吗？如果弓箭拿高了就往下放一些，如果拿低了就往上抬一些；如果拉的过紧了，就放松些，如果拉的不够紧，就再拉紧些。老子通过这比喻，也暗含了一个评价准则，弓箭拿的高低是对比于射箭的目标，弓弦拉得松紧对比于弓箭的结构。行天道也是一样，在我们遵循"道"的规律的时候，也有一个"道"的准则，如果达不到准则要求的时候，就要再提升一些，如果超出了准则要求，就要放低一些。"道"就是一个客观的自然规律，就像一条道路，不管是在道路的左边，还是在道路的右边，都是偏离了正确的线路。这就需要调整，如果在道路的右边就往左移动，如果在道路的左边就往右移动，让自己回归到道路的中央，才是正确的位置。

"天之道，损有余而补不足。"如何理解这句话？首先，要理解"有余"和"不足"，这两个都是相对于"道"（自然本性）的标准而言的，如果超过了"道"的标准，就要损之；如果没达到"道"的标准，就要补之。老子的理念，"道"就是一种客观自然的规律，不会因为某人某物的意志而改变。如果要遵循"道"的规律，我们就要检查自己是否符合"道"的标准，如果没达到"道"的要求，我们就要补足；如果超出了"道"的要求，我们就要减少，确保让自己符合"道"的规律要求。"道"是一种客观的存在，不会因为任何人或物的意志而有任何改变，人要根据"道"的标准，调整自己，回归自身本性，回归大道。这就是"道不远人，也不近人"的道理。《道德经》中的"道"，主要指世道和人道。

"人之道，则不然，损不足以奉有余。"这句话揭示：人之道就和天道不一样，世人遵行的社会法则都是减少那些连自然本性都无法满足的人的需求，奉献给那些拥有的财物远远超过其自然本性需求的人。这就是当时的一种社会现象，统治者通过所谓的"仁义礼智"建立了社会规则，富人为尊，统治者至上，搜刮穷人和普通百姓，用以贡献给那些富人和统治阶层。这些所谓的"仁义礼智"都不过是把人类的欲望形式化。具体化，以诱导世人去遵循而已。所以，老子就认为人之道是不符合社会发展的客观规律的，人道非"道"。人之道就是因为有了欲望和执见，统治阶层遵循着自身欲望和执见构建了当时的社会运行规则，这就偏离了社会发展的客观规律，也就是偏离了"道"。这句话也指出了天道和人道的本质区别：天道无欲故无为，遵循客观自然规律；人道有欲而有为，偏离客观自然规律。真可谓"天道真道，人不知；人道非道，人求之"。

通过上述的天道和人道的对比，老子就给出结论："孰能有余以奉天下，唯有道者。"在老子的观念里，损有余以奉天下，这是天道，是符合"道"的规律的。如果能做到"损有余以奉天下"，且不掺杂个人欲望，就是在遵循"道"的规律的人，就是得道之人，即圣人。圣人无自身执见，他们会遵循客观规律，如果自身有余，他们会拿出来奉献给天下。这在老子看来并不是什么人格高尚，这就是一种自然行为，圣人只是在遵循"道"的规律做事而已。"损不足以奉天下"：自己都不足了，还要拿出来奉献给天下，在儒家思想里，应该是高尚的行为，值得推崇和奉行。但是，在老子的眼里，这是不符合"道"的规律的，是非道行为。要遵循道的本质去行道，不要遵循道的形式去行道，不符合"道"的本质，就是非"道"的行为，不管个人想法如何。比如，有的人快要饿死了（自身的自然本性都满足不了），还要把自己的食物拿出来奉献给天下，以显示自己的高尚，这在老子眼里就是非道行为。天道就是让每个人都遵循自身的自然本性而生活，你自己都饿死了还要奉献，这本身就是不符合"道"的。所以，"损不足以奉天下"是老子不提倡的，甚至反对的。"损有余补不足"才是合道行为。

"是以圣人为而不恃，功成而不处，其不欲见贤。"句中的圣人之"为"是"为而无为"，这里是指"损有余以奉天下"或"补不足以奉天下"，以有为之行动，达无为之目的。圣人遵循"道"的规律去做事，有所成就也不会据为己有，成功之后也不会居功自傲，并且不愿意以此来显示自己的贤能。这不是因为圣人高尚，而是圣人没有世人之欲望和执见，自己只是按照事物的客观规律做事而已，没有什么可居功自傲之处。世人对道家的理解多是出于儒家的思想，认为圣人不贪恋世间繁华，不慕求功名利禄，是因为圣人品德高尚。其实这不过是世人对圣人强加的赞赏，圣人本性自然，无所谓高尚和卑劣。老子在《道德经》中多次阐述圣人应该有所为，有所不为：天下之势合道，无为而为，无欲；天下之势非道，为而无为，无惧，此为天道！圣人所作所为无不在遵循天道。

本章老子用射箭作为比喻，告诉世人修道要向射箭一样，对照"道"的标准，时时修正自己的所作所为，如果有余了，则要懂得减损；如果不足了，要懂得补足，让自己的行为符合"道"的规律。这里有一个前提：必须明确认知"道"的标准，才能知道什么时候有余，什么时候不足。"道"是无形无相、无色无味、不可触摸的客观规律。"道"的标准究竟是什么？老子在《道德经》中多次提及：无欲、无为，让事物遵循客观规律，保持其自然本性，不强加个人意志，不被外力干涉。如何才能认知到"道"的标准呢？老子在《道德经》中也给出了答案。首先，天道的规律就是：欲弱近道则势强，欲强远道则势弱。以道的观点来看：欲望强的时候，我们会偏离道的规律，必不长久，这就是弱。欲望弱的时候，我们就能遵循道的规律，长盛不衰，这就是强。其次，世人要客观看待自身的欲望和执见：如果我们从自身的利益去评判一个事物，那就是有余了，要减少自身的执见和欲望，不要让自身意志影响事物的客观性，如果事物合道，要做到"无为而为"。如果自己刻意躲避、逃避一个事物，那就是不足了，刻意的忽视，也是一种执见和欲望的表现，这就需要提示自己保持自身的客观性和自然性，不要让自己的刻意忽视，影响了事物的客观自然的本性，如果事物不合道，要做到"为而无为"。当世人不再执着于自身的执见和欲望，达到无我无欲的状态，做事的时候就能识别出客观真实的规律，认清事物的本性，就能判断何为不足，何为有余。超出事物本性的需求，属于欲望的东西都是有余；不能满足事物本性的需求，即为不足。

世人会从自身的执见和欲望出发思考一切问题，人道的规律就是：欲强则强，欲弱则弱。强者就会依照自身欲望向弱者索取，把自身欲望强加于弱者，让自己更强，但不可长久。这也是老子为什么说，世人损不足而奉有余。老子通过天道和人道的对比，强调天道没有自身的欲望和执见，客观而自然；人道恰好相反，执着于自身的执见和欲望，偏离大道。可见人道非道，欲强，形强，势弱。

第七十八章　弱之胜强

天下莫柔弱于水，而攻坚强者莫之能胜，以其无以易之^①。弱之胜强，柔之胜刚，天下莫不知，莫能行。是以圣人云："受国之垢^②，是谓社稷主；受国不祥^③，是为天下王。"正言若反^④。

【译文】

全天下再没有什么东西比水更柔弱了，而攻坚克强之物却没有什么东西可以胜过水，没有什么东西能够改变它的本性。弱胜过强，柔胜过刚，遍天下无人不知这个道理，但是没有人能践行。所以有"道"的圣人这样说："承担全国的屈辱，才能成为国家的君主；承担天下的祸灾，才能成为天下的君王"。真实的话听起来好像不太符合世人的认知，正面的话好像反面意思一样。

【注释】

①无以易之：易，替代、取代。意为没有什么能够改变它。
②受国之垢：垢，屈辱。意为承担全国的屈辱。
③受国不祥：不祥，灾难，祸害。意为承担全国的祸难。
④正言若反：正面的话好像反话一样。

【义理解析】

本章老子谈论"道"的特性：弱欲而强力，无为而无不胜。并告诫世人，知"道"易，行"道"难。也告诫统治者，如果想成为一国之君，必须要放下自身的执见和欲望，甘愿承受世人眼中的苦难（舍欲近道），回归自身本性，以"道"修身，以"道"治国，以"道"教化百姓，才能称为一代君主。

"天下莫柔弱于水，而攻坚强者莫之能胜，以其无以易之"这句话的字面意思比较容易理解：天下最柔弱的东西就是水，但是要论什么东西最能攻克坚强之物，没有什么能胜过水，因为没有什么东西能够改变水的自然本性，也就没什么东西能够战胜水。老子这里采用的是借喻，用水来比喻"道"的特性，这里我们要理解什么是"胜"？在老子看来，能改变外界事物的本质属性，而其本性不变，就是"胜"。水能把坚硬的石头打磨成各种形状，但其本身柔弱的本性不改，这就是"胜"。水无自性，它顺势而为，随时而变，从不会执着于自身的执见和欲望，水一直在遵循"道"的规律，顺应万物而本性不变。所以，在老子理念里，水的特性最接近"道"的特性，用"水"来比喻"道"，更容易让世人理解"道"的本性。老子在这里通过对水的特性的描述，也揭示了"道"的本质：道无自性，它就是一个客观自然的规律，不会执着于自身的意志和欲望。"道"从不强加于人，表现为柔弱而安静，但是"道"攻无不克，战无不胜；宇宙万物无不服从"道"、遵循"道"的规律运转，也是没有什么东西能改变"道"。这就是水和"道"之间的相似性。

"弱之胜强，柔之胜刚，天下莫不知，莫能行。"老子这句话旨在说明，就像水这样的特性，弱能胜强，柔能胜刚，这样的道理天下的人都知道，但是却没有几个人能做得到。这里说的"莫能行"，是指人们不愿意让自己柔弱，以克服刚强。我们要正确理解这句话，首先，要了解"弱"和"柔"不仅是表面上、形体上等物质层面上的柔弱，更重要的是指没有自身的执见和欲望，不把自身意志强加于人，能遵循"道"的规律而为，展现出执欲方面的柔弱。老子这句话的真正意思是：当一个人愿意放下自身的执见和欲望，遵循"道"的规律做事，做到无为而为，就会无所不能为，无往而不胜，很多人都明白这个道理，但是却没有人去这么做。主要原因，还是世人不愿意放下自身的执见和欲望，所以做不到循"道"而为。更多的是按照自身的欲望而为，这不符合"道"的规律，当然不会成功。老子通过水来比喻，主要是在强调其"道"的思想：无欲才能认知真正的"道"，遵照"道"的规律做事才是真正的"无为"，做到无为才能无所不能为。可总结为：放下欲望，无为而为。但是，世人执着于自身的执见和欲望，无法认知真正的"道"，当然也就无法循"道"而为。这才是老子所感慨的。

世人治事，君王治国，上面的论述主要告诫世人如何治事，下面就是讨论君王如何治国。"受国之垢，是谓社稷主；受国不祥，是为天下王，正言若反"这句话也是老子认为作为君王应该承担的责任。老子是站在"道"的立场谈论君王如何治理国家，这句话背后必然的逻辑就是：作为一国之君，应该要遵循"道"的规律治理国家，遵循"道"就要放下自身的执见和欲望，展现出作为君王的柔弱，弱于自身的执见和欲望，只有弱于执见和欲望才能甘愿受国之垢和受国不祥。我们不应从儒家提倡的那种敢于担当、甘于奉献、忍辱负重的角度来理解这句话。这里的"国之垢"是指国家的百姓所厌恶的，认为是污秽的事物。这是因为百姓有所欲，不符合百姓欲望所期待的事物，百姓就认为是污秽。但是圣人无欲，遵循"道"的规律而为，无所谓污秽，所以圣人能坦然承担起世人眼中的污秽，只有这样的人才能站在"道"的角度纵览天下，治理天下，教化百姓，兴国安邦。"国之不祥"也是世人眼中的灾难，损害自身利益就是不祥，不符合世人的欲望所期，就是国之不祥；但圣人没有自身的执见和欲望，无所谓祥与不祥，坦然承担国家面临的一切困难，圣人只遵循"道"的规律，不畏惧、不逃避。只有具备这样的圣人之德，才能掌握治世之道，才有资格治理国家，才能让国家遵循"道"的规律发展，才能实现长治久安。圣人治国，不求国之垢，不畏国之垢，没有自身的执见和欲望，就没有什么差别，遵循"道"的规律去做事，顺其自然，仅此而已。

本章老子借助水的特性，告诫世人应放下自身执念，循"道"而为，无为而为；告诫君王放下自身意志和执见，不畏利害，循其自然，无为而治。虽然老子拿水来比喻"道"，但是我们要有正确的认知。"道"柔弱，是指

"道"无自性、没有自身执见，不把自身意志强加于人。但是宇宙万物无不遵循"道"的规律，就像没有人拿着枪指着你的头让你遵循万有引力，但你摆脱不了万有引力的规律。"道"虽然会表现出水一样的特性，无自性，无执念，但我们不能简单理解为："道"就是软弱，遇到了任何障碍都会绕开走，把"道"理解为一种忍让、退缩或者妥协。"道"是客观规律，没有自我意识和意志，它们不会回避障碍，不会妥协，也不会凸显自己，客观而自然的存在。如果遇到不符合"道"的规律的事物，"道"会毫不留情的摧毁它，直至它符合"道"的要求为止。涓涓细流绕开阻挡的石头，是"道"；泥石流席卷阻挡的石头，也是"道"。不同的时刻，不同的表现形式而已。

本章理解的重点是水的柔软的特性。老子在《道德经》中多次提到水，在老子的观念里，水是最接近"道"的物质，人们可以通过可见、可知、可触摸的水来理解老子的"道"的理念。老子在第八章也提到水，"水利万物而不争。"可见"水"不追名逐利，"水"也不会因为执着于自身意志而刚硬。说到底就是水不会执着于自身的执见和欲望，才会淡泊名利；正是因为水不执着于此，才会柔软无比。很多人解读老子的《道德经》，会把水的柔软理解为，做人要懂得圆滑，要懂得外圆内方等诸如此类。其实，这种解读太过简单和肤浅。《道德经》不是讲人情世故，也不是教人处世之术。老子传递的是一种深刻的思想，一种深层次的道理。水的柔软和不趋名逐利，这只是水的外在表象，不是根本原因，其根本原因是水没有自身的执见和欲望，不把自身意志强加于人。在老子看来，坚硬的东西都是因为过于执着于自身的执见和欲望，不会改变自己以适应"道"的规律，老子多用石头和枯木作比。老子多次提到"柔弱胜刚强"，这里面有其内在的必然逻辑：柔弱的东西，不执着于自身的执见和欲望，更接近"道"的本质；坚硬的东西，是因为太过执着于自身的的执见和欲望，更远离"道"的本质。以道的观点来看：宇宙之中，"道"至高无上，无可战胜，万物无不遵循"道"的规律。柔软的东西合道，坚硬的东西非道，柔弱胜刚强其实就是：道胜非道，这就是一种必然。纵观茫茫宇宙，历史长河，大浪淘沙，留下的万事万物，无不是"道"演变的结果。

　　以物喻理，老子以"水"来比喻"道"，也通过水的特性来阐释"道"的特性：道也没有自身的执见和欲望，客观而自然，安静而柔和，不强加于人，也不受任何外物的影响，天下万物无不遵从于"道"。

第七十九章　有德司契

【原文】

和大怨，必有余怨，安可以为善？是以圣人执左契^①，而不责于人。有德司契^②，无德司彻^③。天道无亲，常与^④善人。

【译文】

和解深重的怨恨，必然还会留下残余的怨恨；这怎么可以算是妥善的办法呢？因此，有道的圣人保存借据的存根，但并不以此强迫别人偿还债务。有德之人就像持有借据的圣人那样宽容，无德之人就像掌管税收的人那样苛刻。自然规律对任何人都没有偏爱，永远帮助遵从"道"的规律的有德之人。

【注释】

①左契：债权人所持的契约。古代以竹木简为契约，分左右两片，债权人执左片，象征债权，故称左契；债务人执右片，象征债务，称为右契。

②司契：古代贵族所用的管账人。

③彻：是周代田税法，指十一税。

④与：给，赠。

【义理解析】

从内容上来看，本章应该是老子在和统治者谈论如何化解怨恨。当时的社会，最大的问题就是国之相争，民之相残，统治者都在寻求治理之道。在老子的眼里，世人之间或者国与国之间，不应该结怨，一旦结怨，即使采用人为调和的方式解决矛盾恩怨，也不能彻底解决，还会留有后患。如何才能解决世上的恩怨矛盾呢？老子认为最好的方式就是不结怨，遵循"道"去治理国家，教化百姓循"道"而为，而不苛求回报。这才是真正的治国之"道"。

"和大怨，必有余怨，安可以为善？"如果人与人之间存在着矛盾，特别是一些大的矛盾，即使人们努力调和，也还会遗留小的矛盾，心存芥蒂，这样怎么能算是完善（符合"道"）的处理方法呢？这里的"怨"主要是指人与人之间的不理解，相互之间的矛盾。世人都有自身的执见和欲望，当欲望得不到满足的时候，就会产生怨恨和矛盾。化解矛盾的时候，即便靠着人的主观意志努力去调节，也很难让每个人的欲望都得到满足，更不可能让每个人都满意。所以在老子看来，世人以自身执见和欲望行事必生怨恨，无论如何处理都难以完美。世人的执见和欲望是怨恨产生的根源。

应该怎么样去化解人与人之间的矛盾和怨恨呢？在老子看来化解怨恨最好的方式就是不结怨。消除个人的执见和欲望，回归质朴本性，遵循客观规律，不强加于人，也不追求回报，自然就没有矛盾和怨恨。要理解这句话的内在逻辑，首先要了解"道"的两大特性：一是"道"本自然，是万物产生的根源，也是万物遵循的客观规律；二是行"道"无功，"道"的天性就是生而不有，为而不恃，长而不宰。世人遵循"道"的这两个特性，就能化解一切的矛盾和怨恨。道本自然，万物循道，就是告诫世人"道"才是宇宙万物运行的根本规律，世人的执见和欲望只会让自己偏离质朴本性，偏离"道"，徒增自身的烦恼和怨恨，害人害己，所以世人应舍执离欲。为什么说"行道无功"呢？以"道"的观点，世人本就应该循道而为，即便客观上帮了别人，那只是"道"成之，天道无私，为而无恃；个人更不能贪功，不存在别人欠自己的，也不应该有让别人回报自己的想法。求回报只是世俗人执着于自我执见和欲望的体现。总而言之，如果世人舍弃自身执见和欲望，以道而行，内心就不会对别人产生怨恨和不满；如果行道不求回报，以"道"教化他人回归自身本性，别人也不会有怨恨和不满。这就是以道化怨，不留余怨。

具体怎么做才是遵循"道"的规律化解怨恨呢？老子说"是以圣人执左

契，而不责于人"，这是一个比喻句，句中的"执左契"本义是指古代合同契约分为左右两片，左半部分为债权人所有，右半部分为债务人所有，这里是指圣人以"道"奉天下。这句话可以理解为：圣人虽然以"道"奉天下就像掌控债权证据一样，也清楚世人都应该遵循"道"的规律，但从不会把"道"强加于外人，也不会自恃其功，强行要求世人回报自己。而是循道教化世人，为而不恃，得到世人的尊重，也不会与别人有积怨。为什么说"圣人执左契，而不责于人"是遵循"道"的规律呢？这也符合"道"的观点，"道"虽贵为天下之本，万物之源，但它客观自然。"道"不会强加于人，也不求回报，生而不有，为而不恃。圣人虽然掌握"道"的规则，循道而为要靠百姓自化，圣人不会将"道"强加于世人，也不会自恃其功。所以老子说：圣人执"道"，而不责于人。

关于"是以圣人执左契，而不责于人"这句话，也有另一种理解：圣人帮助了别人，手里握着别人欠债的证据，但是并不强迫别人偿还债务。这里体现圣人做事按照规律办事，泾渭分明，帮助了别人，手里拿有证据，清清楚楚，不会有任何争议，但是并不强迫别人回报自己。这样做就不会产生怨恨。其实，这种理解方式有点儒家思想的味道，手拿证据，心怀仁慈。世人结怨，并非证据不足产生的矛盾或不满，更多的是因为自身欲望得不到满足，自身意志得不到伸张，对别人的做法产生的不满，其实就是一种自身欲望的扩张。在老子看来，世人有怨恨主要是因为不能放下自身的欲望，不按照事情发展的客观规律去做事，只是遵照自身的欲望行事，不符合道的规律，自然会招致怨恨。

"有德司契，无德司彻"句中的"有德"不是儒家提倡的仁义品德，而是遵循"道"的规律，就叫作"有德"；"无德"就是不遵循"道"的规律。"契"本意是约定、规则，这里就是指人天之约，也就是"道"；"司契"本意是掌握规则，这里是指掌握"道"的规则，并遵照"道"的规律去做事，且不把个人意志和欲望强加于人或物；"司彻"是指向别人索取，就像别人都欠自己一样，把自身的执见和欲望强加于外人或外物。这句话通过有德之人和无德之人的对比，体现怨恨如何产生和化解。这句话正确的理解为：有德之人（遵循道的规律）会按照"道"的规律去做事，从不把自身意志和欲望强加于人，且不求回报；无德之人（执着自身欲望）不断地向别人索取，就像别人欠他债一样，这里是指把自身执见和欲望强加于外事外物。所以，显而易见，有德之人，无自身执见和欲望，循"道"而为，利益众生，受人尊敬；无德之人，执着于自身欲望，背道而为，损人利己，招致怨恨。

"天道无亲，常与善人"，老子再次强调"道"的客观性。要理解这句话，首先要理解什么是"善人"？很多人受儒家思想影响，自然而然地理解为善良之人，有点过于狭隘了。以道的观点来看，"善"是接近于"道"的行为，"善人"就是遵循"道"的规律的人。这句话可理解为："道"是一种客观自然的规律，它平等待人，没有亲疏，它只会守护那些遵循"道"的规律的人。老子也是在告诫世人：遵循天道行事，自然就不会招致怨恨，这才是化解怨恨的方法。

化解怨恨最好的方法就是不结怨，遵循"道"的规律，放下自身执见和欲望，无为而为，或为而无为，才能不结怨很。这也是世人应该持有的处世之道。

第八十章　小邦寡民

【原文】

小国寡民①。使②有什伯之器③而不用；使民重死④而不远徙⑤；虽有舟舆⑥，无所乘之；虽有甲兵⑦，无所陈⑧之。使人复结绳⑨而用之。甘其食，美其服，安其居，乐其俗⑩，邻国相望，鸡犬之声相闻，民至老死不相往来。

【译文】

国之百姓应该回归到国家小、人民少时期的淳朴民风和状态。即使有各种各样的器具，却并不使用；使人民珍惜生命，而不向远方迁徙；虽然有船只和车辆，却无须乘坐它；虽然有武器装备，却没有地方去布阵打仗。使当前的民风再次回归远古结绳记事时期自然质朴的状态。人民有甜美的饮食，美观的衣服，安适的居所，欢乐的习俗。即使国与国之间互相望得见，鸡犬的叫声都可以听得见，但人民从生到死，也不需要为了自身的欲望而相互攻击，相互干扰。

【注释】

①小国寡民：此句原意为，国家小人民少的时期。这里是指早期的人类生活状态。

②使：即使。

③什伯之器：各种各样的器具。什伯，极多，多种多样。

④重死：看重死亡，即不轻易冒着生命危险去做事。

⑤徙：迁移、远走。

⑥舆：车子。

⑦甲兵：武器装备。

⑧陈：陈列。此句引申为布阵打仗。

⑨结绳：文字产生以前，人们以绳记事。

⑩甘其食，美其服，安其居，乐其俗：人民以自己的饮食为甜美，以自己穿衣服为美观，以自己的居所为安适，以自己的习俗为快乐。

【义理解析】

本章通过社会现象讲述治国的本质。老子再次谈论理想的治国之道：国家的统治者应该放下自身的执见和欲望，依道治国，就可以做到无为而治；百姓都应该放下自身的执见和欲望，遵循"道"的规律做事，就可以国泰民安。社会发展就会遵循"道"的规律，百姓民风淳朴，和谐自然，这就是老子理想的社会状态。老子本章谈论回归"小国寡民，结绳记事"的状态，并不是真的让社会倒退到那个时代，过原始人的生活，而是说让当时的统治者和百姓的心性回归过去那种质朴的状态。只有统治者和百姓放下自身的执见和欲望，回归质朴本性，社会才会遵循"道"的规律去发展，百姓遵循"道"的规律去做事，这才是社会本真的自然状态，国家才会长治久安。

本章分为三个层次来谈论理想的社会状态。第一个层次是国家的理想状态：统治者要放下欲望，遵循"道"的规律，做到无为而治。也就是"小国寡民。使有什伯之器而不用；使民重死而不远徙；虽有舟舆，无所乘之；虽有甲兵，无所陈之"。第二个层次是百姓的理想生活状态：百姓放下自身欲望，回归质朴，清心寡欲，自得其乐，顺其自然。也就是"使人复结绳而用之。甘其食，美其服，安其居，乐其俗"。第三个层次是国与国之间的理想状态：和平共处、互不干扰，"邻邦相望，鸡犬之声相闻，民至老死，不相往来"。

针对第一个层次详细分析："小国寡民"，有很多人解读为老子主张让国家回归到小国寡民的状态。单纯这么理解太简单粗暴。老子并不是主张让国家真的回到小国寡民的时代，而是强调统治者的心性应该回归到小国寡民的那个时代，清心寡欲，循道而为，无为而治。简单的说，不是物质生活的回归，而是心性的回归。小国寡民的时代是什么样的社会状态呢？"使有什伯之器而不用"，因为统治者清心寡欲，不会追求自身的享受，即便有各种各样的器具，也从来不用。各类器具不过是统治者满足欲望的物质表现，当统治者放下欲望，器具自然就没用了。"使民重死而不远徙"，这里的"重死"并不是让老百姓重视死亡，或者害怕死亡。而是说当统治者过于执着于自身的欲望时，就会让百姓民不聊生，百姓就会不怕死（是谓轻死），誓死反抗。当统治者放下欲望，教化百姓遵循"道"的规律，百姓自然就会客观、认真地对待自己的生死。这句话可以理解为：当统治者清心寡欲，遵循治国之道时，百姓就会珍惜自身的性命，不会再为了躲避残暴的统治，不惜远程迁徙。"虽有舟舆，无所乘之；虽有甲兵，无所陈之。"因为统治者放下了自身的欲望，虽然有舟船车马，但是也没有人乘坐（因为在老子看来，求助舟舆，必是为追逐自身的欲望而远行）；虽然国家有盔甲和兵器，也没有什么地方可以使用。在老子的观念里，"舟舆"是追逐欲望的工具，"甲兵"是征服他国的武器，都服从于统治者的执见和欲望。当心性回归小国寡民的时代，统治者不再执着于自身的执见和欲望，他们在遵循"道"的规律治理国家时，自然不会再有征服其他国家的想法，"舟舆"和"甲兵"自然无用武之处。

针对第二个层次详细分析："使人复结绳而用之"，有人理解为老子主张让社会退回"结绳记事"的时期，甚至认为老子这是一种消极的倒退思想。这是对老子思想的一种误解。老子在《道德经》的很多篇章还主张人们应该回归"婴儿时代"，难道他是真的让人变回婴儿吗？当然不是，只是说让人的心性回归本真的状态。这里的"结绳记事"也是一样，在老子的眼里，在结绳记事的时代，百姓的心性是纯真质朴的，百姓没有自身执见和欲望，都在遵循客观自然的规律做事。所以，老子主张百姓的心性应该回归到结绳记事时代的那种质朴本真的状态，并不是让百姓的生活状态真的回归到结绳记事时代。当百姓的心性处于纯真质朴的状态，不执着于欲望，做事的时候自然就会遵循"道"的规律，容易满足，也就是知足。其生活状态就是"甘其食，美其服，安其居，乐其俗"，这句话可以理解为，"以其食为甘，以其服为美，以其居为安，以其俗为乐"。他们不会执着于自身欲望，不会追求物质的享受，无论吃什么，都甘之如饴；如论穿什么，都视作华服；无论住哪里，都看作安乐窝；对自己的生活方式，都乐在其中。在本真质朴的时代，没有过多欲望的困扰，百姓考虑问题的出发点是该怎么做（客观规律），而不是我想得到什么（自身的欲望），无论做什么事都会自得其乐。

针对第三个层次详细分析："邻邦相望，鸡犬之声相闻，民至老死，不相往来"，由于这句话，很多人认为老子主张"老死不相往来"，这是在提倡闭关锁国的倒退思想。其实这也是对老子思想的一种误解。首先要明确，与上述的观点一样，老子主张的依然是心性的回归，而不是物质生活状态的回归。要理解什么是"不相往来"，这里不能理解为人情冷漠，互不交往，而是指老百姓都能保持自己质朴自然的本性，不以自身欲望和自身利益为追求目标，不把自身的意志强加于他人，做事遵循事物本质的规律，不相互干扰，不相互影响，不相互争斗。这句话可以理解为：国与国之间虽然物理位置挨得特别近，鸡和狗的叫声都能听得到，但是老百姓世世代代都不会出于自身的执见和欲望，去干扰或影响他国百姓的生活，国与国之间也不会因为统治者追逐欲望和利益而相互争斗。老子描绘的是一幅和平共处、安静祥和的社会状态，以邻为伴，与邻为善。我们要理解老子提出这样的主张的社会背景：老子生活在春秋末期，国与国之间不断出现利益之争，大国吞并小国，战乱不断，百姓生活苦不堪言。老子也是看到这种情况，分析认为这是因为统治者为了自身的意志和欲求，不断地挑起战争，上行下效，百姓也是贪欲越来越重，没有了原来的质朴。当时的社会状况就是：国与国相斗，民与民相争，社会风气，日益败坏。老子认为这一切的根源都是贪欲，统治者的贪欲，造成了国家的不稳定；百姓的贪欲，造成了民风的败坏。所以，老子提出了"返璞归真"的思想，其重点在于主张统治者和百姓的心性回归质朴，放下自身的贪念、欲望和执着，万事万物回归本真，都能遵循"道"的规律去做事。如此，自然民风淳朴，天下太平。

本章老子通过描述理想社会的景象揭示了治理国家的本质所在，提倡统治者和世人应当放下自身执见和欲望，回归自身质朴本性，按照"道"的规律去生活。老子这个回归质朴的思想，不但没有落后，即便是现代或者以后的社会，都应该大力提倡。在物欲横流的时代，人们都在追逐着自身的欲望。我们感叹人心可畏的时候，是否思考过为什么？拜金主义盛行，幸福感缺失，为了自身利益没有道德底线，我们可曾想过为什么？说到底无非就是世人过度执着于自身的"贪"和"欲"，做事的出发点就是满足自身的利益，这也是我们感觉社会风气不好，幸福感不强，民风不淳的根源。如果现在人的心态回到老子提出的这种质朴、淳厚；人人认真按照客观规律做事，自得其乐；人与人之间坦诚相待，没有尔虞我诈，不就是我们每个人追求的人间天堂吗？老子追求的是人的本性回归，天下太平，世人幸福的根源就是人性回归质朴自然的状态。

第八十一章　为而弗争

【原文】

信言①不美，美言不信。善者②不辩③，辩者不善。知者不博④，博者不知。圣人不积⑤，既以为人，己愈有⑥，既以与人，己愈多⑦。天之道，利而不害⑧。圣人之道⑨，为而弗争。

【译文】

真实可信的话并不漂亮，漂亮的话并不真实可信。善于做事的人并不巧言善辩，能言善辩的人并不善于做事。真正知识渊博的人不会卖弄，卖弄自己博学多才的人并不是真的有知识。圣人是不存占有之心的，而是尽力照顾别人，他自己也更为充足；他尽力给予别人，自己反而更丰富。宇宙中最根本的规则是让万事万物都按照其自然规律发展，而不伤害它们。圣人的行为准则是：做什么事都要遵循事物的客观规律，而不执着于自身的执见和欲望。

【注释】

①信言：真实可信的话。

②善者：善为者，循道而为的人。

③辩：巧辩、能说会道。

④博：广博、渊博。

⑤圣人不积：有道的人不自私，没有占有的欲望。

⑥既以为人，己愈有：已经把自己的一切用来帮助别人，自己反而更充实。

⑦多：与"少"相对，此处意为"丰富"。

⑧利而不害：使在万物得到好处而不伤害万物。

⑨人之道：道在世间的应用，圣人的行为准则。

【义理解析】

本章是《道德经》的最后一章，也是整部《道德经》的一个总结。《道德经》一直在谈论"道"的本源性，"道"对万事万物的作用，但是究竟如何把"道"的思想运用到生活中，如何认知"道"，如何做才能遵循"道"呢？本章老子通过对比有德之人和无德之人的外在表现，阐述了"道"的特性。"道"的特性也是判断一个事物是否符合"道"的根本准则。

本章分三个层次介绍什么是"德"和"道"。第一个层次："道"之相。也就是"道"的外在表现：有"德"和无"德"，"信言不美，美言不信。善者不辩，辩者不善。知者不博，博者不知"。第二个层次："道"之用。圣人之所为，"圣人不积，既以为人，己愈有，既以与人，己愈多"。第三个层次："道"之本。"道"的本体、本质，"天之道，利而不害；人之道，为而弗争"。

第一个层次："道"之相。"信言不美，美言不信。善者不辩，辩者不善。知者不博，博者不知。"老子采用对比分析的方法，让世人了解遵循"道"和不遵循"道"的不同表现，让我们更深层次的认知什么是"道"。我们首先要理解句中的关键词，什么是"信言"和"美言"。"信言"也就是"有德者"之言，实事求是，如实描述事物实际情况的话，为什么说是有德者之言呢？有德之人遵循事物发展的客观规律，不会在言语中强加自身的意志和执见，其语言就是对事物客观实际的描述。"美言"相反，是充满了个人的主观意识和执见，"美言"就是为了满足对方的心理需求而说出的话，"美言"的目的就是为了让对方满意，而不是如实的描述事实，不符合实际、不客观。什么是"善者"和"辩者"？所谓的"善者"，不仅仅是指善良之人，循"道"者曰善，这里是指善为之人，善于做事的人，也就是遵循事物发展规律，不依照自身意志和执见去做事的人，这样的人也是有"德"之人；"辩者"是指能说会道，善于言辞的人，这样的人说话是为了迎合别人的心理需求，让别人听了高兴，把自身意志强加于人，但不一定符合事实。什么是"知者"和"博者"？这里的"知者"是指得道之人，知道事物客观规律，掌握事物真相，并遵循事物规律的人，这样的人也是有德之人。"博者"是指了解的事情很多很广，但都是不符合"道"的伪知识，都不是真知识，对所有事情的本质都是一知半解，只知其表，不知其里。

这段话是告诫世人，观察一个人是否有"德"，要放下自身的执念，客观分析，不能凭借自身的喜好和主观意愿去判别一个人是否有德。这段话可理解为：有"德"之人说的话可能不会悦耳动听，但都是客观实际；那些无德之人能言善辩，懂得察言观色，但是他们的话可能不符合实际、不可信。那些善于做事、遵循客观规律的有"德"之人，不会阿谀奉承讨人喜欢；那些能说会道的人，惯于花言巧语讨人喜欢，但是并不懂得做事之道，往往什么事都做不成。那些掌握着真理的有德之人，懂得"道"的规律，但平时并不会炫耀自己的博学多才；那些表面看起来什么都懂，到处炫耀自己的人，其实并不懂得什么是真正的"道"，也不懂得遵循事物的客观规律。所以，判断一个人是否真正的认识什么是"道"，是否掌握世间的真理，不能只靠自身主观意识，要懂得去客观的观察和分析。有德之人识人，观其行，是否合"道"；无德之人识人，听其言，是否悦己。

在帛书版中，"善者不辩，辩者不善"原本为"善者不多，多者不善"，这里的"善"原意理解为，好的，优秀的，这里引申为：善为者，得道之人，有德之人。可理解为：追逐欲望的时代，掌握宇宙真理，通彻自然规律的得道之人少之又少；社会上形形色色的追名逐利之徒，满口仁义道德，无非是障人耳目的手段，听任于自身欲望的摆布，都不是真正的有德之人。

第二个层次：道之用。"圣人不积，既以为人，己愈有，既以与人己愈多"，这里的"积"是积累、占有的意思。圣人就是有德之人，他们没有贪婪之欲，更无占有之心，他们尽自己所能去帮助别人，反而让自己更加强大；他们会尽自己所有去给予别人，反而让自己得到的越多。这也是老子的一个辩证思想：给予就是收获。行"大道"者无私欲，推行"大道"就是他的使命，他们遵照"道"的规律去帮助别人，就会有更多的人受到教化，"道"的力量就会越来越强大，"道"越大，圣人得到的物质和精神的回馈越多，所以圣人越有；他们遵照"道"的规律给予别人、帮助别人，损有余补不足，就会有更多的人遵循"道"的规律，圣人推行的"大道"更广为流传，"道"越广，得"道"之人都会得到更多的尊重、崇敬和回馈，所以说圣人就会得到得更多。就像第三十六章里提到的"将欲取之，必固与之"，是同样的道理，只不过圣人之为，循道而行，顺其自然，不存在个人欲求和预谋。

第三个层次：道之本。"天之道，利而不害。人之道，为而弗争。"要准确理解什么是"道"，首先要理解什么是"利"和"害"。在儒家思想里，以自身利益为中心，推己及人，自身利益得到满足就是有利，自身利益得不到满足就是有害。在道家思想里，没有自身执见和欲望，客观自然，不会以自身利益为中心评价"利"和"害"。老子认为"利"是有利于事物的发展，不损害事物自然本性，不影响事物的发展之道，让事物遵循自身客观自然的规律去发展，这就是利；"害"是不利于事物的发展，将自身欲望强加于事物的自然发展之道，导致事物偏离其自身本性，偏离客观规律，这就是害。这句话应该理解为：宇宙中存在着一个万物遵循的客观自然的规律就是天道，它维系着万事万物遵循各自的本质规律去运行，而不会把自身的意志和欲望强加于万事万物，导致它们偏离其本身的客观规律。对于由人组成的社会来讲，也有其自身运行发展的客观规律叫人道，社会的发展规律就是统治者和百姓都应放下自身欲望和执见，按照事情本身的客观规律去做事（循"道"而为），而不去相互之间争名夺利，彰显自己。

上面讲的"道之本"也是判别一个事物或者一件事是否符合"道"的标准，我们都知道有一个客观自然的"道"，宇宙万物都在遵循它的规律运转，那究竟什么是"道"呢，我们怎么才能认知它，怎么才能知道我们做事是不是符合"道"的要求？我们就用这条标准：一是没有自身欲望，不把自身意志强加给外物，这叫"无欲"；二是没有干扰和影响其他事物，让其按照自身规律去发展，这叫"无为而为"；三是看到不符合事物发展规律的事物，我们要排除障碍，让事物按照其自身规律去发展，这叫为而无为；四是作为有主观意识的人，要控制自身欲望，让自己有意识的按照事物的客观规律做事，而不能以自身利益或意志为出发点去做事，不与世人争名夺利，这叫无我。这就像佛教的三法印，通过这个法印来印证遇到的事物是否符合"道"。可以简单概括为：无欲、无为、无我。

特别是人，受到社会环境和文化的影响，很难做到绝对客观。因为人类本身就是具有主观意识的动物，如果要做到无为，就必须要通过主观判断是否客观，再执行客观，这种客观是主观认定的客观，可能不是真正的客观。"道"是一种客观自然的规律，但是修"道"的过程，需要通过主观能动性观察、分析、判断、总结，随着掌握知识的增加，逐渐除去主观，追求客观、逐渐的接近于"道"。

结　语

　　《道德经》这部书从"道"的本质阐述了"道"的特性：第一，客观性，"道"是一种客观存在的规律，它虽然无形无相，但客观存在，不随任何人的主观意志而变化，也不会受任何外在事物的影响而变化；第二，自然性，"道"是一种先天就存在的规律，它不是任何人创造的，它是一种超越物质和精神的存在；第三，无自性，"道"没有自主意识，没有自我意志，没有自身的执见和欲望，它平等利生万物，无亲无疏；第四，广泛性，"道"包罗万象，无所不容。宇宙中的任何事物，大到宇宙、天体，小到电子、量子，无不遵循着客观规律，只是不同的事物在遵循不同的规律，也就是不同的、具体的"道"，这些具体的"道"只不过是"道"的本体在不同事物上的分支，只是"道"的层次不同，适用的条件和范围不同而已，越是具体的"道"，适用的条件越多，要求越具体，适用范围越小。

　　由于"道"的上述特性，它没有自由意志，也不是人格化的神，不会主动接近人、启发人。但人是有主观意识和自由意志的动物，如果要认知"道"，就要发挥人的主观能动性，在人类主动去了解"道"、认知"道"的过程中，就会有不同的表现。有的人会过执着于自身的欲望，由于自身欲望的驱使，思考问题的时候会从自身利益出发，在认知"道"的过程中，不自觉地以自我为中心，这就造成了其在认知"道"的过程中发生了扭曲，欲望使人们的认知偏离了"道"的本质，"道"失去了其客观性和自然性，这就是我们生存的现实欲望世界。有的人有意识地放下自身的欲望，尝试从客观的角度看待一切事物，没有了自身欲望的阻碍，看到的世界会逐渐接近客观，能认知客观的"道"，并自觉遵循这种"道"的规律去做事，这就是有"德"之人，也称为"圣人"。我们世俗人和圣人同时生活在一个物质的世界，但是，在精神层面却是不同的世界，世俗人带着欲望的眼睛看世界，看到的是一个扭曲、不真实的世界；圣人是有"德"之人，通过主观意识让自己放下自身的执见和欲望，他们生活在一个更加接近真实的、客观的世界。在人的层面上，老子主要在强调"德"，"德"是人类放下主观，追求客观的标尺；只有人类有"德"，才能行"道"，"道""德"合一，才是人类最终的归宿。

老子也强调，人在认识"道"的过程中也是循序渐进，没有人生而知之。老子在"德"篇讲得更多的是认知"道"的方法，比如通过实践，通过观察、对比、分析、判断、总结得出客观的结论。也讲了"道"的判别方法，什么样的是"道"，什么样的是"非道"，比如，天之道，利而无害；人之道，为而无争。生而不有，为而不恃，长而不宰。这也让"道"从一种抽象的概念，转化为可修、可求、可证的事物。"道"不是抽象的空中楼阁，"道"是放下欲望后的真实世界。

当然，老子也有其理想性的一面。老子主张的"道"，就是真理，先天存在，是客观真实。但是，我们都清楚，宇宙之内，甚至宇宙之外肯定是有这么一个客观自然的"道"，但这个"道"在哪里？人类无法在短时间内透彻认知，只能不断接近，这是一个理想的境界。老子《道德经》中提到的"圣人"，很多都是"道"在人间的化身，认为他们透彻地了解什么是"道"，遍知一切，其实这样的人是不存在的。只能说有些人在某一方面，对事物的客观性和自然性了解得比较深，较少的加入自身的执见和个人意志，也就是我们现在人常讲的具有科学精神，多客观、少主观。这样的人勉强可以称为在某一方面的圣人。全面地通彻一切"道"的圣人，就是一个理想体，这是人类求知的最终目标。

老子是一个具有现代科学精神的探索者和开拓者，可惜在中国封建社会帝王的刻意扭曲下，独尊儒术，舍弃道之精神。中国人逐渐将"道"的精神扭曲，变成玄学和神论，偏离"道"的本质。这种扭曲让后人很少用"道"

的精神来研读《道德经》，更无法发展壮大"道"的思想，如果延续"道"的精神，也许中国会在两千年前就能形成科学严谨的哲学体系。这种扭曲让整个民族失去两千多年的时间。一家之言未必正确，百家争鸣，相互为鉴，找到客观真实的规律，这本身就是"道"的精神！

道法自然逻辑关系

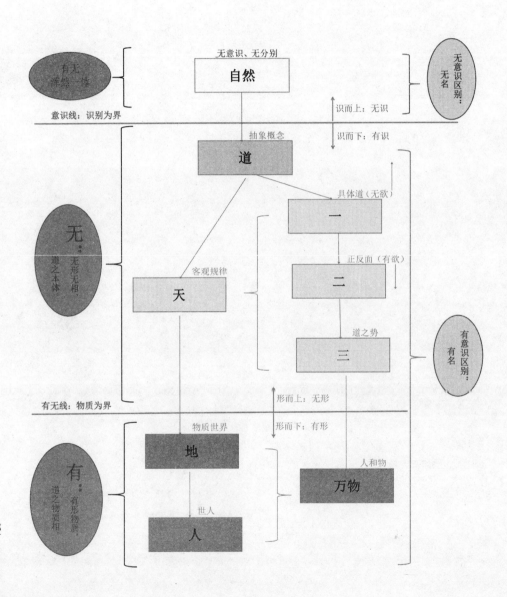

无意识、无分别

自然

有无
浑然一体

无意识区别：
无名

意识线：识别为界

识而上：无识

识而下：有识

抽象概念

道

具体道（无欲）

一

正反面（有欲）

无
无形无相，
道之本体。

客观规律

天

二

道之势

三

有意识区别：
有名

有无线：物质为界

形而上：无形

形而下：有形

物质世界

地

人和物

万物

有
有形物质，
道之物质相。

世人

人

今译今解《道德经》